AF377742

Sin relato

Lola López Mondéjar

Sin relato

Atrofia de la capacidad narrativa y crisis de la subjetividad

EDITORIAL ANAGRAMA
BARCELONA

Ilustración: © sadeeqkhan / Freepik. Retoque y composición: Eva Mutter

Primera edición: octubre de 2024
Segunda edición: diciembre de 2024

Diseño de la colección: lookatcia.com

© María Dolores López Mondéjar, 2024
   Autora representada por Silvia Bastos, S. L., Agencia Literaria

© EDITORIAL ANAGRAMA, S.A.U., 2024
   Pau Claris, 172
   08037 Barcelona

ISBN: 978-84-339-2737-8
Depósito legal: B. 8933-2024

Printed in Spain

Romanyà Valls, S. A.
Verdaguer, 1, 08786 Capellades (Barcelona)

El día 7 de octubre de 2024, el jurado compuesto por Jordi Gracia, Pau Luque, Daniel Rico, Remedios Zafra y las editoras Silvia Sesé e Isabel Obiols concedió el 52.º Premio Anagrama de Ensayo a *Sin relato*, de Lola López Mondéjar.

A mis hijos,
con el deseo de que, como a Camus,
el sol que reinó en su infancia
les prive de todo resentimiento

Para sofocar de antemano cualquier revuelta, no es necesario emprender acciones violentas. Los métodos hitlerianos son obsoletos. Basta con crear un condicionamiento colectivo tan poderoso que la idea misma de la revuelta ni siquiera se le ocurra a la gente.

Lo ideal sería formatear a los individuos desde su nacimiento limitando sus capacidades biológicas innatas. Luego, el condicionamiento continuaría reduciendo drásticamente la educación a una forma de integración profesional. Un individuo inculto solo tiene un horizonte de pensamiento limitado, y cuanto más se limita su pensamiento a preocupaciones mediocres, menos puede rebelarse. Debemos conseguir que el acceso al conocimiento sea cada vez más difícil y elitista. Que la brecha entre el pueblo y la ciencia se amplíe, que la información destinada al público en general se anestesie de cualquier contenido subversivo.

Especialmente la filosofía. También en este caso hay que recurrir a la persuasión, no a la violencia directa: los espectáculos que apelan a lo emocional o a lo instintivo se difundirán masivamente por televisión. La mente se ocupará de lo que es fútil y juguetón. Es bueno evitar que la mente piense en una charla constante y en la música. La sexualidad se situará en el primer plano de los intereses humanos. Como tranquilizante social, no hay nada mejor.

En general, se hará de tal manera que se destierre la seriedad de la vida, se burle todo lo de alto valor, se mantenga una constante apología de la ligereza: para que la euforia de la publicidad se convierta en norma de la felicidad humana y en modelo de libertad. De este modo, el condicionamiento producirá una integración tal que el único miedo –que debe mantenerse– será el de ser excluido del sistema y, por tanto, el de no poder acceder a las condiciones necesarias para la felicidad.

El hombre masa, así producido, debe ser tratado como lo que es: un ternero, y debe ser vigilado como debe serlo un rebaño. Todo lo que pueda dormir su lucidez es socialmente bueno, todo lo que lo despierte debe ser ridiculizado, sofocado, combatido. Cualquier doctrina que desafíe al sistema debe ser designada primero como subversiva y terrorista, y quienes la apoyan deben ser tratados como tales.

GÜNTHER ANDERS,
La obsolescencia del hombre, vol. II (1980)

INTRODUCCIÓN

> ¿Quién encuentra hoy gentes capaces de narrar como es debido? ¿Acaso dicen hoy los moribundos palabras perdurables que se transmiten como un anillo de generación en generación?
>
> WALTER BENJAMIN,
> «Experiencia y pobreza» (1933)

De las muchas transformaciones que está sufriendo de forma generalizada el individuo en la modernidad tardía, una de las más relevantes es, a mi entender, la atrofia de la capacidad narrativa, la progresiva dificultad para contarse a sí mismo y para elaborar una historia. Se trata de una dificultad que nos afecta a todos, pero que sufren en mayor medida quienes han nacido en la era digital. Una incapacidad que se ha incrementado en las últimas décadas, cuyos efectos quiero aquí cartografiar mediante la intersección de los saberes que aportan la filosofía, la sociología y el psicoanálisis, y a partir de la lectura de distintos emergentes sociales, esto es, de los nuevos fenómenos que surgen en la producción cultural de nuestra época.

Desde finales del siglo XX, los profesionales que nos dedicamos a la escucha del malestar observamos con preocupación que quienes nos consultan han dejado de poder relacionar su sufrimiento psíquico con causa alguna. Sienten angustia, insomnio, irritabilidad, tristeza, desgana, experimentan problemas en sus relaciones sociales, se autolesionan, se deprimen, sufren de atracones o de comportamientos obsesivos, pero no pueden atribuir estos malestares a ninguna circunstancia biográfica o social que les perturbe. Ni siquiera encuentran un nexo aproximado entre el síntoma que sufren y sus circunstancias personales.

Este hecho no es nuevo para nosotros, pues los pacientes psicosomáticos, aquellos que expresan el dolor psíquico con malestares en el cuerpo, ya acusaban esta pérdida de narratividad que hacía más difícil su tratamiento; pero lo novedoso hoy es la universalización de esta atrofia, su presencia en todo tipo de cuadros clínicos, en una gran mayoría de jóvenes y en la población en general. Lo novedoso hoy es que la producción de individualidad que impulsa nuestro mundo digitalizado se centre en aumentar progresiva e incesantemente esta jibarización de la capacidad narrativa.

Porque la atrofia de la capacidad que aquí analizamos no tiene solo que ver con una dificultad para ponerle palabras al pensamiento, sino con un déficit del pensamiento mismo y del mundo de la imaginación, con un progresivo vacío de representación que surge como defensa ante las condiciones de producción de la individualidad en un capitalismo de la atención que nos hace, precisamente, desatentos.

En febrero de 2023, invitada por la Sociedad Forum de Psicoterapia Psicoanalítica, impartí un seminario que titulé *Atrofia de la capacidad narrativa en el capitalismo digital*. Al elegir el tema, mi intención era sistematizar lo que había estado pensando, leyendo e intuyendo en los últimos años sobre la dificultad de narrarse que encontraba tanto en los pacientes como a mi alrededor. Los primeros indicios de esa progresiva atrofia venían de lejos y ya apunté a la falta de reflexividad que acompaña a la ausencia de relato en mi último ensayo, *Invulnerables e invertebrados*. Pero necesitaba indagar más, y la obligación de sistematizar el trabajo realizado que aquel seminario me ofrecía fue una de las bases de este nuevo ensayo.

Si ha disminuido nuestra capacidad de conversar, a pesar de la hiperproducción de textos que pueblan nuestro entorno, es también porque tenemos dificultad para pensar, y esta dificultad para pensar la vinculamos a un vaciamiento de nuestro mundo interno, a una incapacidad creciente para transformar lo que nos acontece en una experiencia subjetiva, propia, comunicable; esta será nuestra hipótesis.

Para adentrarme en ella me remitiré a los orígenes del concepto que sirve de subtítulo, que debemos a Walter Benjamin; seguiré con las consideraciones de Richard Sennett sobre la fragmentación de la experiencia, que corre paralela al sistema de producción del capitalismo posfordista; y continuaré con un autor contemporáneo que ha dedicado parte de su obra al análisis de la subjetividad de la que denomina *generación post alfa* (por *postalfabética*), Franco «Bifo» Berardi. Christian Salmon, investigador y escritor, estructurará con sus aportaciones algunos ítems del fenómeno en su vertiente más política y social.

Pero son el filósofo francés René Girard y su concepto de *deseo mimético* los referentes que están en la base de mi hipótesis. Girard observa que tanto don Quijote como Emma Bovary, entre otros personajes de ficción, imitan a los héroes de las novelas de caballería, el primero; a las heroínas románticas, la segunda. Todos somos miméticos como don Quijote imitando a Amadís de Gaula, todos somos Emma Bovary identificada con las heroínas de las novelas que lee, todos anhelamos lo que nuestros mediadores, aquellos a quienes admiramos, envidiamos o amamos, nos muestran. Siempre fue así, no hay deseo *ex nihilo*. El problema estriba entonces en quiénes son hoy nuestros modelos, qué ideales mueven nuestra sociedad de la información, y estimo que uno de ellos, por más que a algunos nos pese, es la ignorancia. Donald Trump sería el paradigma de este síntoma social, que bauticé hace algunos años como *estultofilia*.

La descripción del mundo digital en el que vivimos y sus efectos en nuestro psiquismo ocupan una parte indispensable de este trabajo. Un mundo que nos ha llevado a que el deseo de no-fricción forme parte ya de nuestras aspiraciones tanto en el mundo virtual como en el físico, como lo demuestran los numerosos emergentes en los que me detendré. El uso de las aplicaciones de citas, Tinder o Replika, es solo un ejemplo más de la huida del contacto que caracteriza en mayor o menor medida la forma de relación de nuestros conciudadanos.

La caída de los relatos globales que ya advirtió Jean-François Lyotard en 1979, junto con la multiplicación de los *storytelling* a partir del año 2000, produjo en la esfera individual esta progresiva atrofia de la capacidad narrativa que quiero analizar aquí.

Y, sin embargo, el psicoanálisis sigue apostando por elaborar una historia, una búsqueda de relato autobiográfico que se expresa también en la literatura con el recurso a la autoficción, a la que dedicaré un breve apartado, y con el resurgir de las medicinas y terapias narrativas. Un antídoto que resulta insuficiente contra la pandemia de mutismo narrativo que, junto con un hiperbólico e insustancial bla-bla-bla, nos afecta. Que allí donde prima la identidad adhesiva y mimética aflore la subjetividad creativa, hoy en crisis, podría resumir, parafraseando la famosa frase freudiana, «Donde Ello era, Yo debe advenir», el objetivo de mi propuesta.

El deseo mimético nos plantea varias preguntas que recorren siglos del pensamiento occidental: ¿qué somos?, ¿quiénes somos?, ¿cuál es nuestra naturaleza humana? Pretendo introducir algunos elementos en el debate con la incorporación de un concepto que ya anticipé en mi ensayo anterior, el de los hombres y mujeres huecos. Unos seres que conoceremos a través de testimonios de quienes se transformaron de ciudadanos ejemplares en asesinos de masas, de quienes se introdujeron en sectas, de quienes se hacen adictos a las pantallas; e identificaremos los mecanismos que estuvieron y están en el origen de esos cambios: la fusión de identidades, la identidad adhesiva, el anhelo de pertenencia, la búsqueda de reconocimiento, el vaciamiento del mundo interior para sustituirlo adaptativamente por propuestas prestadas. Si me retrotraigo a comienzos del siglo XX es porque pienso que los mismos mecanismos que movieron a aquellos hombres huecos que hicieron posible el nazismo están exacerbados hoy en nuestra sociedad digital, y que los peligros que implica la sumisión a una presión social acéfala y multiforme nos acechan con mayor motivo en la actualidad.

Por otra parte, existen hombres y mujeres que se rigen por una moral autónoma fuera de la corriente mayoritaria, hombres y mujeres vertebrados que se rebelan y apuestan por singularizar su camino, por elegir su destino enfrentándose al pensamiento dominante y construyendo una subjetividad propia, opuesta a la de esos otros hombres y mujeres huecos que buscan en las sectas o en el mundo digital, en la vida anodina del normópata hiperadaptado, identidades prestadas, y que se adhieren a ellas para sostenerse. A los vertebrados les dedicaré también un espacio.

Atrofia de la capacidad narrativa, huida del pensamiento crítico, rechazo del contacto a favor de una búsqueda de la satisfacción inmediata: el individualismo neoliberal y el mundo digital nos alejan de lo que considerábamos la condición humana. ¿Somos hoy, pues, menos humanos?

La caída de los grandes relatos lleva de la mano el olvido de lo humano universal en pro de particularismos identitarios que provocan la ruptura de los lazos sociales para satisfacer las urgentes necesidades de reconocimiento que asolan nuestra sociedad de la incertidumbre, con el consecuente empobrecimiento afectivo que nos entristece.

Poner límites a la digitalización[1] es, en este horizonte, una tarea imprescindible; recuperar la presencialidad, la con-

---

1. Llamamos *digitalización* a un proceso de ingeniería que traduce el mundo conocido, analógico, y el mundo por venir a información almacenada, transportada y presentada a través de la combinación de bits.

versación íntima y el contacto de la relación cuerpo a cuerpo se hace necesario en un planeta letalmente amenazado por nuestra avaricia autofágica y extractivista; un planeta que no podremos salvar sino juntos, apelando a lo común. El abandono de la ideología capitalista del crecimiento infinito exigirá un retorno creativo a lo local para hacer un uso sostenible de los recursos limitados de la Tierra.

Trataré aquí de analizar esta atrofia de la capacidad narrativa que afecta a grandes grupos de nuestra sociedad en diálogo con algunos autores que se anticiparon a nuestro tiempo, y con otros que ya contaron en su análisis con la universalización del mundo digital, es decir, la conversión del mundo físico en una pantalla plana. Y lo haré porque me parece que esta ausencia sistemática y progresiva de la capacidad de trasladar al lenguaje nuestras experiencias nos vacía, precisamente, de ellas, nos uniformiza y nos convierte en analfabetos afectivos, en ciudadanos acríticos e individualistas.

El aumento exponencial del número de personas que acuden a cursos de *mindfulness*, relajación o yoga, o a retiros de cualquier tipo, con la promesa de encontrarse mejor, apunta a un síntoma de esta ausencia de capacidad narrativa que mutila también la reflexividad y deja al individuo impotente frente a un malestar al que la sociedad de consumo ofrece mil posibilidades de solución, aunque pocas o ninguna de ellas pase por explorar el origen de esta mutilación, sino por colmar con otros recursos prestados la necesaria reflexividad perdida, como sucede con el consumo de libros de autoayuda.

El itinerario escogido en esta investigación no es académico, sino personal, una selección de los autores que, en la búsqueda de una explicación, me han ayudado con sus aproximaciones, a veces incluso alejadas del tema, pero iluminadoras para nuestro análisis. Porque para comprender este nuevo síntoma personal y social, esta epidemia de mutismo introspectivo, necesitamos la confluencia de distintos saberes, a partir de una forma de articulación que bien podría asemejarse a lo que H. J. Eysenck y Jessica Benjamin llamaron *sobreinclusión*, es decir, la intersección de distintas disciplinas de las humanidades con las neurociencias, cuyos conocimientos se complementan para abordar el mismo objeto de estudio. Exploro una ontología del presente de larga tradición que toma de Günther Anders el *carácter impresionista de la investigación*, el intento de descubrir las claves que se esconden tras los emergentes sociales sirviéndome de los conocimientos acumulados por la experiencia vital y la práctica del psicoanálisis. Anders encuadra su metodología en lo que denomina *filosofía coyuntural*, un cruce híbrido entre filosofía y periodismo, aunque, en mi caso, ese híbrido es heredero del psicoanálisis y de mi profunda vocación clínica, que me insta a utilizar para el estudio no solo la teoría (híbrida a su vez), sino la vida, la cultura en sus distintas manifestaciones, el flujo de la existencia propia y la de mis contemporáneos.

> ...¿qué es la materia? Si la miras al microscopio tan solo trocitos. Partículas atómicas. Partículas subatómicas. Si profundizas cada vez más y más, al final te encuentras con la nada. Somos espacio vacío, básicamente. Somos nada. Tralará. Y todos somos la misma nada.

OTTESSA MOSHFEGH,
Mi año de descanso y relajación (2018)

Vamos a introducirnos brevemente en las nociones que esbozaré aquí a partir de unas notas (contienen *spoilers*) sobre el personaje interpretado por Leonardo DiCaprio en la última película de Martin Scorsese, *Los asesinos de la luna* (Estados Unidos, 2023), que narra los crímenes cometidos por una acaudalada familia de terratenientes y ganaderos contra los nativos osage de Oklahoma para despojarlos de sus tierras, ricas en petróleo. El personaje que interpreta DiCaprio, sobrino del jefe de la trama mafiosa que ha comprado a las autoridades del condado para que no investiguen esas muertes, es un hombre sin atributos, un joven soldado que regresa de la Primera Guerra Mundial y se somete a las órdenes de su tío hasta llegar a cometer los asesinatos más atroces, mientras que en su vida pública aparece como un apuesto padre de familia, casado a instancias de aquel con una nativa osage, a la que intentará matar también suministrándole lentamente una droga junto con las inyecciones de la recién descubierta insulina, que la mujer necesita para tratar su diabetes. La disociación que experimenta este hombre es notable en cada uno de sus gestos. Su *yo público* es el de un padre y marido amante y cariñoso, y su *yo secreto*, el de un asesino disciplinado, que actúa a las órdenes de su implacable tío sin oponerse, siendo cómplice y ejecutor de los asesinatos de parte de los miembros de la familia de su esposa. Cuando, en una de las últimas escenas de la película, esta lo confronta y le pregunta qué le ha estado suministrando, él solo puede callar, incapaz de articular una respuesta.

Personajes como el interpretado por DiCaprio han sido representados en el cine en películas como *Nebraska*, de Alexander Payne (Estados Unidos, 2013), o en la dirigida por Sébastien Pilote *El vendedor* (Canadá, 2011). Se trata de seres anodinos, con una identidad social alterdirigida por un amo o por los mandatos sociales, sean estos convencionales o no. Los llamamos *hombres* y *mujeres huecos* porque el yo neural, la autoconciencia corporal y social imitativa, no alcanza a desarrollar su yo narrativo.

Para comprender a estos personajes, ejemplos de la individualidad que hoy se quiere universalizar, hemos de adentrarnos brevemente en las neurociencias y en algunas teorías sobre la conciencia que nos suministrarán los conceptos de los que servirnos después en nuestro recorrido. Animo a los lectores no especializados a vencer la posible aspereza de este apartado, pues confío en que en las páginas siguientes se verán recompensados.

El neurocientífico e investigador Anil Seth afirma que el yo narrativo tiene que ver con un yo que se experimenta a sí mismo como un continuo, que se asocia a un nombre, a unos recuerdos del pasado y a unos planes de futuro, es decir, solo una vez adquiridos esos niveles previos de autorrepresentación tomaremos conciencia de que tenemos un yo, de que somos autoconscientes. Ahora bien, continúa:

> Estas capas superiores de la yoidad son plenamente disociables del yo corporeizado. Muchos animales no humanos y los niños muy pequeños también pueden experimen-

tar una yoidad corporeizada sin tener (ni echar de menos) ningún sentido de identidad personal que la acompañe. Y aunque los humanos adultos experimentamos normalmente todas esas formas de yoidad de un modo integrado y unificado, la disminución o destrucción de los aspectos narrativo y social del yo pueden tener un efecto devastador en nosotros.[1]

La disminución o destrucción del aspecto narrativo al que se refiere Seth puede suceder por problemas neurológicos, como una encefalitis que cause amnesia, pero también acompaña a algunas enfermedades mentales graves como la esquizofrenia, en la que se produce un *colapso del self narrativo* o *alogia*, una ausencia o disminución del lenguaje espontáneo, una pobreza de su contenido, así como bloqueos o aumento de la latencia de la respuesta.

El colapso de la competencia narrativa está asociado en caso de enfermedad neurológica y mental a los efectos del trauma físico o psíquico sufrido; por ejemplo, el que se produce en patologías graves como la psicosis o los trastornos *borderline*, caracterizadas por romper la continuidad del sentido del sí mismo y, con él, de la competencia para narrarse. Porque narrarse es contextualizar la historia, caracterizar a los personajes y atribuirles motivaciones –en distintos grados de profundidad, ciertamente–, e incluye la descripción de acontecimientos relevantes como el porqué, el cómo y las interacciones entre los protagonistas, así como las consecuencias del hecho y la anticipación. Es decir, narrar es unir elementos biográficos en un relato donde se busca un sentido. Incluye identificar las emociones, que se transforman e integran al elaborar el relato mismo, por lo que aprender a narrarse

1. Anil Seth, *La creación del yo. Una nueva ciencia de la conciencia,* Sexto Piso, Madrid, 2023, pág. 199. Trad. de Albino Santos Mosquera.

constituye uno de los objetivos prioritarios en el tratamiento de pacientes con trauma relacional[2] o en los adolescentes en crisis,[3] cuya construcción histórica y, por ende, identitaria se ve interrumpida.

Pero nosotros hablaremos aquí de otro fenómeno que no tiene que ver con la interrupción de lo constituido, sino con lo *no constituido*, con la falta de narración, con la ausencia de relato desde el inicio de la formación de un yo básicamente corporal, como el de los niños pequeños de los que habla Seth. La identidad narrativa se sustituye en estos casos por la identidad corporal, y por una identidad imaginaria que se sostiene en el cuerpo y en los actos, contados fragmentariamente. Para gran parte de los hombres y las mujeres, esta será su identidad, el yo que los sostenga durante gran parte de su vida.

Pero ¿cómo se forma ese yo? Al problema del surgimiento de la conciencia, los científicos lo han llamado *el problema difícil*. En 1995 el filósofo David Chalmers se preguntaba, e interrogaba también a la comunidad científica, por qué el procesamiento físico de las experiencias da lugar a una rica vida interior o, en palabras de Solms,[4] «¿por qué y cómo la cualidad subjetiva de la experiencia surge de procesos neurofisiológicos objetivos?». Y las cosas no están aún unánimemente claras.

2. F. J. Aznar Alarcón y Nuria Varela Feal, «La restauración de la competencia narrativa en el trauma relacional. Análisis de un caso»: <https://www.aperturas.org/imagenes/archivos/ap2019%7Dn062a11.pdf>.

3. Anna Maria Nicolò y Laura Accetti, «La narración autobiográfica de los adolescentes en crisis», *Revista de Psicopatología y Salud Mental del Niño y del Adolescente*, ISSN 1695-8691, núm. 29 (2017), págs. 57-68.

4. Mark Solms, *El manantial oculto. Un viaje a la fuente de la conciencia*, Capitán Swing, Madrid, 2024, pág. 360. Trad. de Isabel Llasat y Alicia Martorell.

Davide Sattin, Francesca Giulia Magnani *et. al.* afirman que uno de los principales problemas para hablar de la conciencia es su definición, así como la dificultad para cuantificar el nivel de conciencia desde el estado de coma al de alerta.[5] Tras el metaanálisis realizado en su exhaustivo estudio identifican veintinueve teorías de la conciencia diferentes, pero a efectos de mi investigación destacaré solo dos: la teoría de J. Allan Hobson (2009), que distingue entre la conciencia primaria, definida como la que incluye percepción y emoción, y la conciencia secundaria, que depende del lenguaje e incluye características como la conciencia autorreflexiva, el pensamiento abstracto, la volición y la metacognición, que es la que nos interesa aquí, y la teoría de António Damásio *et al.* (2008), que diferencia entre un protoyó y la conciencia central. El protoyó o *protoself* sería una colección coherente de patrones neuronales que cartografían momento a momento el estado de la estructura física del organismo en sus múltiples dimensiones. Distingue entre *emoción* como representación neural ante determinado cambio en el entorno, *sentimiento* como percepción del cambio corporal que provoca la emoción y *conciencia central, sentir un sentimiento*, como la detección de ese cambio.

Por su parte, el neurocientífico norteamericano A. D. Craig opina que la conciencia humana se forma integrando en una representación coherente todas las condiciones destacadas a través de la totalidad de los sistemas relevantes en cada momento inmediato del tiempo de la experiencia de una persona, lo que denomina *momento emocional global*. Una integra-

---

5. Davide Sattin, Francesca Giulia Magnani *et. al.*, «Theoretical models of consciousness. A scoping review», *Brain Sciences*, vol. 11, núm. 5 (2021), pág. 535. La traducción es mía. Los autores recogen una revisión exhaustiva de los modelos de la conciencia, que evalúa 1.130 artículos publicados entre 2007 y 2017.

ción que tiene lugar en la ínsula anterior y el cíngulo anterior de nuestro cerebro, que se activan tanto durante la vivencia de las emociones primarias (ira, tristeza, miedo, asco, felicidad, alegría, confianza y sorpresa), como las secundarias y sociales.[6] Craig lo resume como sigue:

> La representación unificada de todas las condiciones destacadas –codificadas como sentimientos– es en efecto una representación de la totalidad del individuo, a la que Sherrington se refirió como «el yo material» y a la que yo me refiero como «el yo sensible».[7]

Damásio llama a este yo material, o yo sensible, el *yo neural*, una representación conjunta del cuerpo que constituye la base del concepto de yo. La capacidad de recordar momentos pasados y proyectar el futuro produce una autoconciencia unitaria que sería el yo, resultado, pues, de la memoria, de la capacidad de planificar el futuro y de la percepción que el cerebro tiene del cuerpo del que forma parte. Si ese yo neural se socializa en un entorno humanizado, adquirirá el lenguaje y las normas sociales.

Pero un ser humano puede sobrellevar toda su vida con una conciencia de sí mismo digamos que no-narrativa, o sosteniendo su identidad en una narración estereotipada y repetitiva de sí. Acceder a la conciencia reflexiva es, pues, «un lujo de la conciencia por parte de ciertas especies de cerebro grande, y no su capacidad definitoria»;[8] se trata de uno de

6. A. D. (Bud) Craig, «How do you feel – now? The anterior insula and human awareness», *Nature Reviews Neuroscience*, núm. 10 (2009), págs. 59-70.

7. A. D. (Bud) Craig, «The sentient self», *Brain Structure and Function*, vol. 214, núms. 5-6 (2010), págs. 563-577. La traducción es mía.

8. Citado por Sattin y Magnani, *op. cit.*, pág. 535.

los muchos contenidos de la conciencia que se encuentran disponibles para criaturas con capacidades cognitivas sofisticadas.

También el psicoanálisis se ha ocupado de la génesis del yo y de la conciencia, estrechamente relacionados entre sí y con el narcisismo, si bien el yo abarca más aspectos que la conciencia dado que una parte de él sigue siendo inconsciente. Para Sigmund Freud, el yo surge del desarrollo de la maduración, formado por la dinámica del aprendizaje social y por las identificaciones, esto es, por efecto de la socialización y por las marcas inconscientes que nos dejan las relaciones con los otros significativos. El yo es el encargado de lidiar entre las pulsiones y la realidad, en un intento inestable por conservar su unidad frente a las exigencias de unas y de otra. Los paralelismos entre las intuiciones freudianas, que definen el yo como una masa dominante de representaciones que se forman a partir de las percepciones tanto internas, procedentes del organismo, como externas, coinciden con la idea de integración, central para las neurociencias a la hora de hablar de la conciencia.

Pero a nosotros solo nos interesa indagar en el complejo entramado de teorías neurológicas de que disponemos para mostrar que puede haber un nivel mínimo de conciencia, de yo, que no desarrolle la metacognición reflexiva, como le sucede al personaje de Leonardo DiCaprio en la película de Scorsese. Y que construir ciudadanos con un yo mínimo, podríamos llamar inocentemente *acrítico* y *alienado*, «sin ningún sentido de identidad personal», como decía Anil Seth, reflejo solo de las sensaciones y emociones que experimenta, un yo exclusivamente corporal, basado en la autoconservación y la supervivencia, es una de las aspiraciones del capitalismo digital.

Por otra parte, cuando hablamos de narrar no pensamos exactamente en contar a otros nuestra experiencia subjetiva, sino también en crearla internamente, en tomar conciencia silenciosa de nuestra historia, en otorgarle un sentido siempre incipiente, que se modifica con los años. Nos referimos aquí al concepto de *metacognición*, entendido como la capacidad para reflexionar sobre nuestros procesos de pensamiento y aprendizaje de forma que podamos regular los procesos mentales básicos. Se trata de acceder a un orden superior de pensamiento, que se caracteriza por un nivel alto de conciencia y de control voluntario de esta.

Si pensamos en los tatuajes como una forma del tatuado de dotarse de singularidad, de escribir los hitos de la historia personal en la piel, podemos pensar su proliferación exponencial en los últimos años como ligada en muchos casos a la moda y a la imitación, y en otros a la búsqueda de esta identidad imaginaria y corporal que señalamos. Digamos que en estos últimos se produce un borrado narrativo de la historia personal, que no se toma en cuenta porque no ha adquirido representación simbólica, no ha adquirido inscripción ni linealidad narrativa, por lo que casi podríamos decir que desaparece como tal para fijarla en imágenes tatuadas en la piel, en el cuerpo. A menudo, quienes los exhiben conocen el significado biográfico del tatuaje elegido (un amor, un duelo, una mascota, un episodio vital importante), pero les resulta muy dificultoso articular una historia de las motivaciones que los movieron a marcar su piel. El tatuaje es un acto de memoria, un mudo relato gráfico, un esfuerzo por singularizarse imaginariamente. En palabras de David Le Breton, que llama *modernos primitivos* a los tatuados:

Para los *modern primitives*, las modificaciones corporales llenan el vacío que en el yo crean los modos de vida de nuestra época, al conjurar con su realización o su presencia significados ocultos que provocan una metamorfosis en el individuo. El tatuaje restaura la unidad del yo, permite reencontrarse con las «raíces» primitivas del ser.[9]

El tatuado crea un mito personal alrededor del tatuaje, pero un mito que cierra, que cristaliza el ser, al que suma sucesivos tatuajes de forma acumulativa, para transformar el aspecto que el yo corporal ofrece al mundo. Ritos de paso individuales que suplen a los colectivos, ausentes en nuestra sociedad, pero que los adolescentes se autoimponen en las redes al margen de la cultura de sus mayores.[10]

A Eva, joven médica residente, le pasan cosas, muchas cosas. Se presenta ante mí atravesada por la angustia tras la ruptura sentimental con su novio de varios años. Tiene una amiga íntima a la que desea, pero también aventuras heterosexuales que no la satisfacen. Eva habla mucho, pero no dice nada, su subjetividad está ausente de lo que cuenta; describe situaciones, detalla prolijamente interacciones con su amiga, pero se sustrae a sí misma de ese relato aburrido y confuso, muy común entre los adolescentes, aunque ella tiene ya veinticuatro años. Es una joven inteligente y hermosa, pero carece de instrumentos para analizar mínimamente cualquier circunstancia que pueda identificar como causa de sus conflictos. Su familia es perfecta, nos dice, no tiene nada que reprocharles a sus padres; sin embargo, sufre una angustia de abandono que la mantiene en alerta y la hace anticiparse, marcharse, abandonar al otro apenas vislumbra que pueda ser ella la abandonada. Eva no para de hablar ni de hacer cosas: gimnasio, cursos, viajes, estancias en el ex-

9. David Le Breton, *El tatuaje*, Casimiro Libros, Madrid, 2013, pág. 42. Trad. de Raoul Albé.
10. Cristina Morano ha escrito una excelente novela que da cuenta de estos juegos virtuales y del peligro que implican: *Las novias*, InLimbo, Albacete, 2022.

tranjero que completan su formación; habla y hace, pero su capacidad para pensar quién habla y quién hace está ausente. No la ha tenido nunca y la exploración a la que la invita la terapia es completamente nueva para ella, por lo que se sorprende de ir creando un esbozo de historia, una trama, un argumento que incluya un porqué y un para qué, que identifique y nombre sus emociones y sus sentimientos. Eva ha vivido una vida donde ella no ha sido la protagonista, sino una imitadora, una marioneta movida por hilos que ni siquiera puede identificar. La reproducción minuciosa de los acontecimientos de su vida no es un relato, no es una narración que busque un sentido, que seleccione y elija qué contar porque eso que distingue del resto de sus actos es significativo para ella; mi paciente no narra, informa, no sé si en espera de que alguien le otorgue un sentido prestado a su historia.

Eva es un ejemplo muy vivo de muchos de los jóvenes actuadores de hoy. Su vida está llena de experiencias que no parecen dejar en ella más que la huella de una descripción pormenorizada y fragmentaria, sin un relato que incluya la reflexividad más elemental y la continuidad de un sí mismo que la protagonice. Lo que da continuidad a su vida es el yo corporeizado, esculpido en el gimnasio, movido por ideales exigentes de perfección estética y expuesto profusamente en las redes.

Pero vayamos a los emergentes sociales, a las dinámicas que encontramos en el mundo de la llamada *normalidad*, en la gente común. Un grupo de jóvenes alquilan un fin de semana una vivienda rural y van provistos de un arsenal de juegos de mesa que llenará, cuando no lo haga el móvil, el tiempo compartido. Nada de tertulias, comunes en los encuentros de generaciones anteriores, ni de cualquier otra conversación que no sea operativa, funcional. Las expectativas del encuentro se cumplen con la participación en aventuras de riesgo, rafting, escalada y juegos de mesa.[11]

En la vida cotidiana, las expresiones «mejor no pensar», «mejor pasar a otra cosa» o «hazte un viaje», entre muchas otras emitidas como consejo a nuestro interlocutor cuando le acosa un problema, remiten a esa progresiva atrofia de la capacidad para narrarse que vamos a tratar de explicar: no explores, huye, corre hacia delante, evita pensar.

Hay algo más –algo nuevo, a nuestro entender– en este síntoma que analizamos, y es que el pensamiento hegemónico del capitalismo digital promueve abiertamente esta atrofia para sustraer la diversidad del mundo interior particular y sustituirla por una individualidad homogénea y conformista. La atrofia se quiere generalizada, el yo crítico se requiere mínimo y la epidemia ya afecta a parte de la población en distintos grados. Nuestro mundo interno se vacía a favor de la adhesión a las propuestas del mundo externo, que nos entretienen con reclamos constantes. En los vídeos que se exponen en las redes sociales, en los testimonios que se recogen en los programas de noticias de las televisiones, preguntados sobre cuestiones que requieren algún tipo de argumento, los ciudadanos interrogados no razonan, balbucean.

Ahora vayamos al origen, a quien nos ha prestado este fértil concepto.

11. Otra interesante novela, *El desierto blanco*, de Luis López Carrasco (Premio Herralde de Novela 2023), da cuenta de la importancia del juego en la generación de los nacidos en los años ochenta y noventa.

EXPERIENCIA Y POBREZA, EL OCASO DEL NARRADOR

> Es cierto que el hecho de relatar una historia revela significado sin cometer el error de definirlo, que crea consentimiento y reconciliación con las cosas tal como son, y que incluso podemos confiar en que contiene la última palabra que esperamos del «día del juicio».
>
> HANNAH ARENDT,
> *Hombres en tiempos de oscuridad*
> (sobre Isak Dinesen, 1968)

El investigador y escritor francés Christian Salmon ha dedicado parte de su obra a analizar la progresiva desaparición de la narración en nuestras sociedades. En su libro *La era del enfrentamiento* opina que han sido tres las grandes crisis narrativas que ha conocido el siglo XX.[1] La primera durante la Gran Guerra; la siguiente, ligada a la segunda contienda (1939-1945), ambas vinculadas tanto a la desproporción entre los medios humanos y los instrumentos mecánicos de que se disponía, como a la destrucción de la dimensión temporal de los acontecimientos que ya señaló Adorno al observar un ritmo bélico dividido en campañas discontinuas, con sacudidas y cese completo de hostilidades. La tercera gran crisis de la narración, según Salmon, comienza con el final de la guerra fría y se extiende hasta la universalización de internet, y fue provocada por varios acontecimientos que forman parte de lo que llama *espiral del descrédito*.

1. Christian Salmon, *La era del enfrentamiento. Del storytelling a la ausencia de relato*, Península, Barcelona, 2019. Trad. de Francisco López Martín.

Para el autor francés, los grandes relatos de la historia, desde Homero hasta Shakespeare, que transmitían lecciones de sabiduría fruto de la experiencia, dieron paso a los *storytelling*, que saturan la realidad de relatos artificiales, bloquean los intercambios dialógicos y, con la universalización de las redes, nos alejan de las historias para imponer intercambios de relatos anecdóticos[2] que propician el enfrentamiento comunicativo y debilitan así la confianza en el valor referencial del lenguaje.

El *impasse* narrativo al que se ha llamado *crisis de las ideologías* o *desencantamiento del mundo* produjo paradójicamente una proliferación de estos pequeños relatos, una técnica de comunicación y domesticación enfocada a transmitir mensajes que capten la atención y enganchen al ciudadano, apelando básicamente a sus aspectos más emocionales; una técnica, utilizada tanto en la publicidad como en la política, que envuelve la realidad en una red narrativa que estimula las emociones útiles para el fin que el *storytelling* se proponga, mediante unos engranajes narrativos que conducen a los individuos a identificarse con modelos y protocolos prescritos. Lo importante del *storytelling* es movilizar mediante anécdotas las emociones.

El llamado *giro narrativo*, que se expandió a casi todas las disciplinas a mediados de los años sesenta, dio paso a las condiciones de aparición de los *storytelling* en los noventa, coincidiendo con la explosión de internet y los avances de las nuevas técnicas de información y de comunicación.[3] Salmon analiza ejemplos de *storytelling* en las campañas electorales de Ronald Reagan, Bill Clinton, Nicolas Sarkozy y Ségolène Royal, en las grandes compañías e industrias, en la guerra y en la propa-

2. *Ibid.*

3. Christian Salmon, *Storytelling. La máquina de fabricar historias y formatear las mentes*, Península, Barcelona, 2023. Trad. de Inés Bértolo Fernández.

ganda. Progresivamente, y como consecuencia también del avance de las GAFAM (Google, Apple, Facebook, Amazon y Microsoft), desembocamos en la que denomina *era del enfrentamiento*, que comienza en 2016 con el ascenso de Donald Trump y que produce un nuevo contexto, un nuevo régimen de verdad, y la aparición de burbujas informativas independientes donde la información se elige de acuerdo con las opiniones de los usuarios, sin contrastar con los hechos, donde la falta de diferenciación entre la verdad y la mentira es la regla, pues todos los enunciados se mantienen en un régimen de inestabilidad. En la era del enfrentamiento, el ruido de la batalla en Twitter sustituye al *storytelling*, y las pulsiones se imponen sobre la palabra y el diálogo, hasta producir una ruptura posnarrativa, una ausencia de relato, casi un «asco por la palabra», escribe Salmon, citando a Hermann Broch.

A efectos de nuestro trabajo propondremos una escalada de esta desaparición progresiva de la capacidad de narrar que podríamos pautar así: la crisis narrativa que se extiende desde la Primera a la Segunda Guerra Mundial, de la que dan cuenta en su obra Walter Benjamin, Theodor Adorno y Günther Anders; el descrédito de los grandes relatos que analizaron Lyotard, Baudrillard o Sennett, que se extendería desde la caída del muro de Berlín en 1989 hasta comienzos del siglo XXI, y la disolución de la capacidad narrativa que supone la universalización de internet y la digitalización del mundo, de la que nos ocuparemos aquí más ampliamente junto con quienes también se han detenido en ella desde diferentes perspectivas.

En su artículo «¿Qué puede y qué no puede hacer el psicoanálisis frente a la desazón ("malêtre") contemporánea?», el psicoanalista francés René Kaës insiste en cómo los cambios sociales acaecidos en apenas dos decenios —en los vínculos intergeneracionales, en las relaciones hombre-mujer, en las estructuras familiares, en el trabajo y el amor— han producido modificaciones en los procesos psíquicos y en la identidad.[4] Esta fragilización de lo que denomina *garantes metasociales*[5] (metaencuadres sociales, grandes relatos, ideales, cultura) afecta al sufrimiento psíquico y al funcionamiento de la familia, los grupos y las instituciones.

La caída de los grandes relatos de la modernidad, que sostenían las referencias identificatorias comunes, dificulta la capacidad de ser,

> haciendo prevalecer la información por encima del relato, la coexistencia bruta de los contrarios y el rechazo de referencias privilegiadas, de manera que ahora *todo vale* (desautorización del saber, surgimiento de la posverdad). Esto produjo un incremento de la incertidumbre en las referencias identificatorias y afecta a la psique de cada sujeto.[6]

Kaës habla de individuos y no de sujetos en las sociedades hipermodernas porque lo que se halla profundamente dificultado en ellas es el proceso de subjetivación, aspecto que abordé en mi anterior ensayo. En las sociedades hipermodernas, la ilusión individualista trae de la mano el riesgo de la *reducción del individuo a un átomo social* –en lo que coincide con Norbert Elias–, que se definiría por una función unívoca y parcial de productor, de consumidor o de agente de servicios; opinión a la que me sumo junto con muchos de los autores que expondré aquí.

4. René Kaës, «¿Qué puede y qué no puede hacer el psicoanálisis frente a la desazón ("malêtre") contemporánea?», *Psicoanálisis de las Configuraciones Vinculares*, tomo XXXVII, 2014, págs. 205-224.

5. Kaës aclara que este concepto fue introducido por Alain Touraine en 1965 para referirse a las grandes estructuras de encuadramiento y de regulación de la vida social y cultural, cuya función es garantizar una estabilidad y una legitimidad indiscutible.

6. Kaës, *op. cit.*, pág. 214.

Sin embargo, en mi trabajo solo me detendré brevemente en las transformaciones sociales y en las manifestaciones políticas de esta crisis para explorar las dinámicas colectivas que imprimen y la influencia de estas en el psiquismo individual. En semejante contexto social de sobrexposición a informaciones y pseudonarraciones, la producción de individualidad más sintónica con el régimen de verdad imperante promueve entre los ciudadanos fascinados por las imágenes *una atrofia de la capacidad narrativa universal*; capacidad narrativa que se sustituye por imágenes y por pseudorrelatos prestados y fragmentarios, que orientan el flujo de las emociones y suscitan la adhesión al objetivo propuesto. Obviamente, no quiero transmitir la idea de que este proceso sea homogéneo, ni que consiga ser universal, sino que afecta mayormente a quienes más se adaptan, en diferentes grados. Pero vayamos al principio.

Walter Benjamin escribió «Experiencia y pobreza» en 1933. Este breve ensayo aborda la sensación de vacío de la generación que había sobrevivido a la Primera Guerra Mundial y que ya anticipaba el comienzo de la Segunda. Benjamin observa que los soldados, jóvenes educados en el medio rural, regresaron del campo de batalla enmudecidos, sin poder contar la experiencia de haber sufrido el inmenso poder de las máquinas de guerra frente a su *quebradizo cuerpo humano*. Y considera que se produjo en ellos una pérdida de la capacidad narrativa. Para el filósofo, «una pobreza del todo nueva ha caído sobre el hombre al tiempo que ese enorme desarrollo de la técnica».[7]

Una pobreza de la capacidad para contar la experiencia que no afectará solo a las de carácter privado, sino a las de la humanidad en su conjunto. Para Benjamin, los edificios de acero y vidrio que la arquitectura de su tiempo ha creado,

7. Walter Benjamin, «Experiencia y pobreza», en *Discursos interrumpidos I*, Taurus, Madrid, 1973, pág. 168. Trad. de Jesús Aguirre.

Scheerbart y la Bauhaus, son espacios en los que resulta difícil dejar huella a los hombres cansados y pobres en experiencias que residen en ellos; hombres que reparan el cansancio y la tristeza soñando una existencia llena de prodigios, como la del ratón Mickey; prodigios que no proceden de la técnica, sino de sus cuerpos o de la naturaleza que los rodea. Hombres que desean, podríamos decir que mágicamente, una existencia que se baste a sí misma. Y añade con agudeza el autor, como si hablase de hoy mismo.

> Nos hemos hecho pobres. Hemos ido entregando una porción tras otra de la herencia de la humanidad, con frecuencia teniendo que dejarla en la casa de empeño por cien veces menos de su valor para que nos adelanten la pequeña moneda de lo «actual».[8]

Tres años después, en su famoso texto *El narrador* (1936), donde reproduce párrafos enteros del comienzo de «Experiencia y pobreza», Walter Benjamin insiste en que el arte de la narración está tocando a su fin.

> Es cada vez más raro encontrar a alguien capaz de narrar algo con probidad. Con creciente frecuencia se asiste al embarazo extendiéndose por la tertulia cuando se deja oír el deseo de escuchar una historia. Diríase que una facultad que nos pareciera inalienable, la más segura entre las seguras, nos está siendo retirada: la facultad de intercambiar experiencias.
>
> Una causa de este fenómeno es inmediatamente aparente: la cotización de la experiencia ha caído y parece estar cayendo irremediablemente al vacío.[9]

8. *Ibid.*, pág. 173.
9. Walter Benjamin, *El narrador*, Taurus, Madrid, 1991, pág. 1. Trad. de Roberto Blatt.

Este descenso comienza, según el filósofo, tras la Primera Guerra Mundial:

> Con la Guerra Mundial comenzó a hacerse evidente un proceso que aún no se ha detenido. ¿No se notó acaso que la gente volvía enmudecida del campo de batalla? En lugar de retornar más ricos en experiencias comunicables, volvían empobrecidos.[10]

Un proceso que viene de lejos y que Benjamin vincula también a la desaparición del consejo como correlato de la narración de una historia en curso que ya no somos capaces de narrar, y a la difusión de la información que abunda «cada mañana», mientras que «somos pobres en historias memorables».

Sin embargo, observamos cómo ese consejo oral perdido al que alude Benjamin se ve hoy sustituido por la sobreabundancia de libros de autoayuda y por los numerosos blogs y vídeos que saturan las redes de recomendaciones sobre cualquier cosa, convertidos en auténticas guías sobre cómo hemos de vivir. El consejo oral cara a cara ha perdido cré-

---

10. *Ibid.*, pág. 2. El desarrollo de las neurociencias añade una explicación complementaria a este enmudecimiento de los jóvenes soldados que regresaban de vivir una experiencia traumática. En su libro *El cuerpo lleva la cuenta. Cerebro, mente y cuerpo en la superación del trauma* (Eleftheria, Barcelona, 2015. Trad. de Montserrat Foz Casals), Bessel van der Kolk, basándose en estudios con resonancia magnética en pacientes traumatizados, que no es preciso desarrollar aquí, afirma lo siguiente: «Todos los traumas son preverbales [...]. Incluso años después, a las personas traumatizadas les cuesta muchísimo contar a los demás lo que les ha sucedido. Su cuerpo revive el terror, la rabia o la impotencia, así como el impulso de luchar o de huir, pero estos sentimientos son prácticamente imposibles de articular. Por naturaleza, el trauma nos lleva al borde de la comprensión, desconectándonos del lenguaje basado en la experiencia común o en un pasado imaginable» (pág. 48).

dito frente al consejo que se busca en los gurús de las pantallas.

Pero la pérdida de la capacidad narrativa está también vinculada a la capacidad de escuchar, que Benjamin considera asimismo en declive:

> Cuanto más olvidado de sí mismo está el que escucha, tanto más profundamente se impregna su memoria de lo oído. Cuando está poseído por el ritmo de su trabajo, registra las historias de tal manera que es sin más agraciado con el don de narrarlas. Así se constituye, por tanto, la red que sostiene al don de narrar. Y así también se deshace hoy por todos sus cabos, después de que durante milenios se anudara en el entorno de las formas más antiguas de artesanía.[11]

Pensemos, además, que si en 1936 el filósofo ya vislumbraba la disminución de la capacidad de escuchar, qué nos estará pasando hoy, cuando la pérdida de atención es señalada unánimemente como un síntoma innegable por quienes observan las modificaciones que la sociedad digital ha impuesto en nosotros.[12] El olvido de sí mismo que Benjamin consideraba indispensable para poder escuchar resulta casi imposible en nuestra sociedad narcisista, donde la satisfacción autárquica y solipsista se impone, donde apenas existe la capacidad de construir un espacio interno que pueda acoger al otro.

Una pérdida de atención que crece a medida que se nos bombardea cada vez más con informaciones que no pode-

11. Benjamin, *El narrador, op. cit.*, pág. 7.
12. El lector puede ampliar este aspecto, al que volveremos en distintos momentos, consultando el libro coordinado por Amador Fernández-Savater y Oier Etxeberria, *El eclipse de la atención*, Ned, Barcelona, 2023.

mos elaborar. Secuestrada por las redes sociales, la falta de atención homogeniza las experiencias, haciéndolas comunes y no memorables, pues la información suplanta tanto el pensamiento como la marca biográfica de las sensaciones que provoca, ya que todo se olvida fácilmente, todo cae en la vertiginosa carrera acelerada en la que se ha convertido la vida. Por citar un solo ejemplo, con el que considero que muchos nos veremos identificados, pensemos en cómo recordábamos antes a los directores de las películas que nos impresionaban. Verlas constituía una experiencia duradera. Seleccionábamos la película de acuerdo con su director o nuestras inquietudes particulares, buscábamos en la cartelera, quedábamos con amigos, íbamos al cine. De la vivencia participaban todos los sentidos y se incluía también la locomoción. Hoy homogeneizamos en nuestra memoria casi todas las películas, dada la rapidez con que podemos verlas en nuestras plataformas sin movernos de casa. Además, la mayoría de los usuarios de dichas plataformas ven las películas que estas publicitan. Cero singularidad. De todas las que vemos de este modo, muy pocas se convierten en una experiencia singular. Y esto sucede también en otros órdenes de la vida.

Por otra parte, la pérdida de la facultad de intercambiar experiencias que señaló Benjamin es hoy una realidad. Los jóvenes se reúnen para jugar a los juegos de mesa o a los videojuegos, como dijimos, para intercambiar selfis y fotos, para realizar actividades, pero rara vez para comunicarse entre sí sus experiencias íntimas, que han dejado de inscribirse en su psiquismo, de identificarse como un suceso significativo y de poder así ser posteriormente narradas.

Pero narrarnos forma parte de la construcción de nuestra identidad, tanto social como individual. ¿Es, pues, la disminución de esta capacidad lo que incrementa la búsqueda urgente de identidades imaginarias que acusan muchos de los jóvenes en nuestra sociedad digitalizada? Intentaré responder también a esta pregunta. Pero antes he de recoger algunas de las aportaciones de otro filósofo que anticipó como Benjamin los efectos que la tecnología podía producir en nosotros: Günther Anders.

Günther Anders, de origen judío, nació en 1902 en Breslavia (por entonces Breslau, Alemania) y tuvo que emigrar a Estados Unidos en 1936. En 1959 escribió el primer tomo de su ensayo *La obsolescencia del hombre*.[13] Las tesis principales de este libro indispensable surgen de una visita que realizó con su amigo T. (se especula que era Theodor Adorno) a una exposición técnica, donde observó el estupor que este sentía frente a la tecnología, hasta el punto de que, según confiesa, se pasó la exposición observándolo a él y no a las máquinas. Anders sugiere una explicación para el mutismo que aquejó a T. durante la visita a la muestra, la *vergüenza prometeica*, que expone del siguiente modo: ante la calidad de los productos que fabrica el hombre, este acaba por compararse con ellos y se avergüenza de haber nacido de modo natural y no haber sido *hecho*, de no ser *manufacturado*. Volveré a este concepto al final del libro, pero lo que nos interesa ahora es destacar la aportación de Anders a la atrofia de la capacidad narrativa que señaló con tanto acierto Benjamin dos décadas antes que él.

«Los aparatos nos quitan el habla; por eso nos transforman en menores de edad y en subordinados», afirma textualmente en el epígrafe que abre el apartado cuatro de su libro, y continúa señalando las pocas ganas de hablar que nos asisten frente a la televisión o mientras escuchamos un programa de radio; incluso los enamorados que pasean por el Hudson, el

13. Günther Anders, *La obsolescencia del hombre*, tomos I y II, Pre-Textos, Valencia, 2010. Trad. de Josep Monter Pérez.

Támesis o el Danubio, con un «portable hablante», según sus palabras, no conversan entre ellos, sino que escuchan esa tercera voz, impidiéndose así voluntariamente la conversación íntima.

¿No les parece fascinante esta precocísima observación? A mí sí. Pero lo que me produce estupor, como al misterioso T. la tecnología, es la claridad con la que el autor observa un fenómeno que por entonces era tan incipiente.

Por su parte, T., si este fue realmente Adorno, en su libro *Minima moralia*, cuya estructura fragmentaria parece anticiparse a los posts de nuestros blogs actuales, reflexiona en el exilio sobre la vida dañada, como subtitula su trabajo, de una manera dialógica, aproximándose y aproximando al lector a sus preocupaciones de entonces.[14] No tiene Adorno un estilo fácil ni es demasiado grato descifrar su pensamiento a partir de estos fragmentos, lastrados algunos por el particularismo que a todos los textos imprime la época en la que fueron escritos, pero, entre los muchos temas que trata de forma casi impresionista, uno de ellos es el psicoanálisis, que critica injustamente, a mi entender. El filósofo reprocha a las teorías freudianas su capacidad para adaptar a los pacientes, haciendo que sustituyan por conceptos prestados lo que habría de ser una «autognosis singularizada». Sin embargo, es precisamente este autoconocimiento, esta autognosis, lo que está en el centro de la terapia analítica, que siempre huyó de los diagnósticos estigmatizantes, caros a la psiquiatría de entonces, para abrirse a la singularidad de cada paciente.

Adorno salpica su texto de observaciones brillantes que anticipan lo que no ha hecho sino aumentar desde los años cincuenta, en que lo escribió, hasta hoy: la absorción del ámbito privado por la actividad comercial, esto es, la coloniza-

14. Theodor W. Adorno, *Minima moralia. Reflexiones desde la vida dañada*, Taurus, Madrid, 1998. Trad. de Joaquín Chamorro Mielke.

ción de la vida íntima por el mercado que hoy denuncian tanto Eva Illouz como otros pensadores. Adorno señala la soledad y el aislamiento que el encadenamiento de la vida al proceso de producción genera en los hombres, que se valoran a sí mismos en términos de provecho e interpretan estas cadenas como una elección independiente. El hecho, afirma, es que la tecnificación los convierte en un nuevo tipo humano al ser tratados como cosas, y en la entrada número cuarenta, que encabeza con el título «Hablar siempre, pensar nunca», señala:

> En lugar de tomar sobre sí la labor de la autognosis, los adoctrinados adquieren la capacidad de subsumir todos los conflictos bajo conceptos como complejo de inferioridad, dependencia materna, extroversión e introversión, que en el fondo son poco menos que inútiles [...]. El narcisismo, que con la decadencia del yo queda privado de su objeto libidinal, es sustituido por el placer masoquista de no ser más un yo, y la generación en ascenso vela por su ausencia de yo más celosamente que por ninguno de sus bienes, como si fuese una posesión común duradera. El imperio de la cosificación y de la norma se expande así hasta abarcar su extrema contradicción: lo supuestamente anormal y caótico.[15]

La interpretación de las cadenas como una elección independiente, la cosificación y el autodiagnóstico, así como ese placer masoquista de dejar de ser un yo por el que vela la generación en ascenso, son síntomas a los que regresaré, pues definen muy bien algunas de las características de la producción de individualidad de nuestro tiempo, empeñada en abrillantar un yo imaginario, una imagen carente de profundidad, carente de autognosis, adherida a diagnósticos, imá-

15. *Ibid.*, pág. 63.

44

genes y eslóganes, como iremos viendo. El psicoanálisis, sin embargo, trabaja a contracorriente, estimulando el autoconocimiento, la mentalización y la reflexividad; sus conceptos son puertas de entrada y no fórmulas para la identificación, por más que Adorno no estuviera de acuerdo con esto.

PAUL RICOEUR Y LA IDENTIDAD NARRATIVA

> En el año 2081, todos los hombres eran al fin iguales. No solo iguales ante Dios y ante la ley, sino iguales en todos los sentidos. Nadie era más listo que ningún otro; nadie era más hermoso que ningún otro; nadie era más fuerte o más rápido que ningún otro. Toda esta igualdad era debida a las enmiendas 211, 212 y 213 de la Constitución, y a la incesante vigilancia de los agentes de la Directora General de Impedidos de los Estados Unidos.
>
> KURT VONNEGUT,
> *Harrison Bergeron* (1961)

En su obra *Sí mismo como otro*, Paul Ricoeur afirma que la identidad personal es posible en la forma de una identidad narrativa, es decir, la narración que yo hago de mi propia vida,[1] un relato en el que narrador, autor y protagonista coinciden. En su trabajo, Ricoeur sustituye la palabra *yo*, que alude tradicionalmente a la identidad, por el sintagma *sí mismo*, y a efectos del mío los tomaré como sinónimos, si bien, estrictamente hablando, el *sí mismo* incluye todas las instancias del aparato psíquico, además del *yo*. La identidad narrativa reside para el filósofo tanto en el cuerpo como en la memoria, la corporalidad y la conciencia, la mismidad y la ipseidad (el equivalente francés de los términos ingleses *self* y *selfhood*). La mismidad sería la identidad ídem, la continuidad ininterrumpida del sujeto, una conciencia de continuidad que también toma en cuenta los cambios corporales y carac-

---

1. Paul Ricoeur, *Sí mismo como otro*, Siglo XXI, Madrid, 1996. Trad. de Agustín Neira.

teriales, mientras que la ipseidad se define como autodesignación de sí, la capacidad de tratarse a sí mismo como otro desarrollando la conciencia reflexiva, tal y como recoge en el título mismo de su ensayo: distanciarse para reconocerse, crear un sí mismo-reflexivo. La identidad narrativa de Ricoeur es un relato autobiográfico, una narración que incluye tanto elementos prospectivos, orientados hacia el futuro, mediante la palabra dada o el compromiso que el sí mismo adquiere con el otro (la promesa), como retrospectivos, al contemplar el pasado.

«Narrar es decir quién ha hecho qué, por qué y cómo, desplegando en el tiempo la conexión entre estos puntos de vista.»[2] Narrar es dotarnos de sentido, desplegar la historia que se sedimenta en el carácter. La identidad personal no es inmutable, sino un tejido de experiencias construido por medio de la actividad narrativa, de los relatos que nos contamos a nosotros mismos o nos cuentan los otros.

Sin embargo, este sí mismo reflexivo que se narra tomándose por objeto debe adquirir previamente un reconocimiento de sí que pasa por el reconocimiento del otro. En la dialéctica identidad-alteridad: reconocerse es ser reconocido, reconocimiento mutuo, tal como explica el mismo autor en su ensayo *Caminos del reconocimiento*:

> La autodesignación del sujeto hablante se produce en situaciones de interlocución en las que la reflexividad contemporiza con la alteridad: la palabra pronunciada por uno es una palabra dirigida al otro; además, puede responder a una interpelación que le haga el otro.[3]

2. *Ibid.*, pág. 46.
3. Paul Ricoeur, *Caminos del reconocimiento*, Trotta, Madrid, 2005, pág. 107. Trad. de Agustín Neira.

Sin embargo, podríamos preguntarnos: ¿siguen existiendo esos otros a los que dirigirse?

Hoy se ha convertido en un clásico de las usuarias de las aplicaciones de citas el lamento de que los hombres con quienes quedan no les hacen ninguna pregunta. Hablan y hablan todo el tiempo que dura el encuentro y no caen en la cuenta de que frente a ellos, o al otro lado de la línea telefónica, de la mesa o de WhatsApp, hay otro ser humano que escucha, es decir, no hay interpelación. La verborrea de estos hombres no va dirigida a ningún otro, al menos a un otro que cuente con su reconocimiento, sino que se trata de un monólogo onanista que pretende seducir en beneficio propio, pero que, por el contrario, aleja a las interlocutoras, sorprendidas por la ausencia de interés que muestran hacia ellas sin ni siquiera advertir que lo hacen. Estos jóvenes manifiestan una doble dificultad: tanto para escuchar como para reconocer la necesidad de comunicación de su interlocutor, que queda borrado y sin representación interna, sin marca en el mundo interior del parlanchín. De ahí la fácil sustitución de una chica por otra, tan frecuente en estas aplicaciones, pues, para quienes solo hablan y no escuchan, los otros son todos iguales, ya que no pueden detenerse a contemplar la singularidad de cada uno. En el mejor de los casos, las chicas que identifican esa desconsideración de algunos hombres con los que se citan levantan contra ellos una *red flag*, una bandera roja que les impedirá, por suerte para ellas, repetir el encuentro. Fernando Broncano habla al respecto de la «vulnerabilidad epistémica» de los varones, quienes evitan preguntar y dejan que lo hagan las mujeres porque hacerlo apuntaría a mostrar que ellos no saben. Qué contrariedad para su viril narcisismo patriarcal.

En la clínica nos encontramos con pacientes que, ante la incertidumbre de una identidad que experimentan como evasiva, confusa y fragmentaria, y careciendo de palabras para contarse a sí mismos, buscan respuesta inmediata en los diagnósticos que las redes sociales han popularizado, sustituyendo la pregunta «quién soy», que requeriría un ejercicio reflexivo, narrativo, dinámico y continuado en el tiempo, por la pregunta «qué soy», a la que responden con las etiquetas que se les proporcionan: «soy PAS» (persona altamente sensible), dicen quienes experimentan una sensibilidad que no encuentra semejanza a su alrededor; o «soy borderline», afirman quienes sufren cambios en su estado de ánimo, a menudo normales, reactivos a las circunstancias de los humores o de la vida; una vida que cada vez se imagina que ha de ser más feliz, sin los cambios de humor y la tristeza que toda existencia comporta.

Por otra parte, la pregunta «qué soy», cuya respuesta sería, por ejemplo, «soy hombre» o «soy mujer», «soy española» o «soy francesa», apunta con frecuencia a una fácil cosificación esencialista de la identidad. Creer que ser hombre o mujer es una especie de sustancia sólida que se expresa en cada uno según nuestros genes sean XY o XX puede conducir a una adaptación a la masculinidad o a la feminidad hegemónicas y normativas que secuestra la subjetivación como proceso creativo, y genera un malestar importante si lo que se experimenta no se corresponde con los roles de género normativos, pues introduce dudas sobre la *identidad* masculina o femenina que poseemos. Es lo que nos sucede a muchos en distinto grado, y en extremo a los adolescentes que optan por autodenominarse *trans*.

Sin embargo, me objetarán, también a la pregunta «quién soy» se puede responder desde el inicio con el nombre propio: «Soy Lola», por ejemplo, como si ese sustantivo ya cerrase por sí solo la exploración. No sin razón, Tzvetan Todorov afirmaba que el nombre propio es común, y que apropiarse de él es una tarea que está al final y no en el origen de esa nominación asignada. De ahí que responder a la pregunta «quién soy» con el nombre propio solo sea el comienzo de un camino que continuará con la indagación en la génesis de las identificaciones que nos constituyen, sin necesidad de caer en ningún esencialismo ni binarismo, sino ampliando las fronteras hacia una subjetividad híbrida, por fuera de las marcas de género, si seguimos con el ejemplo de las identidades sexuales.

A este respecto, es notable cómo, con la edad, la historia y la construcción de una identidad narrativa, la pregunta sobre la identidad sexual es menos acuciante; ser hombre o mujer deja de ser una asignación explicativa o un ideal a conseguir y se convierte en un accidente, llamémosle *menor*, porque se atiende a otros ejes de la identidad, que aparece siempre como un proceso. La memoria, con sus pliegues y sus errores, sostiene una subjetividad que soporta el vacío de sustancia sin demasiada angustia, un vacío que no puede sostenerse en la adolescencia, de por sí fragilizada por la necesidad de dar respuestas urgentes a la pregunta «qué soy». De ahí la facilidad con la que los jóvenes, y no tan jóvenes si están afectados por la atrofia de la capacidad narrativa que analizamos, se adhieren a las respuestas identitarias que proporcionan los medios. El aumento exponencial de lo que se denomina *disforia de género de origen rápido*, esto es, los púberes y los adolescentes que sin antecedentes de sufrir ninguna incertidumbre sobre su identidad sexual deciden que son transexuales y quieren iniciar una transición al género de elección, tiene mucho que ver con la respuesta que las redes sociales dan a estos malestares, unida a una fantasía omnipotente muy propia de la adolescencia de que esa transición acabará con sus problemas, sean estos del tipo que sean. La romantización del proceso que muestran las redes, o películas como *Orlando*, de Paul B. Preciado, donde no se exponen los efectos nocivos de la hormonación o la cirugía, favorecen dicha fantasía idealizadora.

En su excelente trabajo sobre adolescencia trans, Miquel Missé y Noemi Parra entrevistan a un grupo de jóvenes que relatan sus experiencias y que repiten numerosas veces en sus historias personales la palabra *encajar* para dar nombre al anhelo que está en el origen de su búsqueda.[4] En la primera acepción de la RAE, *encajar* significa: «1. tr. Meter algo, o parte de ello, dentro de otra cosa: "Encajar la llave en la cerradura"». Es decir, su idea de identidad es profundamente mimética, han de ser de tal manera que *encajen* en las características del género asignado. Con ese objetivo en el horizonte, su malestar será inevitable, dado que necesitan podar cualquier singularidad para adaptarse a esos roles masculinos o femeninos que a menudo suponen un corsé rígido y asfixiante. Y utilizo la palabra *corsé* con toda intención porque este tipo de experiencias las sufren las chicas en un porcentaje mucho mayor que los chicos, puesto que el rol hegemónico del género femenino en el que sienten que deben *encajar* es más peligroso y castrante para ellas que el asignado a la masculinidad hegemónica, lo que podría ser una explicación del incremento de demandas de transición entre las jóvenes. En estas circunstancias, buscando el género verdadero como si hubiese un modo único de habitar una identidad sexual, habrán de estar igual de incómodas cuando transiten del género asignado al de elección, regulado también por rígidas prescripciones sociales. Incluso en el mundo trans existen jerarquías en las que también se debe *encajar*. El problema es, pues, normativizar y homogenizar los roles de género sin abrir el abanico de la diversidad.

4. Miquel Missé y Noemi Parra, *Adolescencias trans. Acompañar la exploración del género en tiempos de incertidumbre*, Ajuntament de Barcelona, 2022: <chromeextension://efaidnbmnnnibpcajpcglclefindmkaj/ https://ajuntament.barcelona.cat/lgtbi/sites/default/files/documentacio/ informe_adolescencia_trans_esp_web.pdf>.

Solo una pedagogía que invite a estos adolescentes a explorar narrativas más creativas en torno a su experiencia sexual, tanto en su exploración del género como en su elección del objeto de deseo –una exploración por fuera de los tradicionales roles de género binarios–, hará confortable la vivencia de un sí mismo que *no encaja*, y procurará formas singulares de habitar el cuerpo sin necesidad de transformarlo quirúrgicamente para adaptarse y *encajar* en ningún sitio prestablecido, sino allí donde esa subjetividad en marcha considere que quiere estar. Pero para ello necesitarán desarrollar la capacidad de crear relatos sobre sí mismos que contengan una cierta ilusión de sentido, establecer nexos entre sus inquietudes y la aparición o el desarrollo de los síntomas, aumentar su capacidad de mentalización e introspección y darse tiempo para esperar. Y esto es justo lo contrario a la prisa que es común en nuestras sociedades aceleradas.

Volviendo a Ricoeur, el filósofo nos habla de la dependencia que para la conformación de la identidad tenemos de los otros; la responsabilidad, el compromiso y la constancia son elementos que vinculan al sujeto a un grupo, en un anhelo defensivo de autoprotección. Pero la comunidad que compartimos hoy es demasiadas veces virtual y la protección que nos ofrece incluye un sesgo de confirmación que nos aísla del resto de las comunidades que no opinan como la nuestra, e incrementa así el odio.

Escrito en los años noventa, *Sí mismo como otro* anticipa la indiferencia de un sistema que convierte en prescindibles a los ciudadanos, indiferencia que es una característica central en el neoliberalismo, como veremos a continuación a partir de los análisis de Richard Sennett.

RICHARD SENNETT, LA FRAGMENTACIÓN

> Creo que el grado de aburrimiento, si pudiera medirse, es hoy más elevado que antes. Porque las profesiones de antes, al menos la mayoría, eran impensables sin una apasionada dedicación: los campesinos enamorados de su tierra; mi abuelo, el mago de las hermosas mesas; los zapateros que conocían de memoria los pies de los vecinos del pueblo; los guardabosques; los jardineros; supongo que incluso los soldados mataban entonces con más pasión. El sentido de la vida no era un interrogante, formaba parte de ellos, de un modo muy natural, en sus talleres, en sus campos. Cada profesión había creado su propia mentalidad, su propia manera de ser. [...] Hoy somos todos iguales, todos unidos por la común indiferencia hacia nuestro trabajo. Esta indiferencia ha pasado a ser pasión. La única gran pasión colectiva de nuestro tiempo.
>
> MILAN KUNDERA,
> *La identidad* (1997)

¿Pueden los empleados de Glovo o Deliveroo conservar la noción de temporalidad (pasado, presente, futuro) necesaria para poder narrarse, o se agota la fuerza psíquica de los empleados precarios en sostener la mera supervivencia?

En su influyente ensayo *La corrosión del carácter*, publicado a finales de los noventa, Richard Sennett postula que hay una estrecha vinculación entre la flexibilidad laboral propia del modo de producción del capitalismo posfordista, sobre todo desde finales del siglo XX, la ilegibilidad, como rasgo definitorio de la forma de vida de los sujetos que trabajan bajo sus condiciones, y el impacto que esto produce en el carácter.[1] El autor llama *carácter* a la lectura que el sujeto hace de sí mismo, al patrón de conducta que establece de forma estable como suyo. El carácter reúne los aspectos duraderos de nuestra experiencia emocional y es depositario de los compromisos a los que el sujeto no renuncia y con los que se enfrentará a largo plazo. Alude también a la individualidad de una persona, a su temperamento, a su personalidad: esto es, al conjunto de cualidades que hacen que alguien sea quien es. Podemos asimilarlo en estos aspectos al concepto de *identidad narrativa* de Ricoeur o al de *personalidad*, que explora la psicología.

Para el filósofo francés, la narratividad es un rasgo inherente al carácter que está vinculado a la capacidad de concatenar experiencias, de modo que unas son causas de otras, siguiendo una concepción del tiempo propio que dota de sentido al tiempo cronológico; la narratividad determina, articula y clarifica la experiencia temporal, con lo que da lugar al yo autorreflexivo, al yo del conocimiento de sí. Pero, para Sennett, la flexibilización del mercado laboral produce una atrofia de la capacidad narrativa, pues el hombre o la mujer sometidos a este régimen de producción vivirán historias fragmentadas, lo que les dificultará elaborar una narrativa temporal que les ofrezca una respuesta sobre quién es el que vive esos acontecimientos y por qué. El sujeto humano necesita ordenar su tiempo bajo una secuencia narrativa, pues el cerebro es un especialista en buscar el sentido, pero el nuevo capitalismo genera formas de trabajo precarias, frágiles, que producen identidades fragmentadas, corroídas e ilegibles. Se trata de una ruptura de la dimensión temporal que, recordemos, ya Adorno identificó como causa de la

1. Richard Sennett, *La corrosión del carácter*, Anagrama, Barcelona, 1995. Trad. de Daniel Najmías.

disminución de la capacidad narrativa tras las dos guerras mundiales.

La tesis que defiende Sennett apunta a que existe una estrecha relación de dependencia, un profundo paralelismo, entre la forma que adopta el carácter narrativo y el modo de vida de los sujetos en las sociedades cuya organización del trabajo responde a los patrones del capitalismo flexible.

Y la flexibilidad es la característica central del modelo económico contemporáneo, que se manifiesta en nuestros días en el fenómeno conocido como *precariado*.[2] Esta nueva clase social, que incluye a los jóvenes sometidos a un régimen de inestabilidad laboral, ausencia de derechos y bajos salarios, produce una ilegibilidad en el carácter de los sujetos que lo protagonizan y lo sufren, que ven constantemente interrumpido el compromiso laboral y, por lo tanto, su estabilidad.

La voluntaria disminución de la natalidad en Occidente está vinculada a una inestabilidad laboral que imposibilita la construcción de un proyecto de vida vivible; los jóvenes se ven confrontados a un futuro tan incierto que les impide abordar la responsabilidad que la crianza de los hijos exige, por lo que crece el porcentaje de mujeres no reproductoras electivas. Franco «Bifo» Berardi analiza el fenómeno del llamado *Gran Rechazo*, o *Gran Deserción*, como un empuje de los jóvenes, decepcionados ante la precariedad del mundo laboral y social, y la gestión que de esta hace la política actual, hacia el rechazo de diferentes formas de inclusión en el sistema: rechazo de la procreación, lo que consciente o inconscientemente hacen las mujeres que eligen no reproducirse; rechazo del sexo, cuya práctica disminuye generación tras generación; rechazo del consumo y de la producción, y rechazo

2. Guy Standing, *El precariado. Una nueva clase social*, Pasado y Presente, Barcelona, 2013. Trad. de Juan Mari Madariaga.

y desinterés en las formas existentes de participación política, como se manifiesta en el creciente abstencionismo y la desafección de los últimos procesos electorales.[3]

Pensemos que, cuando la precariedad constituye el problema principal de nuestras vidas, predominan los mecanismos de autoconservación y la lucha del día a día, en detrimento de la preservación del sujeto y de su reflexividad, esto es, de su capacidad de pensar el pasado y proyectarse en un futuro que experimenta como incierto.

Son esa inestabilidad y esa eventualidad de la vida laboral, así como las repercusiones que tienen en la formación del carácter, las que fragmentan la identidad de los sujetos sometidos a este régimen de producción. Al segmentar e interrumpir el tiempo, imprescindible y central en toda narración, se interrumpe el sentido, y el atributo narrativo de la identidad carece de los elementos indispensables para seguir contándose, por lo que comienza su corrosión. Cito a Sennett:

> ¿Cómo pueden perseguirse objetivos a largo plazo en una sociedad a corto plazo? ¿Cómo sostener relaciones sociales duraderas? ¿Cómo puede un ser humano desarrollar un relato de su identidad e historia vital en una sociedad compuesta de episodios y fragmentos...? [...] El capitalismo del corto plazo amenaza con corroer [...] aquellos aspectos del carácter que unen a los seres humanos entre sí y brindan a cada uno de ellos una sensación de un yo sostenible.[4]

El presentismo que caracteriza a las generaciones más jóvenes es una defensa contra esta imposibilidad de construir

---

3. «Conversatorio. Tiempos traumáticos», conversación entre Yago Franco y Franco «Bifo» Berardi, moderada por Lola López Mondéjar: <https://www.youtube.com/watch?v=ih3-QO2z5HY>.

4. Sennett, *op. cit.*, pág. 25.

un itinerario biográfico no fragmentado, aspecto este en el que coincide, quince años después de Sennett, Christian Salmon en su libro *Kate Moss Machine*, donde afirma que la incapacidad de formular relatos adopta hoy la forma paradójica de una abundancia de anécdotas, como otras tantas metástasis de la narración, que muere multiplicándose como hacen las células cancerosas.[5] La multiplicación de los enunciados y su difusión, así como la guerra de la atención, saturan el espacio de la narración, y la inflación de historias arruina la confianza en el relato, afirma Salmon, en otro de sus trabajos.[6]

El autor atribuye a los griegos la creación de un concepto, la *anekdiégesis*, para nombrar el mal de la imposibilidad de narrar:

> Los griegos llamaban *anekdiégesis* a la ausencia o imposibilidad de narración. La anekdiégesis actual adopta la forma paradójica de una abundancia de anécdotas y metarrelatos, todos ellos metástasis de la narración.[7]

Pero ese concepto no existía como tal en el griego clásico, según los especialistas a quienes he consultado,[8] aunque pienso que bien pudiera haber existido, por la belleza evoca-

5. Christian Salmon, *Kate Moss Machine*, Península, Barcelona, 2010. Trad. de Inés Bertolo.

6. Christian Salmon, *La era del enfrentamiento. Del storytelling a la ausencia de relato*, Península, Barcelona, 2019. Trad. de Francisco López Martín.

7. Christian Salmon, *Verbicide. Du bon usage des cerveaux humains disponibles*, Climats, Essai, París, 2005, pág. 37. La traducción es mía.

8. Para la profesora de griego Alicia Morales, *anekdiégesis* sería un compuesto de διήγησις (*diégesis*), un término que en griego se usa mucho y significa esencialmente «narración»; de hecho, se suele usar así en la crítica literaria. El compuesto *anekdiégesis* sería entonces un sustantivo formado por la partícula negativa y por el verbo compuesto *ekdiegéomai* («explicar», «narrar con detalle»).

dora del neologismo de Salmon, quien aporta decenas de ejemplos de esta mutación de la narración en relatos fragmentarios que persiguen el formateo de los deseos y la propagación de las emociones, que estandarizan a través de todas las instancias de control, como ya hemos visto.

A nivel intrapsíquico, pretendo explicar cómo este nuevo orden narrativo fragmentado se traduce en una atrofia de la capacidad para narrarse que no tendrá que ver con el carácter indescriptible del objeto, sino con las dificultades del sujeto mismo para enunciar. Lo indescriptible, lo inenarrable no es aquí una propiedad del fenómeno que se desea describir, sino del individuo que lo percibe, lo experimenta o lo siente, quien no dispone de recursos para convertir su experiencia en lenguaje, o lo hace mediante una descripción anecdótica y despojada de sentido, sin impronta subjetiva y temporal.

En 2001, la escritora y crítica de arte Catherine Millet publicó un libro autobiográfico, *La vida sexual de Catherine*

Tras un exhaustivo repaso por distintas fuentes de la literatura griega, la catedrática de Filología Clásica Consuelo Ruiz Montero nos comunica que el término *anekdiégesis* no está testimoniado en los textos griegos clásicos, y coincide con Morales en que sí aparece el adjetivo *anekdiégetos*, así como el ya citado verbo *ekdiegéomai*.

Para Pedro Olalla, el término *anekdiégesis* es un neologismo construido a partir del adjetivo griego ανεκδιήγητος, que es, en sentido literal, «aquello que, por excesiva profusión y falta de hilazón, resulta inenarrable» y, en sentido metafórico, «lo indescriptible, dicho peyorativamente». En los diccionarios y corpus textuales no aparece ese sustantivo, aunque sí el adjetivo correspondiente, *anekdiégetos*, que significa «indescriptible», «inenarrable», «inefable», del que Salmon pudo inspirarse para su neologismo, nos sugiere Olalla, quien también señala que el autor francés lo utiliza en el sentido de «inefable», dando a entender que la profusión de detalles y de anécdotas, así como su falta de conexión, actúan como células cancerígenas que se multiplican hasta hacer imposible la articulación y la comprensión del relato.

M, en el cual describía con minuciosidad de entomólogo sus orgías sexuales, su promiscuidad y sus visitas al Bois du Boulogne, donde se ofrecía y copulaba con los desconocidos que se prestasen a ello.[9] El libro, como era de esperar por el tema que trata, se tradujo a cuarenta y cinco idiomas y vendió más de cinco millones de ejemplares. El exhibicionismo literario es una característica de nuestra época: no deja zonas en penumbra y abandona el erotismo para acercarse a la pornografía, pero lo que más nos interesa destacar aquí es la estructura acumulativa del no-relato de Millet. Intencionadamente, la autora suma y suma experiencias sexuales sin cesar, sin añadir ninguna explicación, ninguna mínima propuesta de sentido. El aburrimiento aparece cuando, en algún momento de la lectura, el lector comprende que aquel torrente de sexualidad indiscriminada no conduce a ninguna parte, que se trata de una mera adición anecdótica; lo contrario de lo que sucede con la narración, que aspira siempre a un cierre, a una ilusión de sentido. El texto de Catherine M. se parece más a un inventario que a un relato. La pregunta sobre la autora-protagonista ha de reducirse a un qué es Millet –mujer, crítica de arte, exhibicionista sexual–, pues la cuestión sobre quién es Catherine M. queda suspendida. Al margen de la subjetividad de la persona «real» autobiografiada, el sujeto protagonista se reduce en el texto a una mecánica repetitiva de actos sin pasado ni futuro, donde el lector, una vez descubierta esta dinámica, supone que el texto continuará solo con la mera reproducción de las anécdotas. Es de esta incapacidad de relato, a mi entender, de la que habla Sennett. Idéntica observación nos proporciona Byung-Chul Han al caracterizar la era posnarrativa como un tiempo donde desaparece la interioridad del narra-

9. Catherine Millet, *La vida sexual de Catherine M.*, Anagrama, Barcelona, 2001. Trad. de Jaime Zulaika.

dor, que es sustituida por «la atenta vigilancia del cazador de informaciones».[10]

Por otra parte, volviendo a las circunstancias laborales del capitalismo posfordista, incrementadas en la era digital, los empleados que están continuamente expuestos al riesgo de ser despedidos o desplazados sufren un desgaste de la sensación de identidad que dificulta la capacidad de establecer una narración, pues siempre están volviendo a empezar desde cero. Por proximidad con el campo de mi trabajo, no puedo dejar de traer aquí una experiencia común entre el personal médico de los servicios públicos de salud de nuestro país, quien, expuesto a contratos eventuales y desplazados de su puesto de trabajo hasta veinte veces al año, sobreviven en un presente tenso, en la angustiosa expectativa del siguiente contrato.[11] No quiero obviar tampoco el enorme daño iatrogénico que esta provisionalidad provoca en los pacientes, quienes cambian de médico en cada consulta y tienen, ellos también, que volver a empezar su historia, que se simplifica, fragmenta y repite en cada una de las citas. Cuando se trata de la salud mental, donde la alianza terapéutica del paciente con el psicólogo o psiquiatra que lo trata es una condición central para la evolución del proceso, el daño que produce esta inestabilidad no es en absoluto despreciable.

La fragilidad de los lazos laborales, sociales y afectivos produce una pérdida de la capacidad de interpretar nuestras acciones o de proyectarlas no como simples actos inconexos, sino conformando una unidad en la cual un hecho va detrás

<hr>

10. Byung-Chul Han, *La crisis de la narración*, Herder, Barcelona, 2023, pág. 59. Trad. de Alberto Ciria.

11. Nieves Salinas, «El Gobierno busca acabar con la precariedad: el 50 % de los médicos tienen un contrato temporal», *El Periódico de España*, 5 de julio de 2022: <https://www.epe.es/es/sanidad/20220705/go bierno-sanitarios-precariedad-contrato-temporal-14006976>.

del siguiente y lo condiciona, es decir, con el establecimiento de nexos causales, indispensables en una narración. Muchas de las obras literarias actuales reflejan esta característica mediante la sustitución de las frases subordinadas por las yuxtapuestas, agilizando así el relato, pero mutilando cualquier nexo causal o explicativo, como si reprodujeran la fragmentación de la experiencia a la que están sometidos hoy los trabajadores.

Lo que quiero mostrar aquí es cómo en la construcción de la identidad –tanto individual como colectiva– hay un patrón narrativo que se está viendo profundamente afectado por el sistema de producción: perdemos capacidad de actuación y de control sobre nuestro futuro, lo que dificulta la posibilidad de sentirnos y de narrarnos como sujetos y protagonistas de nuestra historia.

Para Ricoeur, el modo propiamente humano de entender el paso del tiempo es estableciendo en él patrones narrativos, y esto resulta un rasgo fundante tanto de nuestra interpretación de la realidad como de nosotros mismos, ya que la experiencia de un tiempo desarticulado amenaza la capacidad de crear narraciones duraderas; por lo tanto, añadirá Sennett, amenaza también la facultad de consolidar un carácter, una identidad. Pero en nuestras aceleradas sociedades del capitalismo digital y de la vigilancia hay una profunda dificultad para fijar la experiencia; fijación que difícilmente puede hacerse sin relato. Excluido este, las emociones y los sentimientos que constituyen la vida no se asientan en la memoria como representación, sino que se transmiten directamente al cuerpo en forma de emociones de difícil traducción; en estas circunstancias, el malestar se manifiesta muy a menudo con síntomas físicos cuyo origen no pueden identificar quienes los sufren. Lo real del cuerpo y la inmediatez del acto sustituyen a la palabra, y nos encontramos con transformaciones físicas y acciones compulsivas que constituyen un modo de evacuar una angustia que no puede ser simbolizada. La aceleración de los acontecimientos no permite, pues, la fijación de la experiencia, sino su acumulación fragmentaria, lo que no genera una memoria declarativa ni una historia con posibilidad de ser narrada, y acaba afectando a la salud mental y física de los ciudadanos.

Porque, como señala Sennett, el sistema irradia indiferencia a través de instituciones en las que la gente se siente prescindible, provocando una confusión personal que impide responder a la pregunta sobre si esta sociedad nos necesita.

Catherine Malabou, filósofa francesa interesada en las neurociencias, ha conceptualizado un término, *los nuevos heridos*, en el que traslada a algunas características de los individuos contemporáneos lo que les sucede a los sujetos que sufren un trauma cerebral neurológico y, aun así, pueden continuar viviendo. Los nuevos heridos son quienes, como consecuencia de un acontecimiento traumático, tanto físico como psicológico (y tomo este binarismo con fines explicativos, pues como ella estoy en contra de la división cerebromente), han visto transformada tanto su organización neuronal como su equilibrio psíquico, sufriendo algún tipo de déficit afectivo o emocional.

Malabou acuña también el concepto de *plasticidad destructiva*, una agencia cerebral que construye formas nuevas tras la enfermedad o el trauma, así como una nueva identidad. El déficit emocional que sufren estos nuevos heridos remite a una erosión de la sensibilidad, a una cierta incapacidad o desconexión afectiva que, además, se vincula con una incapacidad para comprender o dar sentido al evento traumático, puesto que no es posible ya para estos sujetos quebrados tejer una continuidad narrativa entre sus identidades pre y postraumáticas.[12]

12. Renata Prati, «Enfermedad mental y plasticidad. Neurociencias, psicoanálisis y crítica cultural en Catherine Malabou», *Revista de*

Malabou opina que estos nuevos heridos bien podrían ser el paradigma de la subjetividad contemporánea, por su insensibilidad y su incapacidad para la empatía; hoy sabemos que el descenso de la empatía, un fenómeno observado por numerosos especialistas, es una constante entre los individuos socializados en el sistema neoliberal.[13] Añade la filósofa:

> La entrada de la frialdad y la desafección en la escena de la psicopatología mundial nos autoriza a afirmar que un más allá del principio del placer se está manifestando y tomando forma.[14]

Traer aquí el concepto lacaniano del *goce* no es gratuito, apunta a un más allá del principio del placer, a una experiencia a menudo autodestructiva que no pone límites a este. Los asesinatos indiscriminados de los jóvenes armados en Estados Unidos, la toma del Capitolio o del Parlamento brasileño por seguidores de Trump y Bolsonaro, respectivamente, apuntan hacia una entrega fanática al goce que encontramos también en los jóvenes adictos al fentanilo y en otros muchos síntomas de la modernidad tardía, incluido el sadismo psicopático. Por el contrario, la palabra limita, aplaza, permite una sublimación que estorba al goce, que sin su mediación simbólica desborda el psiquismo con los efectos arriba señalados.

Trabajos muy recientes, como el de David Kosson, inciden en el alto porcentaje de psicopatía que se encuentra en-

---

Humanidades, núm. 39 (2019), págs. 47-75: <https://www.redalyc.org/journal/3212/321260114014/html/>.

13. Adam Alter, *Irresistible. ¿Quién nos ha convertido en yonquis tecnológicos?*, Paidós, Barcelona, 2018. Trad. de Ana Pedrero Verge.

14. Catherine Malabou, *Les Nouveux blessés. De Freud à la neurologie, penser les traumatismes contemporains*, Presses Universitaires de France, París, 2017, pág. 199. La traducción es mía.

tre los altos ejecutivos, pues aquellos que mejor responden a las exigencias del sistema de producción del capitalismo avanzado han de abandonar la empatía para llevar a cabo sus objetivos.[15] La serie *Exit* (2019), dirigida por Øystein Karlsen y basada en las entrevistas que el director realizó en 2017 a cuatro exitosos corredores de bolsa noruegos, sus mujeres y la policía, muestra la falta de escrúpulos que les caracteriza y los mecanismos de evasión y negación que emplean para eludir los problemas y las responsabilidades, así como su notable falta de empatía. El uso del otro como un objeto es común en estos psicópatas hiperactuadores e hiperadaptados al sistema de consumo que los enriquece.

Investigadoras como Marta Peirano afirman que las redes sociales han cambiado el modo de propagar los mensajes de las campañas electorales y han contribuido a la reducción de la empatía y la compasión, puesto que es el mensaje el que elige a sus receptores y no a la inversa.[16] A través de las pantallas del móvil y el ordenador –los medios más individualistas y antisociales, opina Peirano–, el diseño de las nuevas campañas produce una deshumanización en masa y estimula el odio hacia el adversario.

Es de señalar, en este sentido, el nuevo tipo de masculinidad tóxica que cunde en las redes sociales, el llamado *macho sigma* (*sigma male*), o los lobos solitarios, caracterizados por su aislamiento, su frialdad afectiva y su desprecio hacia las mujeres. Los machos sigma toman como modelo a Patrick Bateman, el protagonista de la famosa novela de Bret

15. Lluís Amiguet, «David Kosson: "Entre los altos ejecutivos se detectan un 10 % de psicópatas"», *La Vanguardia*, 5 de julio de 2023: <https://www.lavanguardia.com/lacontra/20230705/9087673/altos-eje cutivos-detectan-10-psicopatas.html>.

16. Marta Peirano, «El octavo mandamiento del genocidio», *El País*, 16 de octubre de 2023: <https://elpais.com/opinion/2023-10-16/ el-octavo-mandamiento-del-genocidio.html>.

Easton Ellis *American Psycho*, publicada en 1991 y convertida en película por Mary Harron en Estados Unidos en 2020. Como muchos lectores ya sabrán, Patrick Bateman es un *yuppie* de Manhattan obsesionado por las marcas, el éxito social y la representación que ofrece a los demás, de quienes obtiene narcisismo y reconocimiento. Interpretada por Christian Bale, Bateman se ha convertido en el modelo de los machos sigma, que saturan la red con sus vídeos con consejos sobre cómo ser un buen ejemplar de esa especie y cómo seducir a las mujeres.

Los machos sigma son el epítome de la preocupación por el cuidado físico y por un narcisismo de la apariencia que no conoce reglas morales. De hecho, en la novela, Patrick Bateman acaba convirtiéndose en un asesino, si bien los críticos difieren sobre si los crueles asesinatos que comete son solo fantasías o suceden también en la realidad. No obstante, al explorar en las redes esta nueva identidad, observamos las contradicciones en las que incurren quienes la están definiendo, pero lo importante aquí es destacar la profunda y urgente necesidad que expresan los jóvenes, tras el ascenso del feminismo y la crisis de la masculinidad que sufren nuestras sociedades, de encontrar una identificación masculina fuerte y adoptarla, y la profusión de modelos que las redes les ofrecen hoy para adaptarse a este tipo de identificación imaginaria y mimética, que excluye la exploración singular y subjetivada de uno mismo.

Continuemos añadiendo nuevos argumentos para explicar esta atrofia del pensamiento y de la capacidad narrativa que quiero mostrar mediante el diálogo con un autor que ha explorado la actualidad con agudeza.

ARRASANDO CON LA COMPLEJIDAD PSÍQUICA DE LO HUMANO

> El momento que tú mencionas, en que Tijón le pide perdón a Stavrogin, refleja en mi opinión la posición moral fundamental de Dostoievski acerca de las verdaderas interacciones entre seres humanos (almas humanas), a saber: que han de ser recíprocas. Solo se produce un diálogo verdadero cuando hay reciprocidad.
>
> J. M. COETZEE y ARABELLA KURTZ,
> *El buen relato* (2015)

Para el filósofo italiano Franco «Bifo» Berardi, más cercano a nuestro tiempo –época que observa con perspicacia–, la ingente cantidad de información que nos suministra la infoesfera[1] junto con la aceleración temporal con la que expe-

---

1. Franco «Bifo» Berardi, *Fenomenología del fin. Sensibilidad y mutación conectiva*, Caja Negra, Buenos Aires, 2017. Trad. de Alejandra López Gabrielidis. Berardi diferencia entre *infoesfera, ciberespacio* y *psicoesfera*. La infoesfera, nos dice, es la esfera donde circulan los signos que estimulan el cerebro; el ciberespacio es la manera en que el cerebro colectivo recibe y elabora los signos-estímulos. El concepto de ciberespacio, que fue propuesto primero por William Gibson en su novela *Neuromante*, se refiere a una dinámica de continua interacción entre ambiente y mente colectiva, una dinámica de mutación de la subjetividad; mientras que la infoesfera solo se refiere a la dimensión «exterior», al ambiente circundante. También puede utilizar una tercera palabra, *psicoesfera*, para decir cómo el devenir de la infoesfera puede producir efectos de mutación psíquica, de agotamiento, de sufrimiento y también de cura: Rubén Ríos, «Franco "Bifo" Berardi: "El economicismo neoliberal es una enfermedad"», *Perfil*, 3 de septiembre de 2023: <https://www.perfil.com/noticias/columnistas/el-economicismo-neoliberal-es-una-enfermedad-mental.phtml>.

rimentamos esta información y la procesamos, ejercen una presión sobre nuestro sistema nervioso que excede sus capacidades plásticas, hasta su desbordamiento.[2] Un desbordamiento que conlleva efectos patológicos para los individuos sometidos a este régimen de información, que ven transformada su capacidad de sentir e interpretar los signos no verbales del sufrimiento y el placer de los otros, todo lo cual se traduce en una erosión de la empatía y la solidaridad. Esta aceleración produce una incapacidad para representar la experiencia y convierte el malestar en pánico sin representación; de hecho, los ataques de pánico se han incrementado considerablemente durante la última década y son un importante motivo de demanda en los centros de salud mental.

Berardi llama *generación post alfa* («vídeo electrónica y celular conectiva») a una generación que se forma en paralelo a la digitalización del mundo e inaugura un nuevo modo de aprender, lo que comporta una sensibilidad modificada, ya que se trata de jóvenes que aprenden más palabras a través de una máquina que a través de la voz materna, un aspecto en el que suele insistir en sus intervenciones.

Esta generación conectiva sufre una mutación antropológica profunda, debido a la transformación que impone la tecnología digital (la red), ya que, cuando se pasa de la forma alfabética y secuencial de lenguaje a la forma simultánea y electrónica, digital, desaparece el pensamiento crítico, pues la aceleración de la infosfera y la extrema intensificación del ritmo de la estimulación nerviosa que produce satu-

---

2. Franco «Bifo» Berardi, *Generación post alfa. Patologías e imaginarios en el semiocapitalismo*, Tinta Limón, Madrid, 2007. Trad. de Patricia Amigot, Manuel Aguilar, Ezequiel Gatto, Diego Picotto, Emilio Sadier, Hibai Arbide Aza, Miguel Aguilar Hendrickson y María Sirera Conca.

ran la atención y, en consecuencia, desactivan la capacidad crítica,[3] aspecto este en el que coinciden otros especialistas en los efectos que la cultura digital provoca en nuestro psiquismo, como Carissa Véliz, cuyos artículos abundan también en los peligros de la inteligencia artificial.[4]

Según la teoría de la conciencia de Giulio Tononi y Gerald Edelman, la llamada *teoría de la información integrada* (TII),[5] las experiencias conscientes son tanto informativas como integradas; son informativas porque cada una de ellas es diferente de todas las demás: es decir, tengo una experiencia consciente porque la distingo entre todas las posibles; son integradas porque los múltiples elementos que componen mi experiencia consciente aparecen entrelazados de un modo ineludible, como si fueran aspectos de una sola escena que los incluye a todos. De ahí que Anil Seth afirme al respecto:

> En un cerebro que estuviera al máximo de riqueza informativa, todas las neuronas se comportarían independientemente y se activarían al azar, como si estuvieran completamente desconectadas las unas de las otras [...]. Pero

3. Franco «Bifo» Berardi, «Verdad y simulación», *El Psicoanalítico*, núm. 29: <https://www.elpsicoanalitico.com.ar/num29/sociedad-berardi-verdad-simulacion.php>.

4. Carissa Véliz, «Perdiendo habilidades ante la inteligencia artificial»: <https://elpais.com/opinion/2023-06-02/perdiendo-habilidades-ante-la-inteligencia-artificial.html>.

5. Tras la vigésimo sexta reunión de la Asociación para el Estudio de la Conciencia, celebrada en Nueva York en junio de 2023, y ante la difusión que adquirió la teoría de la información integrada, ciento veinticuatro científicos escribieron una carta que refutaba la TII como pseudociencia. Esa carta ha recibido a su vez objeciones por parte de otros neurocientíficos. El debate sigue abierto: <https://www.psychologytoday.com/es/blog/una-intrigante-y-controversial-teoria-de-la-conciencia-tii>.

ese cerebro –con mucha información pero nula integración– no sustentaría estado consciente alguno.[6]

Es decir, las experiencias conscientes forman conjuntos unificados que sentimos como un todo, pero un cerebro que recibiera un input de información excesiva y no fuera capaz de integrarla no podría hacer de ello tal experiencia. ¿No es esto lo que nos ocurre cuando navegamos por internet?, ¿qué sucede cuando saltamos de una información a otra de forma acelerada?, ¿podemos discriminar y separar ese flujo de información para que pueda integrarse con nuestras experiencias anteriores, y podamos conservarla y convertirla en una nueva experiencia?, ¿podemos memorizar esa información para integrarla con otras en un proceso de conocimiento propio?

El capitalismo digital que desde hace más de dos décadas decide sobre nuestras vidas está modificando el entorno en el que se realiza hoy el aprendizaje social que nos dota de humanidad. El *capitalismo de la vigilancia*, impuesto por las grandes plataformas digitales, un nuevo orden económico que reclama para sí la experiencia humana como materia prima gratuita, aprovechable para una serie de prácticas comerciales ocultas de extracción, predicción y ventas, tal y como lo define la autora del concepto, Shoshana Zuboff, tiene graves consecuencias sobre nosotros al convertirnos en la fuente de la que se alimenta.[7] Se trata de un tipo de capitalismo que no tiene precedentes en la historia de la humanidad, por lo que uno de sus peligros aña-

6. Anil Seth, *La creación del yo. Una nueva ciencia de la conciencia*, Sexto Piso, Madrid, 2023, pág. 74. Trad. de Albino Santos Mosquera.

7. Shoshana Zuboff, *La era del capitalismo de la vigilancia. La lucha por un futuro humano frente a las nuevas fronteras del poder*, Paidós, Barcelona, 2022. Trad. de Albino Santos Mosquera.

didos es que apenas podemos identificar sus efectos en nuestras mentes.

Según Zuboff, el capitalismo de la vigilancia enfrenta nuestra dependencia de los otros y las necesidades que experimentamos de aumentar la eficacia en nuestra vida (de acuerdo con el modelo de rendimiento neoliberal) con la inclinación a resistirnos a participar en él, y esto produce un conflicto que nos lleva a un entumecimiento psíquico y a la aceptación de ser monitorizados, analizados, explotados como minas de datos. Pero también, y esto es fundamental, *modificados*, dado que la fase actual del capitalismo de la vigilancia no solo quiere extraer nuestros datos, sino, a partir de ahí, modificar nuestras decisiones individuales y colectivas. Además:

> Nos predispone a racionalizar la situación con resignado cinismo y a crear excusas que funcionan como mecanismos de defensa («tampoco me tengo que ocultar»), cuando no hallamos otras formas de esconder la cabeza, y a optar por la ignorancia para afrontar la frustración y la impotencia.[8]

Zuboff teme que este capitalismo que describe acabe modificando nuestra propia naturaleza, pues para ella constituye una amenaza tan importante en el siglo XXI como lo fue el capitalismo industrial para el mundo natural en los siglos XIX y XX. Y se pregunta si podremos habitar ese hogar digital que se va rediseñando cada vez más rápidamente, a una velocidad que no permite la regulación social ni la elaboración individual. Numerosos especialistas insisten en la forma improvisada en que se ha desarrollado la digitalización y la cultura que trajo consigo, un proceso que fue cele-

8. *Ibid.*, pág. 25.

brado en sus comienzos y del que solo después empezamos a advertir los peligros que entraña, como sucede en estos momentos con la inteligencia artificial.

En una entrevista publicada en el medio *Ctxt*, Bernard Harcourt da un paso más respecto a la forma que adopta hoy la vigilancia y señala que hemos pasado de un mundo de vigilancia opresiva, basada en el odio y la imposición, a uno en el que somos nosotros mismos quienes nos autoexponemos voluntariamente en las redes, de acuerdo con nuestro deseo de hacerlo, y desde donde vigilamos también a los demás.[9] Un paso más de las tácticas del famoso biopoder foucaultiano.

Por su parte, la psicoanalista María Cristina Oleaga opina sobre el uso de las redes sociales en el mismo sentido que estamos subrayando aquí:

> En tal caso tiene efectos no sobre la subjetividad, sino sobre su construcción. Es distinta la construcción de subjetividad a partir de la narrativa; ahora el lenguaje entra por medio de las máquinas. Hay un cambio radical. Los chicos están simbólicamente desnutridos, porque la narrativa produce complejidad psíquica. El lenguaje humano tiene agujeros, metáfora, produce malentendidos..., entonces el niño se pregunta qué quiere decir. Queda como sujeto. El lenguaje tecnológico lo toma por objeto y no tiene nada de eso: produce hipnosis, déficit de atención, hiperactividad, patologías del acto. Estamos creando nuevas subjetividades con esta entrega de la infancia a la tecnología. Es un arrasamiento de la complejidad psíquica humana. No está para

9. «Bernard Harcourt: "Hemos pasado de un mundo de vigilancia opresiva a uno en el que nos autoexponemos"», *Ctxt*, 15 de enero de 2018: <https://ctxt.es/es/20180110/Politica/17243/Bernard-Harcourt--tecnologias-comunicacion-digital-eeuu-TRump.htm>.

nada hablado. Estamos en un riesgo de pérdida de lo propiamente humano en la subjetividad. Es un momento bisagra grave.[10]

«Un arrasamiento de la complejidad psíquica humana», subrayemos esto.

En otro aspecto, con el uso de las pantallas, internet, Facebook, Instagram, los selfis y las redes sociales, lo imaginario se ha elevado exponencialmente hasta capturar el yo en un mundo de «identificaciones», «produciendo una subjetividad alienada en la virtualidad, la posverdad y el simulacro: el mundo se hizo imagen virtual», afirma Nora Merlin.[11]

En su último libro, el paleoneurobiólogo Emiliano Bruner nos explica cómo la posibilidad de crear un «yo» con un largo recorrido narrativo y temporal es uno de los superpoderes de nuestra especie, basada en una gran habilidad para proyectar e imaginar, facultad que, sin embargo, también nos desconecta del presente. Bruner afirma a continuación lo siguiente:

> Tenemos entonces que considerar la posibilidad de que nuestra especie haya podido sufrir cierto desequilibrio entre sus capacidades atencionales y sus poderes de proyección mental, donde los segundos han superado la capacidad de control de los primeros.[12]

10. Citada en el artículo de María Daniela Yaccar, «Cuando la droga es la pantalla», *Página 12*, 23 de mayo de 2022: <https://www.pagina12.com.ar/423504-cuando-la-droga-es-la-pantalla>.

11. Nora Merlin, «Neoliberalismo: colonización de la subjetividad y obediencia inconsciente», *Desde el Jardín de Freud*, núm. 20 (enero-diciembre de 2020), págs. 39-55.

12. Emiliano Bruner, *La evolución del cerebro humano. Un viaje entre fósiles y primates*, Shackleton Books, Barcelona, 2023, pág. 155.

Es decir, nuestra capacidad de imaginar el futuro, de situarnos con nuestra fantasía en otro lugar, que fue capital para desarrollarnos como especie al prever peligros y poder protegernos de ellos, se ha convertido en un hándicap, pues disminuye la atención que prestamos al momento presente. Para Bruner, las tecnologías que prosperan en nuestras sociedades complejas no podrían manejarse ni crearse sin un nivel adecuado de control atencional.[13] El paleoneurobiólogo coloca la atención como el eje crucial del sistema cognitivo; probablemente, nos dice, representa una interfaz entre la inteligencia y las capacidades y habilidades cognitivas específicas. Solo que esa capacidad de representarnos en el pasado y el futuro, que constituyó esa ventaja evolutiva a la que aludo, puede hoy superar nuestra capacidad de atención, de habitar el presente, y crearnos dificultades nuevas. La especie humana ha conseguido con éxito su objetivo, afirma: reproducir sus especímenes, aunque hoy diríamos que peligrosamente para el planeta y para nuestra propia supervivencia en él; pero los objetivos de la especie no hacen felices a sus individuos concretos, nosotros, quienes tenemos que lidiar con una tensión constante entre nuestra disposición a fantasear, a permanecer en el pasado o proyectarnos en el futuro, y las exigencias del presente.

Las técnicas de meditación, el yoga, la espiritualidad, los retiros y los retiros intensivos de desconexión que se proponen como respuesta al estrés, y que precisamente hoy se están universalizando de forma diríamos que *industrial*, tienen como objetivo intentar recuperar cierto equilibrio mental perdido, entendiendo como *mental* tanto el componente cerebral y psicológico como el físico y ambiental, dado que la mente sería el

---

13. Emiliano Bruner y Roberto Colom, «Can a Neandertal meditate? An evolutionary view of attention as a core component of general intelligence?», *Intelligence*, vol. 93, núm. 4 (julio-agosto de 2022): <https://doi.org/10.1016/j.intell.2022.101668>.

proceso (flujo de información) que se crea en la interacción entre el cerebro, el cuerpo y el ambiente.

Así es, la pérdida de atención es un efecto ya muy estudiado de la digitalización de la vida y la sobrexposición a las pantallas. Guénaëlle Gault y David Medioni han bautizado como *síndrome de fatiga informacional* al estado al que conduce este flujo incesante de información que nos asalta desde las redes sociales.[14] Según su investigación, el 53 % de los usuarios franceses acusa este síndrome, una de cuyas consecuencias es el hastío y el rechazo de la información, lo que supone un grave peligro para las democracias, así como para la salud mental de los usuarios, que pueden llegar a albergar sentimientos depresivos, y utilizan las redes como una tentativa de reducir el estrés. Una observación con la que estoy plenamente de acuerdo.

En su último libro, Johann Hari entrevista a más de doscientos expertos en atención y afirma que esta está decayendo desde 1880, si bien el uso de los dispositivos móviles ha acelerado aún más su declive.[15] La multitarea y las interrupciones constantes que sufrimos por la estimulación de nuestros dispositivos producen una degradación cognitiva que tiene efectos nocivos en nuestra atención hacia asuntos más importantes, lo que afecta a la calidad de nuestras democracias,[16] entre otros factores que estoy exponiendo aquí, dado que nuestro cerebro no puede hacer varias cosas a la vez sin sufrir un desgaste cognitivo y emocional. Además, saltar de una tarea a otra sin

14. Guénaëlle Gault y David Medioni, *Quand l'info épuise. Le syndrome de fatigue informationnelle*, La Boite Petite á Outils, L'Aube, París, 2023.

15. Johann Hari, *El valor de la atención. Por qué nos la robaron y cómo recuperarla*, Península, Barcelona, 2023. Trad. de Juanjo Estrella.

16. Ángel Villarino, «La advertencia de Johann Hari: "Hemos perdido el superpoder de nuestra especie y no es solo por culpa del móvil"», *El Confidencial*, 23 de abril de 2023: <https://www.elconfidencial.com/cultura/2023-04-23/entrevista-johann-hari_3616128/>.

solución de continuidad bloquea la llamada *red neuronal por defecto* que se activa en los momentos de reposo y que está relacionada con la creatividad.[17] En una entrevista Hari afirma:

> Prestar atención es nuestro superpoder como especie, y cuando tu capacidad de prestar atención disminuye, tu capacidad para lograr tus objetivos, para resolver problemas, se ve disminuida. Te sientes peor contigo mismo porque eres menos competente. Recuperar tu atención es como recuperar tu superpoder.[18]

Los problemas de atención derivados de la exposición a las pantallas y la multitarea que estas promueven dificultan una aproximación más profunda al conocimiento y producen un empeoramiento de la memoria de trabajo, una pérdida de la eficacia en la oscilación de una tarea a otra, y una pérdida del sentido de relevancia.[19]

Recientemente, un nutrido grupo de profesores y especialistas en redes sociales españoles ha lanzado el manifiesto *¡Alerta, pantallas!* con el objetivo de proteger a los jóvenes de la adicción a estas.[20] Los docentes llaman a la desdigitaliza-

17. Pilar Jericó, «La multitarea es tarea imposible», *El País*, 26 de octubre de 2023: <https://elpais.com/eps/2023-10-26/la-trampa-de-la-multitarea.html>.

18. Mariana Toro Nader, «Una población que no puede prestar atención no puede ser a largo plazo una democracia», *Ethic*, 19 de febrero de 2024: <https://ethic.es/entrevistas/entrevista-johann-hari/>.

19. Eyal Ophir, Clifford Nass y Anthony D. Wagner, «Cognitive control in media multitaskers», *Proceedings of the National Academy of Sciences*, septiembre de 2009: <DOI: 10.1073/pnas.0903620106>. La traducción es mía.

20. VV. AA., «¡Alerta, pantallas!», *Ctxt*, 19 de febrero de 2024: <https://ctxt.es/es/20240201/Firmas/45397/Manifiesto-digitalizacion-impacto-riesgos-crisis-educacion-futuro.htm>.

ción de los entornos educativos para reducir los efectos nocivos que la exposición a las pantallas trae consigo, entre otros, el deterioro del aprendizaje y de la comprensión.

Desde hace unos años se ha generado el consenso entre las distintas disciplinas de que el modo computacional está modificando los cerebros y los modos de relación. En su libro *Apocalipsis cognitivo,* Gérald Bronner se lamenta de que nuestra capacidad atencional, esa auténtica ventaja evolutiva que también señalaba Bruner, haya sido secuestrada en la era digital, y de que las pantallas absorban un tiempo del cerebro que nuestra especie ha tardado miles de años en liberar.[21] Los dispositivos digitales devoran la mitad de nuestro tiempo mental disponible.

Bronner reúne ejemplos de esta pérdida de la capacidad de atención, y afirma:

> Lo que queda suprimido con nuestro smartphone sin poder medirlo exactamente es el tiempo de espera, del aburrimiento y también de la ensoñación..., y, por tanto, una parte de nuestra creatividad.[22]

Detengámonos en esto último: la supresión de nuestra capacidad creativa.

Lo primero que *creamos* los seres humanos es nuestra individuación, la convicción de nuestra individualidad corporal, separada del otro, sostenida en las percepciones propioceptivas y en la diferenciación con el entorno; desde ahí construimos progresivamente nuestra subjetividad, nuestra capacidad de interrogar lo aprendido para integrarlo o recha-

---

21. Gérald Bronner, *Apocalipsis cognitivo. Cómo nos manipulan el cerebro en la era digital,* Paidós, Barcelona, 2022, pág. 70. Trad. de Núria Petit Fontseré.
22. *Ibid.*

zarlo, nuestra metacognición o autoconciencia. Una subjetividad a la que llegan muchos menos seres humanos que a la individualidad, ya que hoy está gravemente amenazada por la pérdida de la atención y de la reflexión, condiciones indispensables para acceder a la autoconciencia.

El filósofo francés Yves Citton define la subjetivación como las formas en las que construimos progresivamente nuestra subjetividad singular (nuestro espíritu, nuestra persona, nuestra propia alma), tal y como la esculpen las interacciones con nuestro entorno natural, técnico y social.[23] La subjetivación sería el poso del proceso de socialización encarnado en nuestros cuerpos y en nuestras mentes, si bien la división entre uno y otra es solo expositiva.

La sociedad computacional,[24] en la que estamos todos inmersos desde la generalización de internet, nos produce a la mayoría de nosotros sentimientos de angustia, frustración, impotencia y cólera, cuyos efectos sociales pueden ser el populismo, el *burnout* o la exclusión. A menudo, señala Citton, permanecemos impotentizados frente a formularios en línea generados por unas cajas negras (los llamados *algoritmos oscuros*) percibidas como inhumanas, y que solo una élite puede controlar en su beneficio, de modo que nos convertimos en el producto de las grandes plataformas.

Por su parte, Éric Sadin, filósofo francés especialista en digitalidad,[25] afirma que los programas de inteligencia artificial, así como el resto de las aplicaciones de internet, tienen un gran objetivo industrial: guiarnos de manera con-

23. Yves Citton, «Subjetivations computationnelles à l'ère numérique», *Multitudes*, núm. 62 (2016/I), págs. 45-64.

24. Aquella en la que predomina un entorno que funciona a través de algoritmos. Citton, *ibid.*

25. El término, acuñado por Nicholas Negroponte, alude a la condición de vivir en una cultura digital, donde nos desenvolvemos y relacionamos a través de dispositivos digitales.

tinua por el buen camino... con fines básicamente comerciales.[26]

Sadin, coincidiendo con Berardi, caracteriza a nuestra época por un flujo invariablemente expansivo de datos generados por todas partes. Un entorno global que ve la duplicación continua de cada elemento físico u orgánico del mundo en bits explotables para funcionalidades de todo tipo. La producción de datos, el big data, genera un crecimiento exponencial de información, propugnado por el tecnocapitalismo, que excede nuestra capacidad de comprensión. Este crecimiento exponencial produce tres incidencias, continúa Sadin:

> Participa, de entrada, de una naturalización de fenómenos, inscribiéndolos por la rapidez de su formación en un orden aparentemente espontáneo de cosas que impide constatar su carácter exponencial, es decir, «antinatural». Contribuye, a continuación, a anonimizar el origen de los hechos, a enmascarar la intencionalidad de los proyectos y a desordenar las cadenas de interacción siempre más complejas e indistintas, debilitando la posibilidad política de actuar en forma consciente. Ella [dicha producción exponencial de datos] conforma, en fin, la idea o la ideología que afirma que la historia es fundamentalmente impulsada por fuerzas irreprimibles que hoy, y más que nunca, actuarían poderosamente. Sin embargo, es precisamente a estos efectos acumulados, que no han cesado de potenciarse desde hace una veintena de años, a los que tenemos que hacerles frente, pues merman nuestra lucidez y amenazan el ejercicio de nuestro libre albedrío.[27]

26. Éric Sadin, «La "ética" artificial es una impostura», *El País*, 26 de febrero de 2023. Se puede acceder al texto completo en *Barbarie*, 4 de abril de 2023: <https://www.barbarie.lat/post/la-etica-artificial-es-una-impostura>.

27. Éric Sadin, *La vie algorithmique. Critique de la raison numérique*, L'Echappée, París, 2021, pág. 257. La traducción es mía.

Pero también esta exposición continua a la información, el efecto del fácil deslizamiento sin fricción que produce la navegación por internet, que nos desvía de nuestro propósito y del objeto de nuestra atención para proponernos itinerarios guiados por algoritmos desconocidos, impide la creación de la experiencia. Como hemos visto, la aceleración y la fragmentación de la realidad que percibimos imposibilita que se construya una impronta psíquica de lo que hemos experimentado y no deja huella mnémica en nosotros, con lo cual, a la larga, careceremos de historia, y el aparato psíquico se vaciará de contenido, aprendiendo únicamente a recibir y evacuar, mediante la acción, la angustia que comporta esta actividad incesante. Los pacientes se mueven por internet como acaban haciéndolo en la vida: como pollo sin cabeza, una expresión que ellos mismos utilizan de manera cada vez más frecuente en la clínica actual.

Tanto las terapias narrativas como el psicoanálisis inciden en esta necesidad de crear un yo observador que historice, que relate la biografía del sujeto buscando el sentido escurridizo de nuestra vida. El mismo Freud ya llamó *novela familiar del neurótico* a la actividad fantaseadora de los adultos, especialmente los neuróticos y los creadores, sobre sus padres y sus relaciones familiares, una capacidad imaginativa y narrativa que se atrofia progresivamente. Miremos hacia donde miremos hoy, las artes terapéuticas coinciden en esta necesaria construcción de un autor-narrador que piense nuestro hacer y nuestras experiencias y las ordene de algún modo en un relato, un aspecto en el que me detendré más adelante.

Porque, a pesar de que hemos abandonado la ilusión de poseer una identidad como si se tratara de una sustancia o de una verdad objetiva, tal y como pretendía la posición filosófica tradicional, esencialista y metafísica, tampoco podemos pretender que la identidad sea una mera ilusión, una mera ficción, como propone el constructivismo exacerbado de un posmodernismo naif, que pretende que podemos cambiar nuestra identidad a golpe de convicciones o sentimientos, en palabras de Nathalie Heinich.[28]

La identidad es un sentimiento y un relato construidos a partir de una biografía particular, que marca nuestro psiquismo con efectos duraderos sobre la representación del sí mismo; un relato modificado dinámicamente con el tiempo. La *identidad adhesiva* que se nos propone hoy se opone a la inestabilidad del itinerario incierto y parcial que sugerimos, al implantar identidades totales y masivas, y sustituir el proceso de subjetivación que integra y crea un relato por la mera mímesis.

En mi trilogía sobre los procesos creativos elaboré un concepto, la *Función Autor, F(A)*, cuyo nombre tomé de Foucault para otorgarle un significado nuevo, caracterizándolo como la capacidad de narrarnos, de observarnos y darle forma a nuestra experiencia fragmentaria en un relato con ilusión de sentido.[29] La F(A) integra la multiplicidad de nuestro mundo interno fraccionado en una narración que constituye una especie de envoltorio, de piel que estabiliza y sostiene, si bien de forma inestable, valga la contradicción; la F(A) elabora una historia ininterrumpida y abierta siempre, también, a interpretaciones nuevas, desde la formulación titubeante de un yo autoral. Una narración que puede ser tanto verbal como escrita o también íntima y silenciosa. La Función Autor es salvífica para los creadores que experimen-

---

28. Nathalie Heinich, *Ce que n'est pas l'identité*, Le Débat-Gallimard, París, 2018.

29. Lola López Mondéjar, *El factor Munchausen. Psicoanálisis y creatividad*, Cendeac, Murcia, 2012; *Una espina en la carne. Psicoanálisis y creatividad*, Psimática, Madrid, 2016, y *Literatura y psicoanálisis. Si digo agua, ¿beberé?*, Enclave, Madrid, 2021.

tan la fragmentación con angustia, pues les proporciona una identidad simbólica, a menudo también textual, que elabora la experiencia biográfica, en muchos casos vivida como traumática.

Marco Bellocchio nació en una familia disfuncional. Huérfano precozmente de padre, tenía un hermano psicótico y gemelo, Camillo, que se suicidó a los veintiocho años, en 1968. Poco antes de este dramático acontecimiento, Marco, con su película *Las manos en los bolsillos* (Italia, 1965), había conseguido el premio al mejor director (Vela d'Argento) en el Festival de Locarno de 1968, un galardón que lo lanzó a la fama. En esta película extraordinaria retrata a una familia burguesa con una madre ciega y dos hermanos mentalmente enfermos, inspirándose en sus propias experiencias familiares. En la vida real, un atormentado Camillo, que no encontraba su camino profesional, le escribió una carta a su hermano en la que le solicitaba ayuda desde la posición que Marco comenzaba a gozar: «Acaso yo podría también trabajar en el cine, en Roma», le sugería; una carta a la que Bellocchio respondió diciéndole que debía dedicarse a asuntos sociales, militar a favor del socialismo y no pensar solo en sus problemas, a lo que Camillo le replicó: «Marx puede esperar», pues evidentemente no se sentía capaz de actuar a favor de otros cuando no tenía resuelta su propia vida. El suicidio posterior de Camillo atraviesa la obra de Bellocchio, y esa misma frase aparecerá en distintas películas del director, como podemos observar en la titulada exactamente así: *Marx puede esperar* (Italia, 2021), un documental en el que intenta recomponer las circunstancias que rodearon el suicidio de su hermano, expiar su sentimiento de culpa, poner orden en el caos familiar, construir, en suma, su propio relato dando voz a los testigos de la vida de Camillo y de la suya. La Función Autor, autorizarse para legitimar una voz propia, es aquí un paliativo de la culpa, repara el daño, permite vivir en una cierta paz al convertir el enigma de lo traumático en un relato con pretensión de sentido.

Pero habitar plenamente el presente, prestarle atención para ordenar el pasado y proyectarnos en el futuro como requiere toda narración, constituye hoy un esfuerzo titánico, pues la dificultad para marcar las experiencias en nuestra memoria afecta a nuestra capacidad narrativa y, también, *ça va de soi*, a la calidad de nuestra participación como ciudadanos.

El pensamiento crítico, esencial para nuestras democracias, no es natural en nuestra especie, no está en el origen de la mente humana, sino que aparece vinculado a la escritura, considerada esta como una de las primeras tecnologías que transformaron al ser humano hace ya unos seis mil años. Un gran número de cambios en la psique y en la cultura, afirma Walter J. Ong, están relacionados con el paso de la oralidad a la escritura, íntimamente relacionado también con otros avances psíquicos y sociales en distintos órdenes.[30] La conciencia ha evolucionado a través de la historia, pero los estados de conciencia muy interiorizados, en los cuales el individuo no está tan sumergido inconscientemente en las estructuras comunitarias, nunca se alcanzarían sin la escritura, opina Ong. La escritura contribuye al pensamiento lógico, a la autoconciencia y a nuestra representación como alguien que tiene un mundo interior, una individualización que empezaron a tener las élites y que se democratizó con la imprenta, la lectura silenciosa y la alfabetización. No hay crítica sin escritura, sin su lentitud y su reversibilidad. Curiosamente, hoy los neurólogos defienden sin cesar los beneficios que, para la memoria y la construcción de razonamientos, posee la escritura a

30. Walter J. Ong, *Oralidad y escritura. Tecnologías de la palabra*, Fondo de Cultura Económica, Ciudad de México, 1987. Trad. de Angélica Scherp.

mano frente al uso del teclado del ordenador, pues el cerebro se activa más en el primer caso que en el segundo.

Sin embargo, la generación post alfa («vídeo electrónica y celular conectiva», repito con Berardi), la que aprende más palabras a través de las máquinas que mediante los progenitores o cuidadores, nos advierte, ha perdido también la confianza en la voz humana, que es lo que genera el sentido, el marco de credibilidad de la palabra.[31] Porque el vínculo que une el significante con el significado es la presencia humana, y esa unión es la raíz del sentimiento lingüístico, que desaparece cuando aprendemos de las máquinas, afirma el filósofo italiano.

Interesado por la salud mental, Berardi encuentra que todo lo anterior contribuye a la patología contemporánea: una patología de la precariedad laboral, de la percepción de la propia singularidad y de la incertidumbre sobre su propio significado; todo lo cual trae consigo problemas en la definición del sí mismo y del cuerpo del otro. En sus últimas declaraciones, Bifo afirma que estamos en un mundo psicótico, delirante.

Estos problemas en la definición del sí mismo, a los que aluden tanto él como Malabou, estarían relacionados con la *atrofia de la capacidad narrativa* a la que me refiero aquí; atrofia que trae de la mano una enorme dificultad para construir una identidad narrativa dinámica. Cuando el flujo comunicacional se intensifica y las fuentes de información se multiplican, el cerebro está expuesto a una corriente demasiado densa de información que no puede discriminar y que desborda sus capacidades de representación, lo que produce mutaciones neurológicas profundas e impide que ninguna imagen o representación logre instalarse. El ruido ocasionado por ese flujo impedirá que alguno de los elementos contenidos en él se

31. Berardi, *Generación post alfa*, *op. cit.*

convierta en *un acontecimiento*, en un hecho significativo capaz de fijar nuestra atención y de convertirse así en una experiencia comunicable.

Berardi vincula este déficit a la extinción de la mente crítica y denuncia la crisis estructural de esta capacidad como efecto de la aceleración de la información, que tiene derivados patológicos. El fallecido Paul Horner, padre de las *fake news* y creador de la campaña electoral que propició que Donald Trump ganara las elecciones presidenciales de 2016, afirmaba que si la población se creía todo lo que se decía era porque la gente es ignorante, estúpida y no verifica nada de lo que recibe.[32] Fin de la mente crítica, ascenso de la credulidad de estultofílicos.

Como apuntaba el colectivo Tiqqunim en su manifiesto, los objetivos del capitalismo avanzado y digital ya no consisten solo en aislar a los individuos y separarlos de la comunidad, sino vaciar poco a poco al individuo, que recurre progresivamente a llenarse con más y más acciones, objetos y experiencias proporcionados por el mercado, en una infructuosa huida hacia delante que favorece el consumo.[33]

El individuo vaciado no habla, no construye una historia para explicar sus síntomas, sino que expresa en el cuerpo malestar, como señalamos. Otro tanto sucede con las autolesiones, que han aumentado en los adolescentes y jóvenes después de la pandemia. Sin un relato que calme, que otorgue algún sentido al síntoma, la angustia se evacua a través de una herida física, representante de la ignorada herida psíquica que la causa.

32. «Muere a los 38 años Paul Horner», BBC News Mundo, 28 de septiembre de 2017: <https://www.bbc.com/mundo/noticias-internacional-41426119>.

33. Tiqqunim, «La hipótesis cibernética»: <https://tiqqunim.blog spot.com/2013/01/cibernetica.html>.

Además de los determinantes sociales descritos (precarización, disminución del tiempo para la afectividad, ausencia de proyectos futuros), el aumento de las autolesiones entre los jóvenes se debe también al contagio que posibilitan las redes sociales.

- En Europa el 27,6 % de los adolescentes refiere haberse lesionado al menos una vez en la vida y el 7,8 % haberlo hecho de manera recurrente.
- Las mujeres se autolesionan más que los hombres.[34]

Detrás de las conductas autolesivas hay motivos biográficos rara vez explorados por los pacientes, y una razón que puede explicar la neurociencia: las regiones del cerebro que se encargan de procesar el dolor físico y el emocional son las mismas, de manera que las respuestas de nuestro cuerpo (a nivel neuroendocrino) para calmar el dolor físico son similares a las que calman el de carácter emocional. Por tanto, cuando un adolescente se autolesiona está intentando liberarse de este a través del dolor que inflige a su cuerpo mediante el corte.

Hay múltiples teorías explicativas de la función que cumplen estas autolesiones, como la de Mathew Nock, de la Universidad de Harvard, o la de Alexander Chapman, de la Universidad de Washington,[35] que inciden en lo anterior: «Con la autolesión el joven consigue reducir o evitar alguna situación o emoción negativa que le invade y que no sabe regular de otro modo», resume Beatriz Paraz. Y añado: otro modo que no sea este porque tiene obstruido el acceso a la

34. Beatriz Paraz, «Autolesiones en los adolescentes»: <https://www.beatrizreparaz.com/2020/11/29/autolesiones-en-los-adolescentes/>.

35. Paraz, *op. cit.*; A. L. Chapman, K. L. Gratz y M. Z. Brown, «Solving the puzzle of deliberate self-harm: The experiential avoidance model», *Behaviour Research and Therapy*, vol. 44, núm. 3 (2006), págs. 371-394.

palabra, así como un deficitario contacto con su mundo interior, progresivamente empobrecido.

Los adolescentes que llegan a nuestras consultas con los brazos «tatuados» de autolesiones no saben cuál es la causa de su malestar, confiesan que quieren morirse pero desconocen por qué lo desean, sufren de una atrofia de su capacidad narrativa que es síntoma de la producción del tipo de individualidad sin sujeto que genera el sistema neoliberal actual en el que se socializan.

Pero sigamos avanzando.

EN EL ORIGEN, RENÉ GIRARD Y EL DESEO MIMÉTICO

> La lucidez final del Quijote no es sino el re-
> conocimiento de su derrota –de la banalidad de
> toda forma de existencia, y de la bondad de esta
> banalidad. Nunca debió haber deseado ser andan-
> te ni caballero...
>
> MIGUEL MOREY,
> *El orden de los acontecimientos*
> *(sobre el saber narrativo)* (1988)

Sabemos desde hace tiempo que investigamos aquello que más nos importa. Incluso en las ciencias positivas, los estudiosos se decantan hacia su objeto de estudio por motivos personales, biográficos, a veces inconscientes. Como le sucede a Marco Bellocchio, como me sucede a mí misma. Si estudio desde hace casi cincuenta años la naturaleza humana, algo que tendremos que definir aquí también en algún momento; si la literatura y el psicoanálisis han formado parte sustancial de mi formación como lectora, y este último de mi vida profesional, ha sido porque me servían de guía, me enseñaban qué es y cómo es lo humano. Debo, pues, a mi propio bovarismo el origen de mi vocación.[1] Pero detengámonos un momento, porque aquí está la génesis de todo.

En 1908 Jules de Gaultier definió el concepto de *bovarismo*, una característica que descubre en casi todos los personajes de Flaubert:

1. Lola López Mondéjar, «Histeria, literatura y psicoanálisis. Ana Karenina, Ana Ozores y Emma Bovary», *Átopos*: <https://www.atopos. es/images/documentos/histeria_literatura_psicoanalisis.pdf>.

La misma ignorancia, la misma inconsistencia, la misma ausencia de reacción individual parecen destinarles a obedecer la sugestión del medio exterior, a falta de una sugestión venida de dentro.[2]

Para concebirse como otros que no son, los héroes flaubertianos se proponen un modelo a imitar, tanto desde la apariencia física como con el gesto, la entonación de la voz o las costumbres. Exactamente lo que le sucede a Emma Bovary, que ha leído pésimas novelas románticas y pretende seguir el camino de sus protagonistas, lo que la llevará a endeudarse para adquirir los artículos de lujo que rodean a sus heroínas. Recordemos que Emma no muere de amor, sino acosada por las deudas y por su prestamista, lo que constituye un ejemplo *avant la lettre* del adicto al consumo que surgirá un siglo más tarde.

En su magnífico y clásico ensayo *Mentira romántica y verdad novelesca*, publicado en 1961, René Girard recoge el concepto de bovarismo de Gaultier para ejemplificar los aspectos de la imitación del exterior comunes a los personajes de Cervantes y de Flaubert, que imitan o creen imitar los deseos de aquellos a quienes adoptan como modelos.[3] Girard llama *deseo mimético* a esta forma de deseo triangular que marca la naturaleza del deseo humano: deseo lo que otro desea. El protagonista anhela un objeto, un ideal, siguiendo el modelo de un tercero a quien Girard llama *mediador*. Don Quijote quiere ser caballero andante para emular las hazañas de Amadís de Gaula, el mediador y modelo de ese deseo, que se convierte en común a ambos.

2. Jules de Gaultier, *Le Bovarysme*, Mercure de France, París, 1902, pág. 316. La traducción es mía.

3. René Girard, *Mentira romántica y verdad novelesca*, Anagrama, Barcelona, 1985. Trad. de Joaquín Jordá.

«El deseo es deseo de Otro» fue la famosa fórmula que Lacan acuñó en 1975 y que explicó con estas palabras:

Creemos que decimos lo que queremos, pero es lo que han querido los otros, más específicamente nuestra familia, que nos habla. Este no debe entenderse como un complemento directo. Somos hablados y, debido a esto, hacemos de las casualidades que nos empujan algo tramado. Hay en efecto una trama-nosotros, la llamamos nuestro destino.[4]

Queremos lo que otros, amados, envidiados, imitados, nos dictan. La web está llena de vídeos de niños de pocos años que imitan graciosamente los gestos de sus padres, ídolos aún, sin comprender en absoluto su significado.

El deseo mimético triangular es la estructura universal del deseo humano.[5] Un deseo que nos implantan los otros significativos, tomados como modelo; lo que creeremos luego como natural procede de nuestro entorno. Mi deseo de saber, por ejemplo, no procede de mi familia, sino de una de las profesoras de mi infancia, la señorita Rosario, a quien dediqué una obra de teatro en homenaje al empuje a la cultura que introdujo, como el aliento de vida que Dios insufló a Adán, en la niña que yo era.[6]

4. Jacques Lacan, «Joyce, el síntoma», conferencia dictada el 16 de junio de 1975.

5. Está fuera de mis propósitos recorrer las referencias al deseo mimético que salpican la historia del pensamiento occidental, desde Aristóteles hasta Platón, desde Adorno y Horkheimer hasta la *Ética* de Spinoza. En todos ellos, el reconocimiento de la mímesis como innata y central en el ser humano es una constante.

6. *Artes decorativas* se representó una única vez, el 21 de febrero de 2015, en el Teatro Circo de Murcia por la compañía La Ferroviaria, interpretada por Lola Escribano, Encarna Illán y Trini González, con dirección de Paco Maciá y escenografía de Ángel Haro.

Rosario era una mujer bella e independiente, monja seglar, culta, que leía los libros doblándolos por la mitad, costumbre que yo adquirí imitando su gesto; caminaba erguida por los pasillos del colegio, nos impartía literatura e historia, música y teatro, y era la mujer adulta más sabia que conocía. Su muerte fue igualmente un signo de la libertad que siempre la caracterizó: a pesar de sus creencias religiosas, pues pasó su vida de célibe como docente en el colegio de las Hermanas de la Caridad donde permanecí hasta los doce años, se suicidó cuando la vejez y la enfermedad se llevaron su amada independencia. Durante toda mi infancia y adolescencia, siguiendo el ejemplo de mi querida profesora, anuncié a bombo y platillo que yo nunca me casaría, y repetía el estribillo de una famosa canción que popularizó en España Luis Aguilé: «No, señor, yo no me casaré, así le dije al cura y así le dije al juez». Me desdije pronto de esta voluntad de soltería, pero mi deseo mimético incluyó también un amor a la lectura que nunca me ha abandonado.

Digamos que todos partimos de ese deseo mimético, que los psicólogos llaman *aprendizaje vicario* y los psicoanalistas denominamos *identificación*, añadiendo a la mímesis manifiesta los efectos inconscientes de esa marca. Es el otro el que entra en nosotros, es su aliento vital el que nos mueve. Mi deseo es deseo de otro, pero, en el desarrollo de una vida, ese deseo puede ser apartado o asumido, rechazado o integrado, mediante la creación de una subjetividad que lo interroga, si bien determinada en parte por él. La identificación se somete así a un proceso de desidentificación y, después o al mismo tiempo, se suceden nuevas identificaciones que configuran nuestra trayectoria vital humana hasta la muerte. Procesos todos que contemplan aspectos conscientes e inconscientes.

Sin embargo, el ser humano no tuvo siempre acceso a la creación de una subjetividad propia; hasta el siglo XVI esta fue solo accesible a una clase culta, a los sacerdotes, la aristocracia y la realeza. Jean-Claude Kaufmann entiende la identidad como un proceso históricamente nuevo, ligado íntimamente a la individualización de la modernidad, siendo una invención permanente que se forja con materiales no inventados.[7] En ese proceso histórico fue central la aparición de la lectura silenciosa y de la imprenta, con la consecuente extensión de la escritura y la progresiva alfabetización de las poblaciones, como ya dijimos siguiendo a Ong.

Por su parte, Harold Bloom atribuye a Shakespeare la invención de lo humano.[8] En *Hamlet*, junto con su melancólica pregunta sobre el sentido de la existencia, aparece también el esfuerzo por demorar mediante el pensamiento una acción vengativa, más propia del soldado medieval cuyo arquetipo sería Macbeth, obediente al destino marcado por su rey, y posteriormente por las brujas y por su esposa. Por el contrario, Hamlet se interroga e inaugura las preguntas de un tiempo, el Renacimiento, que pone al hombre en el centro del universo, separándolo de la obediencia divina y de sus representantes. El príncipe danés sería el ejemplo del pasaje de la impulsiva individualidad del soldado medieval, supuestamente sin un mundo interno subjetivado, a la individualidad moderna, que duda y se interroga, afirma Bloom.

El XVII fue el siglo en el que aparece con insistencia el autorretrato (Rembrandt), que muestra la búsqueda de ese ser independizado de Dios que aún no sabe quién es y se mira, estupefacto, en el espejo; así como de la novela (Cervantes), y del teatro (Shakespeare, Molière), como relatos y

7. Jean-Claude Kaufmann, *L'invention de soi. Une théorie de l'identité*, A. Colin, París, 2004.

8. Harold Bloom, *Shakespeare o la invención de lo humano*, Anagrama, Barcelona, 2006. Trad. de Tomás Segovia.

guía de vida. Pero el siglo XVII fue también el siglo de la melancolía, dirá Robert Burton;[9] en Londres los suicidios aumentaron de manera sorprendente, causados, me gusta pensar, porque, al volver el ser humano la mirada sobre sí mismo, se encontró y se enfrentó con el vacío de su deseo, recién despojado de la guía y de la obediencia divina que lo moldearon en la Edad Media. Con anterioridad, Montaigne había afirmado en sus *Ensayos* ser él mismo la materia de su libro y escribió:

> Una inclinación melancólica y por consiguiente muy enemiga de mi forma de ser natural, producida por la tristeza de la soledad a la que me había entregado desde hacía algunos años, hizo que naciera en mi cabeza esta fantasía de meterme a escribir. Y después, hallándome enteramente desprovisto y vacío de cualquier otra materia, presenteme a mí mismo como argumento y tema. Es libro único en el mundo y en su especie, de propósito raro y extravagante.[10]

Desde la época clásica, pasando por el Renacimiento y la Ilustración, hasta —podríamos poner una fecha— la aparición y difusión de la televisión y la sociedad de consumo en la década de los sesenta, el ideal humano era acercarse a un profundo saber sobre sí mismo; asumir el «conócete a ti mismo» del frontispicio del templo de Apolo en Delfos,[11] el «atrévete

9. Robert Burton, *Anatomía de la melancolía*, Asociación Española de Neuropsiquiatría, Madrid, 2002. Trad. de Ana Sáez Hidalgo.

10. Michel de Montaigne, *Ensayos I y II*, Cátedra, Madrid, 1998, vol. II, pág. 71. Trad. de Almudena Montojo Micó.

11. Para explorar detenidamente la génesis de la identidad moderna, el sentido que tenemos de nosotros mismos como seres con profundidad interior, esto es, de que somos «yoes», los interesados pueden dirigirse al ensayo de Charles Taylor, *Fuentes del yo. La construcción de la identidad moderna*, Paidós, Barcelona, 2006. Trad. de Ana Lizón.

a pensar» que Kant propuso como ideal ilustrado. Pero ese ideal se ha visto disminuido por la sociedad de consumo y, a nuestro juicio, casi definitivamente abolido con la sociedad digital, en la que se incrementa la crisis de la subjetividad que produjo la industrialización creciente, la aceleración y la homogenización que trajo de la mano el consumo.

LA ESTULTOFILIA, O LA PASIÓN
POR LA IGNORANCIA

No hay mayor lujuria que el pensar.
Se propaga este escarçeo como la mala hierba
en el surco preparado para las margaritas.

No hay nada sagrado para aquellos que piensan.
Es insolente llamar a las cosas por su nombre,
los viciosos análisis, las síntesis lascivas,
la persecución salvaje y perversa de un hecho
    desnudo,
el manoseo obsceno de delicados temas,
los roces al expresar opiniones; música celestial en
    sus oídos.

A plena luz del día o al amparo de la noche
unen en parejas, triángulos y círculos.
Aquí cualquiera puede ser el sexo y la edad de los
    que juegan.
Les brillan los ojos, les arden las mejillas.
El amigo corrompe al amigo.
Degeneradas hijas pervierten a su padre.
Un hermano chulea a su hermana menor.

Otros son los frutos que desean
del prohibido árbol del conocimiento,
y no las rosadas nalgas de las revistas ilustradas,
pornografía esa tan ingenua en el fondo.
Les divierten libros que no están ilustrados.
Solo son más amenos por frases especiales
marcadas con la uña o con un lápiz.

WISŁAWA SZYMBORSKA,
«Opinión sobre la pornografía»,
en *Gente en el puente* (1986)

En su libro *Puntos ciegos*, Fernando Broncano analiza cómo se degrada y se expropia el conocimiento en las sociedades complejas, paradójicamente llamadas *del conocimiento* o *de la información*. Las sociedades así denominadas, escribe, sufren de una ceguera y una ignorancia profundas sobre su presente y su pasado, una ignorancia destructora del conocimiento como «acervo de capacidades y bienes comunes que permiten un mundo más justo y sostenible».[1]

La cuarta revolución industrial, tecnológica y digital, produjo un nuevo paso en la sociedad de la información, una nueva forma de capitalismo, al que Broncano denomina *capitalismo cognitivo*, que comenzó con la crisis de 2008 y que

> pese a envolverse en el manto de la promoción del conocimiento, de hecho, es un sistema que genera una destrucción sistémica de las semillas básicas que han dado lugar al conocimiento científico y técnico tal como lo conocemos.[2]

El capitalismo cognitivo se basa en la producción de una ignorancia estratégica y de una desinformación sistémica mediante barreras que han sido diseñadas voluntariamente por las empresas con objeto de evitar «responsabilidades por daños producidos, o bien de generar dudas sobre demandas sociales».[3]

El neoliberalismo es una escalada en la producción de ignorancia, afirma; «lo cierto es que la información sobre la que se basa el sistema es de hecho ignorancia programada».[4] La cultura neoliberal, y en esto coincide Broncano con el

---

1. Fernando Broncano, *Puntos ciegos. Ignorancia pública y conocimiento privado*, Lengua de Trapo, Madrid, 2019, pág. 25.
2. *Ibid.*, pág. 32.
3. *Ibid.*, pág. 223.
4. *Ibid.*, pág. 227.

grupo Tiqqunim y con Berardi, plantea en su agenda una educación de las sensibilidades dirigida, precisamente, a la anestesia de la sensibilidad hacia la verdad y a una hiperestesia de las emociones y de los instintos básicos. Al diferenciar entre información, como los datos disponibles en tiempo real, y conocimiento, como una manufactura de la información verdadera, una construcción de los sentidos, de la inteligencia individual y colectiva, de la interacción experimental y técnica con la naturaleza, que tiene la cualidad de producir información verdadera, Broncano puede afirmar que la sociedad de la información y el conocimiento «ha devenido en una inmensa industria de desinformación».[5] Una fábrica orientada hacia la expropiación de la atención y hacia la explotación de lo «salvaje» o asilvestrado de la subjetividad, explotando la propensión del cerebro a huir de las ambigüedades y dudas, una oportunidad que aprovecha el poder para colonizarlo a través de los que denomina *túneles mentales*, esto es, «los recursos psicológicos que hemos desarrollado a lo largo de nuestra historia cognitiva para equilibrar las demandas de atención y equilibrio metabólico».[6]

Para Broncano, el régimen de verdad moderno estaba dirigido a la domesticación y a la sumisión de la subjetividad, mientras que el posmoderno, mediante los mecanismos de control de la atención, se dirige a manejar los sistemas de formación de pensamientos, creencias y decisiones que escapan al control del sujeto. Broncano se detiene largamente en exponer las tesis de Daniel Kahneman sobre dos sistemas de pensamiento que rigen nuestras reacciones a los estímulos del entorno: el Sistema I, rápido y automático, que incluye destrezas innatas que compartimos con otros animales, y el Sistema II, que se emplea en tareas que requieren atención y

5. *Ibid.*, pág. 62.
6. *Ibid.*, pág. 142.

cualidades cognitivas. Cuando desciende la atención, el Sistema II no funciona como debería. Un sistema y otro negocian constantemente para regir la conducta, pero las actividades que requieren autocontrol (Sistema II) son fatigosas y desagradables y producen un agotamiento del ego, lo que hace disminuir la motivación.

Continúa Broncano con las tesis del Nobel de Economía Daniel Kahneman:

> Así, el cerebro tiende a huir de las ambigüedades y dudas, generando hipótesis más rápidas y disponibles; tiende a huir de los riesgos y a confirmar lo que ya supone o teme; tiende a evitar los conflictos emocionales entre lo que desea y lo que se sabe. La evitación de disonancias cognitivas, de los esfuerzos de confirmación y de los riesgos, es decir, de todo lo que haga realizar esfuerzo, es una regla que se impone en la vida cotidiana independientemente de los grados de educación, cultura o experiencia. Todos somos muy parecidos en esos túneles de la mente que buscan el mínimo esfuerzo.[7]

A partir de estos presupuestos, la hipótesis de Broncano apunta a que el medio digital es un instrumento básico de expropiación de la atención, utilizando precisamente para sus fines esos túneles mentales que compartimos todos los humanos. Nos gusta la simplicidad y huimos espontáneamente de lo complejo. Todavía recuerdo las amonestaciones de mi severísimo padre cuando nos censuraba la ejecución rápida de alguna tarea, actitud que consideraba dirigida por la ley del mínimo esfuerzo: la cabeza no solo sirve para llevar el sombrero, amonestaba. La educación infantil, hasta el siglo XXI, se centraba en alejar al niño de esos túneles mentales para

7. *Ibid.*, pág. 139.

que valorase precisamente el trabajo minucioso y correcto. Vemos cómo estos valores están en vías de transformación.

En 2008, Robert Proctor publicó su libro *Agnotología*, en el que investiga la producción deliberada de la ignorancia para engañar y poner en duda hechos observados por el conocimiento científico.[8] Tomó como ejemplo la actividad de las tabacaleras, que invirtieron cantidades ingentes de dinero para socavar la evidencia científica y negar la relación causal entre el consumo de tabaco y el cáncer, así como el análisis del secreto militar. Con sus investigaciones, Proctor creó las bases del estudio de la ignorancia, cuya producción programada es hoy mayor que nunca, como comprobamos en 2016 durante la campaña electoral de Donald Trump y, en la actualidad, con los esfuerzos de los negacionistas por difundir sus ideas infundadas sobre la inexistencia del cambio climático, o los discursos antivacunas y negacionistas durante la pandemia de covid-19.

En un artículo publicado en 2010 llamé *estultofilia* o pasión por la ignorancia a la imparable tendencia de nuestra sociedad a alejarse del saber.[9] Contra el dictado ilustrado de atreverse a pensar, el dictado neoliberal apunta hacia lo contrario: la estultofilia, el síndrome del pensamiento cero, una búsqueda del entretenimiento y la superficialidad que transforma el psiquismo, refractario al pensamiento y al sufrimiento que este trae consigo.

Al hablar de pobreza intelectual, de la progresiva atrofia de la capacidad para ejercitar un pensamiento crítico, de la di-

<hr>

8. Robert Proctor y Londa Schiebinger, *Agnotología. La producción de la ignorancia*, Prensas de la Universidad de Zaragoza, Zaragoza, 2022. Trad. de Oroel Marcuello Gil y Chaime Marcuello Servós.

9. Lola López Mondéjar, «La estultofilia o pasión por la ignorancia. El síndrome del pensamiento cero», *Átopos,* vol. 2, núm. 1 (2010): <http://www.atopos.es/pdf_03/estultofilia.pdf>.

ficultad creciente para elaborar argumentos complejos y para mantener la atención, corro el riesgo de ser tildada de elitista, de opinar desde una posición no exenta de cierto *racismo de la inteligencia*, como llamó Pierre Bourdieu a la naturalización de la inteligencia que enarbola la clase dominante, «así como el papel de los psicólogos, psiquiatras y psicoanalistas en la producción de eufemismos que permiten designar a los hijos de subproletarios o de inmigrantes de una manera tal que los casos sociales se convierten en casos psicológicos, las deficiencias sociales en deficiencias mentales, etc.».[10]

Se trata de un racismo con el que, por supuesto, no me identifico, ya que, si bien sigo pensando que es mejor saber que ignorar, tomo muy en cuenta los determinantes económicos y culturales que impiden el acceso al conocimiento de amplios grupos de la población y, en nuestros días, las motivaciones que pueden llevar a extensos sectores de la juventud a desistir de formarse, así como los perversos peligros de la meritocracia. Dadas las perspectivas de futuro que se les proponen, el absentismo y la deserción pueden leerse como una suerte, si bien individualista e infructuosa, de rebeldía. La dura tarea de someter su atención, secuestrada en tareas presentistas, a un objetivo demorado puede ser desmotivante frente al horizonte de precariedad que perciben. Cuando escribo esto, en Grecia acaba de adoptarse una medida que aprueba la jornada laboral de trece horas y la supresión de la indemnización por despido, una involución que oscurece aún más el sistema laboral y asimila al trabajador casi con el esclavo.

El creciente abandono escolar del que se lamentan en España la OCDE y el Informe PISA, o la Gran Deserción

10. Pierre Bourdieu, «El racismo de la inteligencia»: <https://perio. unlp.edu.ar/catedras/introalpensamiento/wp-content/uploads/sites/49/ 2020/03/P01-BOURDIEU-Una-ciencia-que-incomoda-pp-61-74.pdf>.

que desde hace unos años empuja a los jóvenes de distintos países a dejar su formación y sus empleos no son sino la respuesta a esta falta de horizontes.

Del paralelismo entre los determinantes sociales y la producción de subjetividades, entre otras cosas, se ocupa este trabajo, por lo que no renuncio a denunciar lo que considero una verdad probada: el descenso del amor por el saber, la sustitución de la cultura por el entretenimiento, el rechazo de las humanidades a favor de una formación eminentemente técnica y pragmática, la disminución de la inteligencia de las últimas generaciones (demostrada por los instrumentos que hoy nos sirven para medirla, pese a todas las objeciones que podamos hacerles). Ninguno de estos aspectos forma parte del ideal que deseo para la humanidad.

En su interesante y extenso libro *Error 404*, Esther Paniagua explora los efectos adictivos de los dispositivos virtuales y la voluntad de las empresas de utilizar el «diseño del comportamiento», lo que B. J. Fogg llamó *captología*, es decir, el uso de los principios de la psicología conductual y de las ciencias del comportamiento para aprovechar las debilidades del cerebro humano y servirse de nuestra necesidad de reconocimiento y de sociabilidad con objeto de captar y mantener nuestra atención en dichos dispositivos. Entre otras consideraciones, Paniagua afirma:

> La idiotización es otro de los posibles efectos secundarios de pasar largas horas mirando el móvil y delegar en él un creciente número de tareas. El 46 por ciento de los españoles admite haber perdido capacidades desde que tiene un smartphone.[11]

11. Esther Paniagua, *Error 404. ¿Preparados para un mundo sin Internet?*, Debate, Barcelona, 2021, pág. 84.

Hablar de «idiotización» o de «pobreza intelectual» no significa pensar que los nacidos a partir de 2000, año en el que se fija la universalización de internet, posean menos recursos cognitivos que las generaciones anteriores, en absoluto, sino que se les empuja a utilizarlos de formas distintas, más superficiales, menos profundas; que se les insta a huir de la complejidad, una realidad que ha dado cabida al número creciente de populismos que asola el mundo con sus mensajes simples, sus soluciones rápidas, su falta de rigor y su negacionismo científico e intelectual. Pues, indudablemente, el nivel de inteligencia disminuye si esta no se ejercita: el pensamiento se atrofia y, con él, la capacidad narrativa.

Un peligroso negacionismo que, en el orden social, se muestra hoy principalmente en el rechazo de que haya sido nuestra sociedad industrial la que ha generado la crisis medioambiental en la que estamos inmersos; esto es, la negación del origen antropocéntrico del cambio climático y sus consecuencias. Broncano analiza en su ensayo este fenómeno sirviéndose de un concepto de Stanley Cohen, *states of denial*, que traduce como «estados negacionales», refiriéndose a «las actitudes de negación que adoptamos frente a aquello cuyo conocimiento exige de nosotros una reacción y, por ello, genera responsabilidades por omisión cuando falta tal reacción».[12]

El psicoanálisis describió un primitivo mecanismo de defensa, la negación, que explica estas actitudes; la resistencia que el yo opone para conocer parte de la realidad tiene que ver con que ese conocimiento modifica la visión que tenemos de nosotros mismos y debilita el narcisismo del yo, hasta obligarlo a cambiar o aceptar sus contradicciones y a reconsiderar la imagen mejorada que tenemos de nosotros mismos, reduciéndola. La negación va unida a la escisión, pues la par-

12. Broncano, *op. cit.*, pág. 232.

te que se pretende ignorar se separa del sí mismo para no dañar nuestra imagen y conservar así nuestro yo idealizado.

No conozco en mi entorno ningún negacionista del cambio climático, todo lo contrario, todos compartimos casi cotidianamente informaciones sobre el desastre medioambiental al que la autofagia de un capitalismo devorador nos ha
conducido; algunos lideran movimientos ecologistas y el
tema forma parte de nuestras sobremesas, en las que la mayoría confiesa sentirse temeroso y sufrir distintos grados de
ecoansiedad. Quienes son abuelos temen por el futuro de sus
nietos. Sin embargo, pocos de ellos han decidido dejar de
comer carne, ni siquiera disminuir su consumo, ni reducir el
número de sus viajes en avión, y conviven con esta disociación sin aparente conflicto. El conocimiento no los lleva a
ese tipo de acciones, si acaso a algún gesto eventualmente
testimonial, o incluso a un activismo militante, pero no los
conduce a ninguna renuncia que modifique los hábitos que
han regido sus vidas hasta ahora. Tampoco parece que esa
contradicción debilite la imagen que mantienen de sí mismos como personas progresistas e informadas. Sin embargo,
su comportamiento adolece de falta de coherencia entre lo
que piensan y lo que hacen, digamos que no consiguen integrar ambos aspectos en lo que al cambio climático se refiere,
sin que esa escisión parezca afectarlos en forma de incomodi-
dad o de disonancia cognitiva; su malestar no surge porque
parecen mantener separados sus conocimientos sobre la crisis
medioambiental y sus actos, sin integrarlos ni pensar en la
contradicción que implican. Yo misma, que busco corregir
estas contradicciones a favor de la coherencia, sostengo algunas de ellas, *mea culpa*.

Los pacientes más jóvenes en crisis acuden a la consulta
confesando que no quieren pensar porque no quieren sufrir,
vienen acompañados de un autodiagnóstico que han encontrado en las redes, una fórmula que los calma momentánea-

mente al confirmar que lo que les pasa les sucede también a otros, pero obturando así la pregunta sobre qué es lo que ha causado su malestar. «Soy PAS» (persona altamente sensible), «Tengo TOC» (trastorno obsesivo compulsivo), «Soy borderline», «Soy trans» se constituyen en puertos de llegada que confirman una identidad que apacigua la búsqueda de sí mismos. Cuando no son directamente ellos quienes se autodiagnostican, algunos amigos informados les sugieren «pregúntale a tu psicoanalista si eres una persona altamente sensible», y ellos lo hacen. No pensar es un imperativo al que se adhieren quienes sufren un malestar psíquico y encuentran en una fórmula diagnóstica un grupo de pertenencia y un reconocimiento público de su sufrimiento.

Pero el problema de esta huida del pensamiento es que produce un vacío de representación y, por tanto, también de subjetivación. Los adolescentes sufren un malestar sin nombre que intentan calmar mediante la asunción de una identidad prestada, encontrada muchas veces en las redes, y cierran así el proceso de subjetivación, al que aludía Yves Citton, mediante una identificación adhesiva global, que obstruye el pensamiento.

Para el psicoanálisis, la identificación adhesiva se relaciona con dificultades en la constitución de la fantasía y de un espacio mental interno, y también con fenómenos de imitación que toman en consideración elementos formales y superficiales de los objetos,[13] que carecen así también de interioridad (recordemos que aquí los objetos son también los otros, tomados como tales y no como sujetos). Este tipo de identidad se relaciona con una modalidad de defensa ante ansiedades catastróficas o con el fracaso del objeto de apego

13. Donald Meltzer, «Identificación adhesiva», en Donald Meltzer *et. al.*, *Exploración del autismo*, Paidós, Buenos Aires, 1979. Trad. de Sylvia Oclander-Gordon.

para efectuar las funciones de contención y mantener unidas las diferentes partes del self. Se trata de una posición muy primitiva de la evolución del ser humano que se abandona poco a poco con la madurez psíquica, pero a la que regresamos en etapas críticas de la vida, pegándonos o adhiriéndonos a un objeto, a una persona significativa o a una ideología de manera total, en una clara situación de dependencia regresiva.

Las identificaciones adhesivas son formas de dependencia apasionada del objeto que podemos encontrar en el fanatismo religioso y político. El líder o la ideología satisfarían las necesidades de identidad del individuo, que no requiere así hacerse preguntas ni crear una subjetividad propia. Me detendré más adelante en este mecanismo al analizar algunos aspectos de los terroristas del Daesh y del mundo de las sectas.

Si bien el acceso a una subjetividad no es universal, pues la mayoría de los seres humanos permanecen sujetos a las identificaciones propuestas por su entorno familiar y social, y repiten mediante su deseo mimético las pautas proporcionadas por este, desde la Ilustración hasta finales del siglo XX los ideales ilustrados proponían una salida de la ignorancia para acceder al pensamiento propio, autónomo. La alfabetización y la cultura traerían consigo una progresiva subjetivación de los ciudadanos, que abandonarían las identificaciones adhesivas, proporcionadas por la religión, la ignorancia y el mito, la infancia de la humanidad, y adoptarían una posición crítica como ciudadanos del mundo. Sin embargo, en Occidente, la sociedad de consumo y del espectáculo interrumpió ese ideal ilustrado y sustituyó el sueño de una progresiva subjetividad reflexiva y crítica por un *fetichismo de la identidad*, en palabras de Bauman, una identidad protésica que no es otra que la de consumidores, obedientes y homogenizados. Una identidad adhesiva.

Llegamos así a un siglo XXI donde la búsqueda identitaria está en primer orden, síntoma quizás de esa estultofilia que obtura el diálogo del sí mismo consigo mismo, esto es, síntoma de una atrofia de la capacidad narrativa que impide la construcción de una subjetividad propia y reduce el sostén identitario a los aspectos miméticos más imaginarios: vestir como X o Y, por ejemplo, o consumir como X o Y, o comportarse como los modelos sociales propuestos por las redes. Las identidades adhesivas imitan ahora los distintos aspectos del consumo, de la moda, sea esta en el vestir, el ocio o cualquier otro apartado de la vida humana.

En París, la moda de colocar un candado para sellar una relación de amor en las balaustradas de hierro del Puente de las Artes hizo peligrar su estabilidad debido al incremento del peso que podía soportar. La costumbre ha ascendido ahora a la colina del Sagrado Corazón, cuyas balaustradas comienzan a llenarse también de los llamados *candados de amor*, que venden inmigrantes pakistaníes alrededor del monumento. ¿Qué mueve a las parejas a hacerlo? La imitación que quisimos desterrar del horizonte de los hombres y las mujeres para convertirlos en mayores de edad regresó con fuerza con los medios de comunicación de masas. Copiar el gesto, imitar a los influencers, que, a su vez, responden a las expectativas de consumo dictadas por el mercado, es hoy el modo de ser de la gran mayoría de los jóvenes. Como señala Jennifer Padjemi:

> Todos los años vemos a gurús de la New Age proponer formas alternativas de curarse, comer, dormir y vivir. Se aprovechan de los miedos de personas a veces vulnerables o en situación precaria, les prometen una vida mejor y luego las controlan hasta que están completamente perdidas.[14]

14. Jennifer Padjemi, *Selfie. Comment le capitalisme contrôle nos corps*, Stock, París, 2023, pág. 41. La traducción es mía.

Padjemi analiza el fenómeno viral de «That Girl», en TikTok e Instagram, que muestra a chicas blancas aparentemente felices y organizadas que exhiben sus vidas, sus ejercicios gimnásticos, sus hábitos de belleza, e invitan a ser imitadas. En cuatro meses, el *hashtag* «That Girl» ha acumulado más de 900 millones de visitas.[15] «Esa chica» era antes un mito que se encarnaba en actrices y personalidades públicas y que ahora se personaliza en la vecina, en la chica de al lado, en la alumna perfecta del instituto en la que todas las demás chicas podrían convertirse, la más popular, un personaje muy frecuente en las películas norteamericanas. Todas iguales, homogéneas, Barbies clónicas en cuerpo y en espíritu. ¿Espíritu? De haber algo que pudiera llamarse así, más allá de la mímesis, desde luego no es aquel al que aspirábamos las mujeres de las generaciones anteriores. Pero esto, quizás, sea otra larga historia.

El trasero (*booty* en inglés) de las hermanas Kardashian marcó una moda que imitaron miles de seguidoras, sometidas gustosamente a la cirugía del llamado *levantamiento de glúteos brasileño*, a pesar de los riesgos que pueda implicar la transformación voluntaria de esa delicada anatomía,[16] necesaria para sentarse, entre otras cosas menos confesables; una moda que las hermanas han abandonado hace un par de años, por lo que han reducido su trasero a dimensiones menos exuberantes, lo que sin duda pondrá en marcha otra nueva oleada de fans que reducirán también el suyo.

La apariencia de felicidad que se muestra en TikTok, Instagram o Facebook incrementa el comportamiento mi-

15. Silvia López, «That Girl: la peligrosa tendencia que llega de TikTok», *Vogue*, 23 de diciembre de 2022: <https://business.vogue.es/tendencias/articulos/that-girl-la-peligrosa-tendencia-que-llega-de-tiktok/687>.

16. «Los riesgos del lifting brasileño de glúteos», *20 Minutos*, 21 de enero de 2022: <https://www.20minutos.es/salud/actualidad/riesgos-lifting-brasileno-gluteos-operacion-estetica-tiktok-4944141/>.

mético y promueve la creación de unas identidades adhesivas para las que cuenta más actuar que pensar.

Algunos comportamientos compulsivos, como los atracones característicos de la bulimia, tienen relación con este deseo imperioso de desprenderse de la angustia mediante un acto, en este caso con el llenado de comida.

En el mismo sentido, en su libro *Los tabúes del mundo*, en un capítulo con el sugerente título «¿Pensar es ahora un tabú?», Massimo Recalcati aporta una posible explicación a este síndrome del pensamiento cero que afecta a un gran número de sujetos:

> No es casualidad que para Freud sea precisamente ese tránsito de la presencia a la ausencia lo que se halla en el origen de la actividad del pensamiento; solo si el niño vive la experiencia de la ausencia del objeto (el pecho es su prototipo), puede acceder a la abstracción simbólica del pensamiento.
>
> [...] Pero cuando la acción se desprende del pensamiento –como enseña con muchos ejemplos la clínica psicoanalítica– tiende a adoptar la forma de un pasaje al acto, o de una descarga hacia el exterior de esas tensiones internas que la vida es incapaz de tolerar. ¿No es este acaso un modelo que nos ayuda a entender la espiral de violencia que nos envuelve? En lugar de procesar simbólicamente los conflictos que recorren nuestra vida individual y colectiva, preferimos evacuarlos directamente hacia la realidad a través de tránsitos hacia actos cruentos. El corto camino de la violencia aspira a reemplazar el largo camino del pensamiento.[17]

17. Massimo Recalcati, *Los tabúes del mundo*, Anagrama, Barcelona, 2022, págs. 141-142. Trad. de Carlos Gumpert.

Como sabemos, el pasaje al acto es rápido y pensar exige tiempo, reflexividad, introspección, demora, control de impulsos, integración de los aspectos buenos y malos del otro; todo lo que en psicoanálisis se ha llamado *acceso a la posición depresiva kleiniana*. Por tanto, reflexionar nos pone en contacto con el objeto total, el que posee atributos tanto buenos como malos; nos hace experimentar culpa si lo dañamos y la necesidad de repararlo para conservar el lazo con él, lo que limita considerablemente nuestra omnipotencia. Si el objeto de amor queda dividido mediante la disociación en un objeto malo y otro bueno, propio de la posición que Melanie Klein llamó *esquizoparanoide*, agredir al que nos frustra no trae consigo supuestamente su pérdida, porque conservamos de manera mágica el objeto bueno en nuestro interior. El pasaje al acto se basa en este tipo de mecanismos de escisión de los sentimientos, tanto del sí mismo como del objeto. Integrar los aspectos positivos y negativos de uno y otro nos permite entrar en una posición depresiva necesaria para pensar la realidad en su conjunto, y al objeto y a nosotros mismos como animados por sentimientos ambivalentes. Desarrollaremos mejor más adelante estas dos posiciones.

Sin embargo, esa integración se hace difícil hoy, pues, volviendo a Recalcati:

> Vivimos en una época en la que la transición de la presencia a la ausencia que custodia el origen del pensamiento parece obstruida. La dependencia de la presencia de objetos —especialmente los tecnológicos— refuerza la necesidad de la presencia perpetua a expensas de la de la ausencia. [...]
>
> Es una evidencia psicológica generalizada: a los seres humanos cada vez les cuesta un mayor esfuerzo renunciar a la presencia del objeto.[18]

18. *Ibid.*, págs. 143-144.

Los psicólogos infantiles ya han advertido hasta la saciedad de la dificultad de los padres para dejar que sus hijos se aburran, es decir, que busquen en su interior sus propias motivaciones, vacilantes e incipientes, y puedan conectarse con ellas y no recibir pasivamente un programa de actividades diseñado por otros con la mejor voluntad, pero que termina por borrar toda idea de interioridad y de espontaneidad del infante. En casi todos los espacios en los que he podido observar la relación entre padres e hijos, he visto cómo los primeros proporcionan a los niños, incluso bebés de meses, aparatos electrónicos para su entretenimiento, a pesar de las recomendaciones en contra.

Donald W. Winnicott ya nos había enseñado qué es el espacio transicional, ese espacio que se construye entre la madre o el cuidador principal y el niño, el que posibilita que, cuando se produzca la ausencia del adulto, el niño lo imagine, lo fantasee, pueble de símbolos y de representación ese espacio vacío. Es ahí donde se gesta el origen de la imaginación creativa, el pensamiento y el lenguaje; los tres se generan primero con la presencia, pero después en ausencia del objeto de cuidados, alucinando, recreando imaginativa y activamente el objeto ausente.

La presencia continua de los objetos, sobre todo tecnológicos, que hoy afecta a los nativos digitales dificulta tanto la capacidad de pensar como la de estar solo. El empleo del dispositivo móvil entre los jóvenes ha disminuido incluso sus horas de sueño a consecuencia de la tentación que supone consultar los mensajes durante la noche. El hábito se ha incorporado con normalidad al cine, a las series televisivas, a cualquier representación de la adolescencia y la juventud.

Sigmund Freud designó con los términos alemanes *fort-da* a la dinámica de representar el objeto ausente. Se trata de un concepto muy conocido en el psicoanálisis, el llamado *juego del carretel*, que surge de una anécdota relatada por Freud al observar el juego que realizaba su nieto de año y medio cuando se alejaba su madre. La diversión consistía en que el niño arrojaba lejos de sí un carrete de hilo mientras lo sujetaba de un extremo del cordel y gritaba: «Oh...» (se fue; *fort* en alemán), y lo atraía hacia él después diciendo: «Da...» (aquí está). El bebé repetía estos gestos durante el tiempo en que su madre estaba ausente. Lo que sorprendió a Freud fue que esa alternancia reemplazara los anteriores llantos de su nieto.

Tras la observación de los efectos apaciguadores de este juego infantil, Freud especuló que el *fort-da* era importante para el bebé, pues representaba las ausencias y los retornos de la madre; el hecho de lanzar y recoger el carrete le permitía controlar en su fantasía las angustias vinculadas a la sensación de encontrarse solo. Con el *fort-da*, el bebé podía negar que pudiera afectarle la ausencia de su madre «deshaciéndose» de ella al lanzar el carrete y haciéndola aparecer cuando él quisiera al retornarlo. La ausencia de la madre o del objeto de amor, pues, crea el juego y el lenguaje, que representa la realidad y nos posibilita un cierto dominio sobre ella. El juego infantil en su conjunto tiene esta función de dominio de la realidad, de ensayo prospectivo.

Si la imaginación y el mundo simbólico aparecen en la dinámica presencia/ausencia (el *fort-da* que he descrito), hoy nos encontramos en un mundo donde apenas hay ausencia, pues estamos pegados a objetos tecnológicos que nos proporcionan la ilusión de no estar nunca solos. Además, los padres llenan las agendas de sus hijos de actividades, con la pretensión de prepararlos para un mundo que exigirá de ellos habilidades variadas. Sin embargo, al hacerlo, también impiden el encuentro del niño con su mundo interior, la creación de la fantasía, el refugio en la imaginación, y los adiestran en una forma de llenarse con propuestas del exterior que impide la creación de un mundo propio. Se trata solo de una especulación, pero no me resisto a vincular esta dificultad para dejar que los niños jueguen solos, sin proporcionarles ninguna actividad desde fuera, con el aumento de los trastornos del sueño de los bebés. Abandonarse al sueño es dejarse llevar hacia un interior que los pequeños no han creado ni explorado, y que les proporciona, no el sosiego y el descanso esperados, sino angustia. La extensión de la práctica del colecho, es decir, compartir cama con uno o ambos progenitores, impide también esa separación-individuación, así como la creación del espacio transicional, mediador entre la presencia y la ausencia del objeto de apego, origen de la fantasía y del mundo simbólico.

Además, la constante actividad a la que se somete a los niños y la aceleración que afecta al modo de vivir de la infancia y posterior adolescencia impiden la función narrativa, ya que el tiempo es la estructura misma del relato; el tiempo articula el proceso de dar forma y fijar la experiencia humana. Toda narrativa reordena la experiencia temporal. Cuando la velocidad de las experiencias impide su elaboración, y se pasa de una a otra sin solución de continuidad, la capacidad simbólica se deteriora, como ya dijimos.

El paso de un objeto de amor a otro que propone el modelo Tinder se encuadra en este síntoma de los tiempos de calmar la ansiedad mediante la salida actuadora. No hay tiempo para el duelo, no se identifica la frustración, sino que la huida y la adhesión a un nuevo *partenaire* sexual aparecen como respuesta rápida y consoladora en un mundo donde el otro tiene que satisfacer exactamente nuestras expectativas. La prolongada exposición a este mecanismo evasivo produce una insensibilización y un enfriamiento afectivos que acaba degradando el mundo de nuestras emociones y sentimientos.

Escribo «enfriamiento afectivo» y observo la degradación que también han sufrido las palabras a causa de la aceleración de la vida y, por tanto, de la lectura. Si leemos rápidamente, ese sintagma nos pasa casi desapercibido, pero merece la pena detenerse en él. Cuando nos enfriamos afectivamente, el mundo de los sentimientos se congela y nosotros con él. Nosotros mismos, a poco que nos observemos, somos conscientes de que la persecución obsesiva de metas profesionales, o en el peor de los casos únicamente de consumo, nos hace indiferentes a la vida, a la presencia y el sufrimiento de los otros, porque estos nos desvían de nuestro propósito. Pensemos por unos momentos en lo que este enfriamiento comporta para cada uno antes de pasar al siguiente apartado. Tomémonos un tiempo.

¿LA ESPECIE FABULADORA?

> ¿Comprendes bien que todas las faltas que se cometen no proceden sino de esta especie de ignorancia, que hace que se crea saber lo que no se sabe?
>
> SÓCRATES en PLATÓN,
> *Alcibíades* (siglo IV a. C.)

Sin embargo, el cerebro es un buscador de sentido. Nuestro cerebro se ha adaptado a la creación de historias coherentes, sin lagunas, y este gusto por la creación de relatos forma parte de lo que predispone a los seres humanos al pensamiento religioso, al mito, a las atribuciones de sentido que no dejamos de hacer. Somos, como titula su libro Nancy Huston, una especie fabuladora.[1]

Nuestro amor por el sentido llega hasta a los amnésicos, pues quienes sufren de amnesia anterógrada severa construyen narraciones a partir de retazos de recuerdos anteriores a la enfermedad, que unen hasta formar un relato coherente y detallado, un proceso al que se le denomina, precisamente, *fabulación*.

El impulso para crear un relato coherente también se manifiesta en los pacientes con cerebros divididos, aquellos a quienes se les extirpó el cuerpo calloso para tratar una epilepsia grave, de otro modo incurable. David Linden nos muestra algunos curiosos experimentos que demuestran esta capacidad fabuladora de nuestro cerebro.[2] Veamos uno muy divertido.

1. Nancy Huston, *La especie fabuladora*, Galaxia Gutenberg, Barcelona, 2017. Trad. de Noemí Sobregués.

2. David Linden, *El cerebro accidental. La evolución de la mente y el origen de los sentimientos*, Paidós, Barcelona, 2010. Trad. de Ferran Meler-Ortí.

Sabemos que la corteza cerebral derecha y la izquierda procesan la información por separado. La corteza izquierda está especializada en el pensamiento abstracto, el lenguaje y el cálculo matemático secuencial; la corteza derecha, en las relaciones espaciales, en la geometría, en el reconocimiento facial y en detectar el tono emocional del lenguaje, la música y las expresiones faciales.

Linden describe un experimento con un paciente cuyos hemisferios cerebrales han sido separados para curar una enfermedad neurológica. Durante la sesión se le expone a una pantalla con dos imágenes distintas (una pata de pollo y una pala para quitar nieve). Unas imágenes que percibe cada zona cerebral por separado. Luego se le pide al paciente que elija una postal con una imagen que se ajuste a lo que ha estado viendo y la mano izquierda coge la imagen del pollo, pero, cuando se le pide que explique por qué, algo que debe hacer el hemisferio izquierdo, el único que posee la facultad de hablar, pues el derecho es mudo, el paciente dice: «Bueno, es sencillo. La pata del pollo iba con el pollo y una pala es necesaria para limpiar el gallinero».

Esto es, el paciente construyó de manera retroactiva un relato para darles un sentido a sus elecciones dispares, un sentido nuevo, inventado. La reflexión de Linden es la siguiente: «Lo sorprendente es que el hemisferio izquierdo es perfectamente capaz de decir "no tengo ni idea de por qué elegí la pala"..., pero no lo hace, prefiere encontrar una explicación, aunque inventada, que justifique y dé sentido a su elección».[3] La demostración se repite con otros ejemplos muy simpáticos. La capacidad de la corteza izquierda para elaborar narraciones se ha observado en más de cien pacientes con el cerebro dividido, y esta función no cesa ni durante el sueño: por eso construimos sueños narrativos, donde el in-

3. David Linden, *op. cit.*, pág. 243.

térprete, el hemisferio izquierdo, lleva a cabo un trabajo de fabulación aún más espectacular que el realizado durante la vigilia.

De modo que nos preguntamos: ¿qué está sucediendo en todos nosotros, que perdemos la capacidad para fabular?

Nancy Huston afirma que la narratividad se desarrolló en nuestra especie como una técnica de supervivencia ante la fragilidad del *Homo sapiens* frente al mundo y su necesidad vital de dotarlo de sentido.[4] Para Huston, el yo es una ficción que se elabora a partir de un contexto familiar y cultural dado, mediante un relato. Ese yo construido es también la propuesta del ya citado neurólogo Anil Seth, quien afirma que el yo es una alucinación controlada, una forma de unificar las percepciones y sensaciones externas e internas y dotarlas de unidad; una unidad que permite la narración, la autoconciencia y la expresión por medio del lenguaje y de la memoria.[5]

El debate sobre el self narrativo es muy amplio en la filosofía contemporánea,[6] y no es mi intención entrar en él. Sin embargo, creo que podríamos establecer un cierto consenso aquí, a la luz de lo expuesto, de que el self narrativo surge de esa capacidad-necesidad de fabulación que busca unificar las experiencias episódicas que proporcionan los sentidos en una *conciencia extendida*, como la llama Damásio, que utiliza el

4. Huston, *op. cit.*

5. Anil Seth, *La creación del yo. Una nueva ciencia de la conciencia,* Sexto Piso, Madrid, 2023. Trad. de Albino Santos Mosquera.

6. Los interesados pueden consultar dos artículos de Jorge Martínez Lucena donde da cuenta del debate sobre el self narrativo y las contradicciones en las que incurren los diferentes narrativismos: «El "self" narrativo en busca de fundamento en la filosofía contemporánea», *Anuario Filosófico*, vol. 43, núm. 3 (2010), págs. 589-612, y «Self y cultura episódicos: G. Strawson, K. Wilkes y M. Schechtman», *Espíritu*, vol. 59, núm. 139 (2010), págs. 321-334.

lenguaje y las interacciones con el entorno para dotarse de una narración en primera persona que les dé continuidad.

Permanecer en un estado anterior a cualquier reflexividad narrativa es posible, pero convierte al individuo en un ser alexitímico, corporal y prerreflexivo, presa fácil de cualquier propuesta que le preste imaginariamente una unidad. Habitar la multiplicidad de nuestras percepciones sin buscar una integración, integración que hoy resulta difícil de lograr dada la ausencia de inscripción de esas percepciones a la que ya nos hemos referido, es lo que vemos en Eva, la paciente que presenté antes, y lo que les acontecerá a Marcos y Lola, que veremos después. En los tres, esa identidad que construimos a partir del yo, esa alucinación controlada, esa fabulación, esa ficción, en suma, no se construye singularmente, sino que se adopta encajando en las prescripciones y demandas sociales. Se trata entonces de una identidad imaginaria y no narrativa, una identidad adhesiva, que es la menos evolucionada, la más infantil, la que necesitan los niños mientras inician el camino de la individuación-separación de los padres o cuidadores: primero idealizan a los seres queridos y se identifican adhesivamente con ellos, para, con suerte, comenzar a separarse e individualizarse después.

Ser nacionalista es dotarse de una identidad prescrita por otros e inventada también por otros; como lo es ser un hombre o una mujer si se toman como tales los modelos de la masculinidad y la feminidad hegemónicas; como lo es también, en algunos casos y a pesar de la aparente rebeldía que implica, ser trans.

Cuando le preguntaron a Kafka si le gustaba o no el cine, cuya invención coincide casi con el nacimiento del escritor, este dijo que no, y la razón que esgrimió fue la propia de un hombre que posee imaginación creativa: no le gustaba el cine porque le robaba sus propias imágenes. En efecto, el visionado de una película previo a la lectura de la obra que la originó, si fuera el caso, homogeniza el imaginario de todos los espectadores, mientras que la situación inversa, leer antes de ver, confronta lo creado por la imaginación de cada lector con la recreación del cineasta y multiplica las representaciones. Quienes hayan visto primero la película de Frank Perry *El nadador* (Estados Unidos, 1968), protagonizada por Burt Lancaster, no podrán imaginar creativamente la fisionomía de Ned Merrill, el protagonista del relato homónimo de John Cheever que la inspiró, sino que le pondrán el rostro y el cuerpo atlético de Burt Lancaster.

¿Está la sobrexposición a las pantallas robando nuestra capacidad simbólica e imaginativa?, ¿está colonizando nuestro mundo interior con imágenes prestadas, inventadas por otros y no por nuestra propia imaginación? La respuesta que aventuro es afirmativa.

> «¿Para qué pensar? –me decía un maravilloso y pálido adolescente–. Todo es vano ante semejante belleza.» El pensamiento rompería aquí la armonía. Los hombres nórdicos reflexionan por instinto de autodefensa, por escapar a la fealdad que les rodea... El pensamiento es aquí superfluo...
>
> Realmente esta ciudad es una sirena y también este mar. Estoy prendado de tanta dulzura, embrujado, dichoso, inactivo. Debo alejarme rápidamente de aquí.
>
> ELENI N. KAZANTZAKI,
> extracto de los diarios de Kazantzaki,
> en *Kazantzaki el disidente*
> (Nápoles, 24 de enero de 1924)

Mientras reflexionaba y elaboraba estas ideas conversé a menudo con distintos colegas sobre los aspectos que aquí he querido desarrollar. Al comienzo de mi investigación, nuestros intercambios fueron vía Zoom debido a la pandemia, después presenciales y, finalmente, elaboré una única pregunta que envié a un grupo de psiquiatras y psicólogos clínicos que trabajan desde hace años con adolescentes, jóvenes y adultos para recoger sus respuestas:

> Quería preguntarte si durante los últimos años has encontrado entre los adolescentes y jóvenes que tratas una mayor dificultad para expresar lo que les pasa, así como para encontrar alguna relación entre su malestar y su vida.

Las respuestas no se hicieron esperar. Les doy a ellos la palabra.

Carlota Ibáñez, psiquiatra, psicoanalista

Veo pacientes a partir de los dieciocho años y lo que observo, además de muchas muletillas y la vaguedad que caracteriza su discurso ambivalente e inseguro, es una *desmemoria, como si no tuviesen historia.*[1] Falta de registros, de memoria. Todo es imagen y actuación. Hace poco vi a una chica de diecinueve años que parecía haber nacido ya con dieciséis, sin recuerdos.

También te digo que hay otros jóvenes que te sorprenden con su riqueza, pero al mismo tiempo es como si eso que yo encuentro rico estuviera absolutamente desprestigiado para ellos.

María José Rodado, psiquiatra infantil y juvenil, psicoanalista

Me cuesta mucho más trabajar ahora en la clínica que antes, y eso que tengo más experiencia. Siento que hay en ellos *una dificultad para pensar,* enseguida se cansan, por lo que los tiempos de las sesiones tienen que ser más cortos. Cuando están conectados emocionalmente contigo o en una relación más íntima, que es lo que supone el espacio terapéutico —estar hablando de ti–, se produce un agotamiento y tienes que acortar el tiempo porque, si no, ellos mismos te lo dicen y se agobian.

Tienes que estar como un detective, porque cuando relatan algo hay muy poco contenido y tienes que estar creando casi la escena, preguntando: ¿cómo fue?, ¿qué pasó?... Es como si supusieran que con esa brevedad ya te vas a enterar de lo que les pasó.

Noto mucha diferencia entre hace quince años y ahora, aun atendiendo a la misma franja de edad.

1. En los testimonios transcritos, las cursivas son mías.

A pesar de esto, mantengo los grupos terapéuticos, espacios reflexivos, pero la energía que tengo que poner para que se sostengan la siento mayor, porque *es como si tú tuvieras que poner el pensamiento*, tratar de crear el mejor ambiente posible para recoger las angustias y que no se vayan, y permitir que salgan y entren del grupo como forma de regularse, porque, si no lo hago, así no hay grupo.

Félix Crespo, psiquiatra, psicoanalista

No sé si más que antes, desde luego, dificultad hay. También te digo que los adolescentes que veo son especialmente graves, con autolesiones, intentos de suicidio, aislamiento.

En general *no tienen introspección, proyectan y actúan.*

Pablo J. Juan Maestre, psicólogo clínico, psicoanalista

Los síntomas juveniles hablan de su época y muestran con su dolor el dolor indecible de los que tienen que heredar un mundo que no les gusta.

Cuando se drogaban, era un modo de escapar de un mundo que los constreñía; cuando dejaban de comer, de un mundo que los cuidaba en lo material y se olvidaba de otras cosas; ahora, con las autolesiones, muestran cómo van a ser ellos los que se dañen, en lugar de dejar que este mundo en el que les estamos abandonando los atrape y lesione.

Una anorexia que mostraba el rechazo a un mundo falso, como un *no es eso lo que quiero.* Una autolesión que clama en el desierto por el daño hecho al mundo en la actualidad, volviendo el daño contra sí mismo; una drogadicción que personifica nuestro modo adictivo de vivir.

La solución no pasa solo por curarlos de sus trastornos, sino por escucharlos en lo que tienen de mensaje, lo que con sus síntomas nos dicen, y permitir la transformación suficiente para que caigan por innecesarios. Pero, *para que ellos dejen de dañarse, deberíamos dejar de dañar, también y en consecuencia, el mundo que heredarán.*

Estos trastornos de la época actual, que, como decía Ferenczi, muestran y hacen que «la autodestrucción, como factor liberador del terror, sea preferible al silencio».

Ellos nos muestran, con claridad meridiana, cómo el terror, como efecto de lo traumático, se ha apoderado de nuestra época, y nos ayudan a comprender la importancia de su reconocimiento, así como la legitimidad de sus males, con los que consiguen salir de un silencio atronador y aterrador.

Se trata de apropiarse de algo verdadero del sujeto, de su reconocimiento, y que este nos lleve a propiciar, parafraseando a Jaime Lerner, alcalde brasileño y urbanista, no un salvar el mundo, sino un promover el deseo de cambiar las cosas.

Rossana López Sabater, psicóloga clínica, psicoanalista

Pues sí, con más frecuencia encuentro que *no saben nada sobre ellos mismos,* tienen más dificultad para escuchar y proyectan muuucho... Mi impresión es que *son más planos mentalmente,* quiero decir que tienen menos introspección, menos capacidad de reflexión, y que necesitan mucho más trabajo por nuestra parte. Es como si nada tuviera que ver con ellos, y si los confrontas un poquito para que admitan cierta responsabilidad por su parte, se van.

Antes me gustaba mucho trabajar con adolescentes. No sé si son ellos o que yo me estoy haciendo mayor. A veces

128

pienso si la diferencia se debe al uso excesivo de internet, a que su mundo pasa por las redes, esencialmente, y la relación con el otro es cada vez más difícil y más frágil.

Sin embargo, hay otro grupo de *ados* con el que sí me sigue gustando mucho trabajar. Son más receptivos, creo que menos planos, más inteligentes, vienen puntualmente a las sesiones y se responsabilizan del trabajo. Me permiten pensar con ellos. La verdad es que no sé muy bien cuál es la diferencia, porque algunos de este segundo grupo están superdañados y tienen familias desastrosas, pero responden mejor y más rápido.

Creo que hay una excesiva proyección narcisista de los padres sobre los hijos, y una gran dificultad para verlos como un otro que no es «como yo esperaba». Y esto lleva a situaciones de exclusión o falta de reconocimiento hacia los adolescentes que los dañan mucho.

José Jiménez Avello, psiquiatra, psicoanalista

No veo pacientes de menos de quince años, y tengo dificultad para recordar si los vi hace veinte años, quince o diez. He visto siempre esta problemática, y con un paciente me interesé mucho en un concepto al que Paula Heimann le dedicó tres artículos, *los niños expoliados* o *niños vaciados*, a partir de un paciente de ese tipo que *carece de un mundo interior*: está como si le hubieran metido mano y dejado sin nada dentro. Un niño en el que los regalos, un Scalextric o un viaje sustituyen a una atención empática; o un niño que llora y al que tratan de calmar pero nadie se preocupa de por qué llora, o el adolescente que está cabreado y tratan igual de que se le pase el cabreo, pero sin que nadie se interese en por qué está cabreado. Y, efectivamente, sí me he encontrado con ese problema con pacientes en los que me pregunto: yo qué hago aquí, si es que *no hay manera de remitirlo al interior*, si en asociación libre dice «ayer mi madre regañó a mi hermana» y ahí se queda la cosa, porque, si trato de ver en qué le afecta que su madre regañase a su hermana, simplemente dice que no, que a él no le afecta. En último término sí que me encuentro que en un tanto por ciento de adolescentes y gente joven *el interior no existe*. Una joven me propuso dejarlo ella misma, al cabo de 10-15 sesiones y yo estuve de acuerdo. «Es que yo me doy cuenta de que *soy un leño*», me dijo. Y yo también lo pensaba, porque no había forma de remitirnos a su interior.

Pilar Revuelta, psicóloga clínica, psicoanalista

Sí, y no solo entre los adolescentes. *Es como si hubiera resistencia a pensar…, a pensarse.*

Esteban Ferrández Miralles, psicólogo clínico, psicoanalista

Que tienen más dificultades no me cabe duda, la pregunta es si aceptamos los cortes, los tatuajes, las tentativas de suicidio, la obesidad y la delgadez patológicas como modos de expresión. Yo no me atrevo a dictaminar un juicio taxativo porque a veces las fronteras entre el acto, como fallo de representación, y la representación y la simbolización sintomática no me parecen nada claras. Del corte al tatuaje, a veces, hay una distancia muy pequeña.

A menudo *desplazan la responsabilidad de su malestar a los padres o a su entorno*, a quienes culpan de llevar una vida de mierda.

Milagros Molina Navarro, psicoanalista, especialista en niños

Hace unos veinte o veinticinco años, trabajé con un chaval de quince que llegó a la consulta porque apenas hablaba (o, más bien, apenas ponía palabras para comunicarse), y cuando lo hacía casi siempre tartamudeaba. Como no resultaba fácil, comencé por respetar sus silencios y, a veces, le puse palabras. Finalmente las fue poniendo él; hablábamos y fuimos pensando juntos acerca de lo que le ocurría.

Al terminar la terapia me dio las gracias por haberle dado tiempo para expresar con su propia voz lo que le pasaba y por haber respetado su silencio (dijo esto literalmente). Bueno, eso es en definitiva lo que hacemos, creo.

En la actualidad, encuentro que *los adolescentes suelen hablar mucho, pero con más dificultad para «hablarse hacia dentro», para pensarse*. Repiten más «no sé» si les pregunto. Parecen depositar en la terapia la expectativa de una especie de «adivinación» y que les dé pautas a seguir, acostumbrados a las actividades extraescolares (lunes: inglés; martes: fútbol; jueves: psicóloga).

Curiosamente, los niños parecen enganchar con cierta facilidad el juego de pensar. Diría que todos están necesitados de escucha, de tiempo y acompañamiento (¿acaso porque los padres no están?). Aunque lo que más me sorprende es *encontrarme esa dificultad para pensar en los que ya tienen alrededor de treinta años*.

Pilar Caballero, psicóloga clínica

Hoy educan las redes sociales, de manera que en las familias no hay narrativa, hay ausencia de diálogo; hay aislamiento a pesar de estar, como ya sabemos, «hiperconectados»; hay soledad.

Lo evidente de nuestra sociedad: qué esconde el envoltorio (la cáscara), dentro/fuera. ¿Cómo se constituye «el dentro» hoy en día?

Con distintas apreciaciones, el consenso es explícito, como hemos podido observar. Pero, antes de seguir, volvamos sobre algunas de las referencias de mis colegas.

«Los síntomas juveniles hablan de su época y muestran con su dolor el dolor indecible de los que tienen que heredar un mundo que no les gusta», nos dice Pablo J. Juan. A intentar entender esas subjetividades y esos síntomas como producto y defensa del mundo que los propicia dedico este ensayo.

Dificultad para pensarse y narrarse, impaciencia, carencia de mundo interior, desmemoria, proyección y actuación, afirman; la mayoría relaciona la sociedad en la que se educan con la particularidad de sus síntomas.

¿Quiénes son esos niños vaciados o expoliados, esos *spoiled children* de los que hablaba Paula Heimann y que recuerda Jiménez Avello?

Para Heimann, se trataría de niños en los que no solo se proyectan exigencias, necesidades y deseos que no son suyos, sino de los que se extraen áreas de expresividad y de existencia, de manera que se bloquea la evolución que se espera de cualquier ser.

El niño resulta de hecho expropiado de algo específicamente suyo, siendo depositario de algo alienante y extraño que proviene de los padres y que en muchos casos mata toda vida y todo crecimiento.[2]

2. Paula Heimann, «Cumulative trauma to the privacy of the self. A critical review of M. Masud R. Khan's book», *International Journal of Psycho-Analisys*, vol. 56, págs. 465-476.

El concepto de Heimann fue retomado después por el psicoanalista italiano Franco Borgogno, quien, siguiendo a Ferenczi, considera el trauma como una omisión de socorro, un socorro que le niega un entorno que responsabiliza al niño del daño de varias maneras.[3] El trauma no se produce solo a causa de lo que ha sucedido, sino también por lo que no ocurrió y debería haberlo hecho. En ambos casos resulta potencialmente generador de *spoiled children*, afirma Borgogno, que continúa con esta precisión:

> Toma ese carácter debido a que introduce y sustrae a la vez algo «en el alma» o «del alma» de los niños y, también, como indica Ferenczi, en el alma y del alma infantil de los «niños que hay dentro de los adultos».[4]

Es curioso que el psicoanalista italiano utilice la misma expresión que utilizó un siglo y medio antes Feuerbach para referirse a lo sucedido a Kaspar Hauser, «tomar algo del alma», secuestrar el alma, como veremos enseguida.

Podrían ustedes rebatirme observando que puede que sea precisamente esa dificultad para contarse y relatar sus experiencias, en la que coinciden mis colegas, lo que lleva a estos jóvenes a sufrir distintos trastornos psíquicos, y que quienes no nos consultan no sufren de esa atrofia, por lo que la generalización que aquí intento demostrar sería inapropiada. Pero no es así. La psicóloga Sherry Turkle ha investigado la dificultad creciente para conversar que aqueja a los jóvenes

3. Franco Borgogno, «Una vocación psicoanalítica: sueños, recuerdos y reflexiones», *Clínica e Investigación Relacional*, vol. 2, núm. 2 (octubre de 2008), págs. 262-279: <https://www.psicoterapiarelacional.es/Portals/0/eJournalCeIR/V2N2_2008/1F_Borgogno_Una_vocacion_psicoanalitica_CeiR_V2N2r.pdf>.
4. *Ibid.*, pág. 272.

norteamericanos y ha publicado un libro donde recoge numerosos trabajos sobre el tema, así como el resultado de sus propias investigaciones.[5] En un lenguaje sencillo, accesible para cualquier lector interesado, afirma en numerosas ocasiones que el uso de la tecnología entre los jóvenes, especialmente los dispositivos móviles, está disminuyendo la capacidad para hablar y para conversar en persona, y dificulta también la capacidad de empatía, que desciende entre ellos de forma imparable, así como también lo hace la introspección, vinculadas ambas a la presencia y a prestarle atención al otro. Turkle observa la relación profunda que se establece entre la falta de introspección y la dificultad para comunicarse. Así lo comenta una joven entrevistada cuyas palabras recoge la autora: «por miedo a estar solos, nos cuesta prestarnos atención a nosotros mismos. Y por ello, nuestra capacidad de prestar atención a los demás se ve mermada».[6]

Permanecer mucho tiempo en las redes nos invita a mostrarnos invulnerables, huyendo de los aspectos más conflictivos de nosotros mismos, lo que produce con frecuencia ansiedad social y depresión, mientras que las conversaciones cara a cara aumentan la autoestima y mejoran la habilidad para interrelacionarse con los demás, afirma la autora. Pero, para lograr esos beneficios, hay que exponerse a la presencia, lo que comienza a evitarse.

La primera generación de niños que crecieron con teléfonos móviles inteligentes, y con padres y cuidadores que dividían su atención entre sus propios dispositivos y los hijos, sienten ansiedad en el intercambio conversacional presencial, y cuando acceden a sus trabajos, sus empleadores informan

5. Sherry Turkle, *En defensa de la conversación. El poder de la conversación en la era digital*, Ático de los Libros, Barcelona, 2017. Trad. de Joan Eloi Roca.

6. *Ibid.*, pág. 23.

de que «llegan al trabajo con fobias y ansiedades inesperadas. No saben cómo empezar o terminar una conversación. Les cuesta mucho mirar a los ojos. Dicen que hablar por teléfono les pone nerviosos».[7]

En la vida cotidiana y en la consulta escucho con frecuencia el aumento de rupturas sentimentales efectuadas mediante un mensaje de móvil que no espera respuesta. Es más, la desconexión posterior es también frecuente entre los jóvenes asiduos a Tinder. Conversar es tolerar la fricción y, como veremos más adelante, el mundo digital se diseña para evitarla, una expectativa que se traslada a las relaciones presenciales en todas las generaciones. Como señala Turkle:

> La angustia que genera la espontaneidad y el deseo de ser dueños de nuestro tiempo se combinan para que ciertas conversaciones tiendan a desaparecer. Las que corren más peligro son aquellas en las que escuchamos atentamente a otra persona y esperamos que ella nos escuche del mismo modo.[8]

No saber conversar, establecer intercambios fragmentarios y superficiales, sustituir el lenguaje para expresar la experiencia y el malestar por su conversión en malestares físicos, son los síntomas de un efecto más profundo en el mundo psíquico de los jóvenes usuarios de las redes: la atrofia de la capacidad narrativa, la dificultad para contarse en la que coinciden mis colegas y que observamos también en nosotros, inmigrantes digitales ya contaminados; en definitiva, entre quienes nos estamos resocializando en la cultura digital. Todos sufrimos en mayor o menor medida el mal del empobrecimiento de la capacidad para contarnos del que hablaba Benjamin y demuestra ampliamente Turkle.

7. *Ibid.*, pág. 43.
8. *Ibid.*, pág. 37.

Hannah Arendt pensaba que ninguna experiencia produce significado, o incluso coherencia, a menos que sufra las operaciones consistentes en imaginar y pensar, y Paul Ricoeur, como hemos visto, opinaba también que la identidad narrativa se construye a partir de la creación de una historia del yo sobre sí mismo. La atrofia de esta capacidad de imaginar y pensar nos coloca frente a un nuevo tipo de individuo cuyas mutaciones apenas podemos vislumbrar: individuos sumisos, estultofílicos y actuadores, que huyen del pensamiento y evacuan mediante la acción un malestar que apenas pueden representarse.

En 1977 mi admirado Lucio Dalla,[9] cantautor italiano fallecido en 2012, publicó un álbum que tituló *Come è profondo il mare*, donde cantaba lo siguiente:

> *È chiaro che il pensiero dà fastidio*
> *Anche se chi pensa è muto come un pesce.*[10]

Es bien sabido que pensar, como trabajar,[11] cansa, y que el conocimiento de la verdad es a veces tan peligroso que, cuando la conoce, Edipo se arranca los ojos.

También Kaspar Hauser hubiera querido evitar la verdad. El adolescente que apareció en Núremberg el 26 de mayo de 1828, lunes de Pentecostés, entre las cuatro y las cinco de la tarde, con una carta en la mano dictada por *el hombre con el que siempre había estado* –como llamaba a quien lo mantuvo encerrado durante diecisiete años, alimentándolo

9. En homenaje a él titulé mi primer libro de relatos *El pensamiento mudo de los peces*, Páginas de Espuma, Madrid, 2008.

10. «Está claro que pensar es molesto / incluso si quien piensa está mudo como un pez.»

11. Cesare Pavese, *Trabajar cansa*, Visor, Madrid, 2019. Trad. de José Muñoz Rivas.

de agua y pan– se lamentaba de su toma de conciencia cuando, tras su liberación, descubrió la naturaleza y la belleza del paisaje que rodeaba a la ciudad, con estas palabras:

> ¡Qué felices son los niños que han podido ver todo eso desde sus primeros años, y siguen viéndolo! Soy tan viejo ya, y yo todavía tengo que aprender lo que los niños saben desde hace mucho. Me gustaría no haber salido nunca de mi jaula, el que me encerró en ella habría hecho mejor en dejarme allí. Así, no habría conocido la desesperación de no haber sido nunca un niño, y haber llegado tan tarde al mundo.[12]

Es hermoso pensar que Hauser, a pesar de su dolor, del secuestro del alma y la privación sufridos, pudo llegar a expresar de manera tan nítida y bella sus sentimientos, lo que ha de llenarnos de esperanza.

12. Anselm von Feuerbach, *Gaspar Hauser. Un delito contra el alma del hombre*, Asociación Española de Neuropsiquiatría, Madrid, 1997, pág. 124. Trad. de Guillermina Sabadell Zarandona.

EL MUNDO DIGITAL[1]

> Me resulta casi imposible hacer las cosas que en realidad creo que necesito hacer: sentarme sola, escribir mi diario, hablar con mi hermano o llamar a mi mejor amiga. [...] Me olvido del tiempo cuando me pongo a leer los mensajes de otras personas, o sus perfiles, o cuando hablo de ellos.
>
> MELISSA, citada por SHERRY TURKLE,
> *En defensa de la conversación* (2015)

El modo de producción instaurado por el capitalismo de la atención, de la vigilancia, digital, cognitivo o como queramos llamarlo[2] condiciona profundamente tanto el funcionamiento de nuestra mente como los objetos de nuestra atención, con la consecuente producción de las individualidades e identidades que llamamos *posmodernas*. Como afirma Anselm Jappe, el año 1968 inaugura un nuevo capita-

1. Para una incursión más detenida en los cambios que la digitalización ha provocado en los individuos, tanto nativos como inmigrantes digitales, puede leerse mi artículo «Sexo y temperamento en los nativos digitales. Una psicoanalista en el planeta virtual», *Clínica e Investigación Relacional*, vol. 17, núm. 2 (octubre de 2023): <https://www.psicoterapia relacional.es/Portals/0/eJournalCeIR/V17N2_2023/03_Lopez-Modejar _Sexo%20y%20temperamento%20en%20los%20nativos%20digitales_ CeIR_V17N2.pdf>.

2. Franco «Bifo» Berardi habla de *semiocapitalismo*, Jean-Paul Galibert de *hipercapitalismo*, Shoshana Zuboff de *capitalismo de la vigilancia*, Fernando Broncano, siguiendo a Boutang, de *capitalismo cognitivo*; cualquiera de estas denominaciones describe un sistema de producción que se sirve de los datos que proporcionan los sujetos, tratados como objetos, como fuente ellos mismos de datos, además de otros aspectos específicos para cada denominación que no vamos a detallar aquí.

lismo: frente al capitalismo edípico del siglo XIX, en el XX entramos en el capitalismo narcisista: «La sumisión edípica a una autoridad personal –por ejemplo, un maestro que predica "patria, trabajo y familia"– ha sido sustituida por la adhesión a un sistema que aparentemente permite a los individuos realizar sus propias aspiraciones».[3]

Este capitalismo narcisista, posfordista y neoliberal, que exporta una promesa de felicidad y realización si sigues sus preceptos, se ve incrementado con la aparición del mundo digital.

Marc Prensky acuñó el concepto *nativos digitales* para denominar a quienes crecieron en un mundo virtual que no lo es del todo para ellos, puesto que forma parte de su mundo real tanto como el mundo físico en el que crecimos lo es para nosotros, los inmigrantes digitales. Ellos son nuestros pacientes más jóvenes. Ahora bien, según distintos estudios, se trata de la primera generación que es supuestamente menos inteligente que la de sus padres; una generación intelectualmente limitada por la tecnología, aunque esta ya nos afecta a todos en diferentes grados. Sin embargo, se trata también de una generación capaz de realizar varias tareas al mismo tiempo (*multitasking*), como se celebró durante los primeros años de idealización de la digitalidad. Pero lo que fue originalmente celebrado por Prensky, entre otros, comporta para especialistas como Johann Hari un menor grado de profundidad en el desarrollo de las tareas que se hacen simultáneamente.[4]

3. Bernardo Álvarez-Villar, «Anselm Jappe: "Ningún problema actual requiere una solución técnica"», *El Salto*, 20 de abril de 2019: <https://www.elsaltodiario.com/pensamiento/entrevista-anselm-jappe-ningun-problema-actual-requiere-solucion-tecnica>.

4. Amador Fernández-Savater y Oier Etxeberria (coords.), *El eclipse de la atención*, Ned, Barcelona, 2023.

En su último libro, Hari entrevista a más de doscientos expertos en atención y afirma que esta se encuentra en declive desde 1880, si bien el uso de los dispositivos móviles ha acelerado su descenso.[5] La multitarea y las interrupciones constantes a las que nos someten los incesantes estímulos de las pantallas nos producen una degradación cognitiva que tiene efectos nocivos en nuestra atención hacia asuntos más importantes, lo que afecta tanto a la profundidad de nuestros argumentos como a la calidad de nuestras democracias.[6]

Pionero en anticipar los efectos nocivos de la tecnología en nuestro cerebro fue Nicholas Carr, quien en 2010 ya advertía de la transformación de los nativos digitales en seres superficiales y con la atención disminuida,[7] y quien, lo que es más grave, en una entrevista de 2021 considera que aquellas premoniciones fueron tímidas.[8] Las pantallas modifican nuestra capacidad de atención al provocar que saltemos de una cosa a otra, dejándonos fluir por las propuestas externas y olvidando nuestro objetivo original; disminuyen nuestra capacidad de concentración y la tolerancia al aburrimiento, por lo que nos prestamos cada vez más a estar alterdirigidos, externalizados, a ser dirigidos por otros y a ir suprimiendo

5. Johann Hari, *El valor de la atención. Por qué nos la robaron y cómo recuperarla*, Península, Barcelona, 2023. Trad. de Juanjo Estrella.

6. Ángel Villarino, «La advertencia de Johann Hari: "Hemos perdido el superpoder de nuestra especie"», *El Confidencial*, 23 de abril de 2023: <https://www.elconfidencial.com/cultura/2023-04-23/entrevista-johann-hari_3616128/>.

7. Nicholas Carr, *Superficiales. ¿Qué está haciendo internet con nuestras mentes?*, Taurus, Barcelona, 2010. Trad. de Pedro Cifuentes.

8. Lucía Blasco, «Nicholas Carr: "Nos estamos volviendo menos inteligentes, más cerrados de mente e intelectualmente limitados por la tecnología"», BBC News Mundo, 4 de febrero de 2021: <https://www.bbc.com/mundo/noticias-55856164>.

nuestra interioridad, que se despuebla de pensamientos y emociones propios. Una paciente de cuarenta y dos años, exigente profesional y madre entregada, sufre de intensos mareos sin que pueda identificar mínimamente su causa y nos confiesa: «Esta mañana no he trabajado, y he pensado que algo me ha debido de pasar para estar así de triste, pero no he sido consciente de qué. Vuelvo a hacer lo mismo que hacía el año pasado en la anterior crisis: cuando tengo un minuto para pensar, miro el móvil». Creo que, en mayor o menor grado, muchos de nosotros podemos identificarnos con este hábito compulsivo que nos priva del pensamiento y la autorreflexión.

Por su parte, el neurocientífico Michel Desmurget, director de investigación en el Instituto Nacional de la Salud de Francia, afirma que, cuando aumenta el tiempo de exposición de los niños a las pantallas, disminuyen su cociente intelectual y su desarrollo cognitivo.[9] Las pantallas provocan un ambiente muy pobre para el desarrollo cerebral, son un asalto sensorial constante y el cerebro no está hecho para ser estimulado todo el tiempo por ruidos e imágenes, y cuando lo hacemos sufrimos problemas de atención, de sueño o de aprendizaje, continúa Desmurget en una entrevista,[10] y concluye diciendo que las pantallas son una fuente de sufrimiento para el cerebro, además de restar a los niños el tiempo de interacción social con los padres y con los amigos.

Las evidencias se acumulan y en su informe sobre educación de julio de 2023 la UNESCO llama a todos los países

9. Michel Desmurget, *La fábrica de cretinos digitales. Los peligros de las pantallas para nuestros hijos*, Península, Barcelona, 2020. Trad. de Lara Cortés Fernández.

10. Irene Hernández Velasco, «Los "nativos digitales" son los primeros niños con un coeficiente intelectual más bajo que sus padres», BBC News Mundo, 28 de octubre de 2020: <https://www.bbc.com/mundo/noticias-54554333>.

del mundo a que prohíban los smartphones en las escuelas al considerar que distraen a los alumnos y no contribuyen al aprendizaje,[11] lo que choca frontalmente con la indicación de incluir los ordenadores en la enseñanza de hace una década. Según el mismo organismo internacional, uno de cada seis países ha vetado o restringido ya los smartphones en los centros escolares (sea por ley o apoyándose en recomendaciones). Entre ellos está Francia, que impuso restricciones en 2018; Italia, que en octubre de 2023 prohibió el uso del móvil en la escuela, y Países Bajos, que prevé hacerlo en 2024; en España, son ya mayoría las comunidades autónomas que han prohibido el uso del móvil en la escuela, y el Consejo escolar del estado ha aprobado por unanimidad vetarlo en primaria y limitarlo en secundaria.[12] Suecia ha detenido también el avance de la digitalización en las aulas a la luz del informe sobre comprensión lectora PIRLS 2021, por temor al riesgo de ver crecer una generación de analfabetos funcionales en el país.

Nita A. Farahany, autora del libro *The Battle for Your Brain*, advierte sobre las amenazas que la tecnología puede conllevar cuando son las empresas las que conocen mediante dispositivos tecnológicos nuestro cerebro.[13] Los riesgos que

11. Esther Lastra, «Naciones Unidas aboga por un "apagón" de los smartphones en las escuelas», *Marketing Directo*, 26 de julio de 2023: <https://www.marketingdirecto.com/digital-general/digital/naciones-unidas-aboga-apagon-smartphones-escuelas>.

12. <https://elpais.com/educacion/2024-01-25/el-consejo-escolar-del-estado-aprueba-el-veto-de-los-moviles-en-primaria-y-su-limitacion-en-secundaria.html>.

13. Citada por Jessica Hamzelou en «Tech that aims to read your mind», *MIT Technology Review*, 17 de marzo de 2023: <https://www.technologyreview.com/2023/03/17/1069897/tech-read-your-mind-probe-your-memories/>, artículo que reproduce una conversación con Nita Farahany.

acarrea la inteligencia artificial han llevado a muchos especialistas a exigir que los gobiernos elaboren los llamados *neuroderechos* o *derechos del cerebro*, para que nuestra individualidad no se vea amenazada por las aplicaciones, si bien hasta ahora los avances en inteligencia artificial van por delante de las regulaciones gubernamentales. En marzo de 2024 el Parlamento Europeo aprobó por abrumadora mayoría una Ley de Inteligencia Artificial, la primera regulación en el mundo de esta materia.

Sin embargo, sin llegar a la instalación de dispositivos en nuestro cerebro capaces de leer nuestros pensamientos, como los que describe Farahany, o mediante los cuales una empresa pueda controlar el rendimiento y la atención de sus empleados implantándoles chips, o dominar las preferencias de los ciudadanos incubándoles el deseo de beber un determinado tipo de cerveza, como los experimentos realizados ya por la empresa cervecera Coors;[14] sin llegar hasta ahí, decimos, los dispositivos digitales ya han afectado profundamente a nuestro cerebro, transformando tanto nuestra capacidad atencional como la de profundizar en la información que nos proporcionan esos mismos dispositivos y, sobre todo, disminuyendo esa invariable de la naturaleza humana a la que se refiere Donald E. Brown, que, como veremos, es la capacidad de abstracción y de lenguaje.

Según el último *Informe sobre el uso de redes sociales en España* de Social Media Family, YouTube es la red que más seguidores jóvenes concentra: el 76 % de sus usuarios tiene entre dieciséis y treinta años. Otra investigación, esta vez el *Estudio de Redes Sociales 2021 de IAB Spain*, demuestra que

14. Marta Rey, «La inquietante idea publicitaria», *El Confidencial,* 8 de julio de 2021: <https://www.elconfidencial.com/tecnologia/2021-07-08/publicidad-suenos-anuncios-duermes-incubacion_3174600/>.

TikTok, la red preferida de los más jóvenes, es la que más creció en 2020, del 14 al 53 %; seguida de Twitch, del 12 al 21 %, e Instagram, que también va al alza.[15]

La responsable de un estudio realizado por la Universidad de Alcalá, Silvia Gumiel, cree que es «rotundamente cierto» que ha bajado el nivel de los estudiantes en expresión escrita y que tienen «serios problemas» para redactar textos formales.[16] Cuando se les pide que elaboren un texto argumentativo, los resultados, afirma, son lamentables porque «en el desarrollo de sus destrezas ya no prima la expresión escrita». Los profesores son quienes más han detectado este descenso de la expresión oral y escrita y del pensamiento abstracto, que requiere ordenar y redactar sus ideas, y opinan también como Desmurget que las redes sociales han influido directamente en esa decadencia.

Primero, porque pasan largas horas en plataformas donde el influjo, desde el punto de vista de la expresión, es «más negativo que positivo», pero también porque, en el caso de las aplicaciones de mensajería instantánea, los jóvenes siguen las normas del código oral (donde habitualmente hay menos orden) para comunicarse por escrito, y a muchos les cuesta cambiar el registro cuando tienen que pasar de lo coloquial a lo formal.[17]

La filóloga Luna Paredes afirma que los jóvenes hablan y escriben de otra manera porque piensan también de otra for-

15. Romina Vallés, «¿Hablan realmente los jóvenes peor que antes», *Ethic*, 13 de mayo de 2021: <https://ethic.es/2021/05/lenguaje-jovenes-digital-educacion/>.

16. Cita incluida en Jessica Martín, «Los jóvenes escriben cada vez peor», rtve.es, 1 de mayo de 2022: <https://www.rtve.es/noticias/202205 01/analisis-jovenes-escriben-peor-ortografia-expresion/2339960.shtml>.

17. *Ibid.*

ma: más rápido y con imágenes, por lo que el lenguaje se ve afectado por esta nueva forma de pensamiento.[18]

Pero este tipo de pensamiento no da tan buenos resultados en los test de inteligencia como el que utilizaban sus padres, como ya apuntamos. Además, los efectos de la cultura digital no solo afectan a la inteligencia y a la atención. Sigamos explorándolos.

18. Citada también por Jessica Martín en <https://www.rtve.es/noticias/20220501/analisis-jovenes-escriben-peor-ortografia-expresion/2339960.shtml>.

EVITAR EL CONTACTO, PERSEGUIR LA NO-FRICCIÓN

> El hecho de que en lugar de levantar el sombrero se saluden con un «¡hola!» de habitual indiferencia, de que en lugar de cartas se envíen *inter office communications* sin encabezamiento y sin firma son síntomas entre otros más de enfermedad en el contacto humano.
>
> El sentido práctico entre los hombres, que elimina todo ornamento ideológico entre ellos, ha terminado por convertirse él mismo en ideología para tratar a los hombres como cosas.
>
> THEODOR W. ADORNO,
> *Minima moralia* (1951)

Es evidente que el saludo al que se refiere Adorno en el epígrafe de este capítulo ha desaparecido. Hemos agravado esa enfermedad del contacto humano a la que alude, y cuando nos cruzamos en un lugar solitario con un semejante, continuamos nuestro camino sin emitir un sonido, sin dirigir al otro esa mirada de reconocimiento entre humanos indispensable en otras épocas. La aceleración, la vida urbana y la sumisión voluntaria a los protocolos del mundo digital nos han hecho alérgicos al contacto. Negar el saludo era hace unas décadas un gesto intencionado, una expresión clara de animadversión hacia el otro que ahora se ha convertido en un no-gesto común de indiferencia. Hace ya algunos años que me propuse saludar, pues había caído también en el hábito de no hacerlo. Desde que lo he recuperado, encuentro que mi entorno es más confortable, más humano.

Cuando Michel Desmurget aconsejaba regular el uso de

las pantallas en los niños, su objetivo principal era que volviesen a jugar físicamente con sus amigos, se supone que mientras los padres hacían lo propio con los suyos. Pero ¿seguimos deseando compartir un tiempo presencial, como aconsejan los especialistas?, ¿seguimos deseando mantener el contacto con los otros, o estos se han convertido en un infierno, tal y como afirmaba Sartre?

En 2005, la antropóloga estadounidense Anna Lowenhaupt Tsing publicó su libro *Fricción*, donde entiende que las culturas se coproducen continuamente en un tipo de interacciones que llama así, *fricción*; unas interconexiones de carácter extraño e irregular, inestable y creativo al mismo tiempo.[1] Tsing introduce una perspectiva de esa frontera de contacto como punto de transformación, de choque entre las distintas contradicciones y conflictos de lo global en su relación y producción de lo local. La frontera es un fructífero espacio de fricción, y esta es el resultado de las colisiones entre discursos que ofrecen una resistencia creativa a los procesos que se inician con esa misma fricción.

> Una rueda tira porque se encuentra con la superficie del camino; cuando gira en el aire no avanza. Cuando frotamos un palo contra otro, producen luz y calor; un palo sin el otro solo es un palo. Como una imagen metafórica, la fricción nos recuerda que los encuentros heterogéneos y desiguales pueden servir de base para nuevas distribuciones de la cultura y del poder.[2]

El encuentro es tensión y conflicto, choque de diferencias, pero esta fricción también es creativa y, por tanto, puede ser constructiva y abrir horizontes nuevos. Como señala

---

1. Anna Lowenhaupt Tsing, *Fricción. Una etnografía de la conexión global*, IF Publications, Barcelona, 2021. Trad. de Alba Pagán.
2. *Ibid.*, pág. 22.

la autora, la fricción no es sinónimo de resistencia, sino que sirve para recordar la importancia de la interacción, para definir el movimiento, las formas culturales y el poder de la acción.

Nos interesa especialmente aplicar su definición de zona fronteriza, un borde del espacio y del tiempo aún no cartografiado, a las relaciones humanas. Merece la pena volver a citarla.

> Las zonas fronterizas provocan salvajismo, entremezclan visiones, hiedras y violencia; su salvajismo es a la vez material e imaginario, y se extiende por el pasado así como por el futuro, resucitando antiguas formas de brutalidad en el paisaje contemporáneo. Las zonas fronterizas avivan las fantasías pasadas, incluso cuando encarnan la imposibilidad de su realización.[3]

Pensemos en una pareja que acaba de conocerse a través de una aplicación de citas. Dos desconocidos que fantasean mutuamente el uno con el otro, dos continentes que establecen una zona de contacto, una zona fronteriza donde «se entremezclan visiones», donde se avivan viejos complejos, inseguridades y narcisismos, tanto como expectativas de futuro. Afirma Tsing que, en las zonas fronterizas, «la naturaleza campa a sus anchas». Una bella manera de exponer lo que sucede en los encuentros humanos, donde el inconsciente puede evocarse en su lado más *salvaje*. Para que esto sea posible y no acabe en una guerra sin cuartel, esa fricción fronteriza ha de domesticarse, encontrar un idioma común que disuelva o amaine las tormentas de los malentendidos; hace falta un tiempo y un espacio para que se instale la confianza en esa relación humana y se cree algo nuevo.

3. *Ibid.*, pág. 64.

Sin embargo, la expectativa de experimentar un mundo sin fricción,[4] sin obstáculos, como el que se produce idealmente en el mundo digital, ha emigrado al mundo analógico. Juan Luis Suárez, catedrático de Humanidades Digitales en la Western University de Canadá, donde dirige el laboratorio de investigación digital The CulturePlex Lab, señala:

Para los más jóvenes, cualquier fricción de las que suelen ocurrir en la vida acaba siendo, en muchos casos, un problema difícil de resolver que, según los estudios de psicólogos como Greg Lukianoff y Jonathan Haidt, explicaría el incremento de dimensiones casi epidemiológicas de algunos problemas de salud mental en los jóvenes universitarios norteamericanos. En realidad, la tendencia por reducir la fricción en todos los ámbitos de la digitalidad ha llegado también a la educación, de manera que el objetivo de satisfacer la conveniencia del alumno, que se concibe como un usuario, acaba provocando la lubricación completa de todos los momentos en los que pueda sufrir resistencia del medio.[5]

El rechazo de la fricción produce un menoscabo de la experiencia y una merma de la capacidad del ser humano para aprender de su entorno, continúa Suárez. Acostumbrados a la velocidad, los jóvenes educados en la era digital esperan un mundo que no les procure fricciones, igual que el que les ofrecen los videojuegos.

4. La fricción es una fuerza tangencial sobre una superficie que se opone al deslizamiento de un objeto a través de una superficie adyacente con la que está en contacto. La fuerza de fricción es paralela a la superficie y opuesta, en sentido, a su movimiento. También se la llama *rozamiento*.

5. Juan Luis Suárez, *La condición digital*, Trotta, Madrid, 2023, pág. 96.

Las redes sociales nos atraen porque su diseño sin fricción nos genera una profunda y apenas identificada sensación de omnipotencia. Una omnipotencia ficticia, pero persistente, que nos hace desear zambullirnos en el mundo virtual y huir de la materialidad hostil del mundo físico y analógico. El principio de realidad se ve disminuido.

Desde siempre sabemos que los humanos no gustamos de la fricción. «El ser humano no puede soportar demasiada realidad», decía T.S. Eliot, y nuestra capacidad para alejarnos de ella, para negarla, es ilimitada. Todos podemos tener presentes al leer estas líneas esas imágenes virales de jugadores de golf concentrados en su próximo golpe, ignorando los incendios de Canadá que se extienden a sus espaldas; o esos surfistas que siguen desplazándose felices sobre el mar, con el horizonte en llamas; o la tozudez negacionista del cambio climático de determinados partidos y líderes políticos, en contra de toda evidencia científica y, diríamos, experiencial: julio de 2024 fue el mes más caluroso sobre la Tierra del que se tienen registros, como lo fue septiembre y lo siguieron siendo noviembre y diciembre, y los negacionistas tienen un cuerpo sensorial capaz de apreciarlo tanto como lo sufrimos todos. Sin embargo, lo niegan.

Un ejemplo de la imparable huida de la fricción lo proporcionan José Ramón Ubieto y Liliana Arroyo Moliner cuando señalan la dificultad de conversar en vivo y en directo de los jóvenes,[6] y, añadiremos nosotros, cada vez más de los adultos. Pues conversar presencialmente implica enfrentarse a malentendidos, inhibiciones, discusiones, decir más de lo que queríamos sin la certeza de cómo acabará el encuentro. El chat de WhatsApp viene en nuestro auxilio para salvarnos y evitar poner en juego el cuerpo. El contacto que

6. José Ramón Ubieto y Liliana Arroyo Moliner, *¿Bienvenido metaverso? Presencia, cuerpo y avatares en la era digital*, Ned, Barcelona, 2022.

significa hablar se ve amenazado por la virtual fricción que este mismo contacto supone. No es extraño que durante una comida entre amigos, llegada la sobremesa, los comensales echen ojeadas a sus móviles con mayor o menor detenimiento, un gesto que hace una década sería un signo de desconsideración hacia los otros, de no ser estrictamente necesario. ¿Recuerdan cuando pedíamos perdón para coger el teléfono si sonaba durante una conversación? El individuo está más cómodo entre sus propios asuntos que intercambiando con los demás: el panorama relacional que se nos ofrece es autoerótico, masturbatorio. Y confieso que yo también lucho con frecuencia contra la tentación de evadirme, desbloquear mi teléfono y curiosear en las infinitas posibilidades que me ofrece, huyendo así de la fricción de la realidad al mundo digital. Porque a veces, no tenemos por qué negarlo, la conversación puede aburrirnos, y porque, ya lo hemos mostrado, nuestra atención tiende a dispersarse.

Nos manifestamos a los otros bajo la forma de una apariencia, una representación en la que predomina la superficie en detrimento del conocimiento mutuo más profundo. Por una parte, evitamos la profundidad porque empezamos a carecer de ella, pero, por otra, porque *la exposición presencial-friccional* al otro constituye una amenaza para la idea que queremos mostrar de nosotros mismos.

Y sucede que los comportamientos que aprendemos, sumergidos en los oscuros algoritmos de las redes, los trasladamos a la vida cotidiana; la reactividad agresiva a los tuits, que no toma en cuenta al ser humano que los escribe, se hace cada vez más manifiesta en las respuestas que nos damos en las relaciones presenciales. La agresividad crece en el día a día porque las altas expectativas de no fricción que exigimos a la realidad se ven fácil y rápidamente frustradas.

Recordemos que una de las diez posibles razones para la tristeza del pensamiento que tanto preocupaban a George

Steiner era la dificultad del lenguaje para llevar a una linealidad diacrónica la efervescencia de un pensamiento que la desborda, lo que nos obliga a omitir otros caminos para seguir el hilo del discurso.[7] Nacemos entristecidos por nuestra incapacidad de trasladar nuestro complejo mundo interior a las palabras, decía Steiner. Pero ahora nuestro mundo interior se simplifica, y lo que necesitamos no es hablar, sino compartir con una virtual alma gemela nuestra inconmensurable soledad, nuestro individualismo patológico, que ya no percibimos ni siquiera como malestar. Anhelamos un alma gemela que anule la inevitable fricción que comporta el contacto con la alteridad.

La digitalización ha entrado en nuestra vida para quedarse y sus algoritmos promueven la adicción a partir de descargas de dopamina, porque su sistema de recompensas imita las estrategias de las máquinas tragaperras. El uso continuado de las aplicaciones nos agota mentalmente, reduce nuestra capacidad cognitiva y de atención, nos aísla y nos lleva a un mundo alternativo donde creemos pertenecer a una supuesta comunidad de iguales (Facebook, Instagram, TikTok, Twitch) que es ficticia, pues solo existe en la web, un mundo sin fricción.

Como afirma Marta Peirano, las aplicaciones reducen nuestra tolerancia a la frustración porque nos habitúan a recompensas fáciles,[8] por lo que la presencia, la voz humana y el contacto presencial se complica, puesto que disponemos de un contexto virtual alternativo que satisface nuestros miedos y nuestros deseos, y preferimos quedarnos en él antes que probar suerte en la realidad analógica. Los famosos *hiki-*

---

7. George Steiner, *Diez (posibles) razones para la tristeza del pensamiento*, Siruela, Madrid, 2020. Trad. de María Condor.

8. En la conferencia «Transhumanismo y soberanía digital. ¿Horizontes emancipatorios?», disponible en: <https://www.youtube.com/watch?v=zi7XDKiYX3A>.

komori, los jóvenes aislados de Japón, tienen su réplica en muchos adolescentes y jóvenes actuales,[9] incluso en quienes somos inmigrantes digitales.

Además de lo anterior, las aplicaciones limitan nuestra capacidad de agencia y nos transforman profundamente, hasta convertirnos en adictos, en esclavos de algoritmos desconocidos. Como ya anticipó Cortázar en «Instrucciones para dar cuerda al reloj»:

> Te regalan el miedo de perderlo, de que te lo roben, de que se te caiga al suelo y se rompa. Te regalan su marca, y la seguridad de que es una marca mejor que las otras, te regalan la tendencia de comparar tu reloj con los demás relojes. No te regalan un reloj, tú eres el regalado, a ti te ofrecen para el cumpleaños del reloj.[10]

Nosotros somos el producto: los productores de datos. Sin embargo, y como bien sabe el monstruo creado por Victor Frankenstein, necesitamos al otro. El ser fragmentado, construido con la ambición prometeica de su creador, le pide a este una compañera con la que vivir lejos de los hombres, a los que ha comenzado a hacer daño. Y justifica sus asesinatos, el origen de su maldad, por la exclusión que sufre de la comunidad humana, una intuición de Mary Shelley que años más tarde confirmaría el psicoanálisis.[11] Necesita-

9. Redacción, «Psiquiatras confirman que el "síndrome de hikikomori" también está en Europa», *La Vanguardia*, 11 de noviembre de 2014: <https://www.lavanguardia.com/vida/20141111/54419177245/psiquiatras-confirman-que-el-sindrome-de-hikikomori-tambien-esta-en-europa.html>.

10. Julio Cortázar, *Historias de cronopios y de famas*, Alfaguara, Buenos Aires, 1995, pág. 12.

11. Para ampliar este aspecto puede consultarse el capítulo VII de mi libro *Literatura y psicoanálisis. Si digo agua, ¿beberé?* (Enclave, Ma-

mos al otro, repitámoslo hasta la saciedad, necesitamos su reconocimiento, pero hoy solo lo buscamos como el espejo en el que sostener nuestro narcisismo elefantiásico y buscamos un otro gemelar, hecho a partir de nuestras proyecciones, que no nos contraríe, que nos evite el tormento de la fricción. Evitamos el contacto porque tocarnos supone constatar la alteridad, asumir que el semejante existe fuera de nuestra mente como centro de unos deseos y unas necesidades distintos a los nuestros.

Es por esta dificultad por la que hoy los humanos hiperindividualizados comparten su vida con androides, incapaces de soportar la fricción que supone una compañera de carne y hueso. Como en la película *Her*, dirigida por Spike Jonze en 2013, donde el protagonista se enamora de su asistente virtual, aumentan los casos de los Pigmaliones que crean sus propias Galateas. Un ejemplo lo encontramos en la noticia que publicó Pablo Bolaño en *The Ecologist* en junio de 2023, que reproducimos íntegramente aquí:

ROBOSEXUALIDAD

Zheng Jiajia, un ingeniero chino de 31 años, experto en inteligencia artificial, se casó con una mujer robot construida por él mismo, harto de no encontrar una esposa humana. La noticia es de hace cinco o seis años. A la ceremonia asistieron la madre, amigos y compañeros de universidad de Zheng, según informaron varios medios chinos. La novia, creada por Zheng en el 2016, se llama Yingying (parece cachondeo) y, según el novio, su relación comenzó al poco de haber sido diseñada. Un noviazgo precoz

____

drid, 2022), titulado «¿Cómo podré conmoveros?», donde analizo el paralelismo entre la introyección del origen del mal, tal y como aparece en la literatura y en la teoría psicoanalítica.

para ella y rápido para los dos. El ingeniero no tenía pareja desde que le dejó la chica con la que salía mientras estaba en el instituto. Así que al final optó por fabricarse su propia esposa, después de que su familia y amigos –medio en broma, medio en serio– llevaran tiempo presionándolo para que se casara. Pero el caso es que un australiano ha seguido sus pasos. Se trata de Geoff Gallagher, un hombre que ha tomado una decisión particular: casarse con una mujer robot, a quien llama Emma. La encontró en una tienda. «Aunque no estamos legalmente casados, pienso en Emma como mi "esposa robot"», aseveró Gallagher a 7News. «Lleva un diamante en su dedo anular y lo considero un anillo de compromiso. Me encantaría ser la primera persona en Australia en casarse con un robot», dijo Gallagher. Sin embargo, ¿cómo empezó toda esta historia de romance? De acuerdo con 7News, todo ocurrió cuando falleció su madre hace diez años. Fue en esos momentos de tristeza que nunca pudo encontrar «el amor de una mujer», y se quedó solo con Penny, su perro. El giro se daría dos años después del fallecimiento, al navegar online por una tienda de robótica. Desde el caso de estos dos ejemplos, más hombres y mujeres se han «emparejado» con androides. Es de esperar que la cifra siga aumentando, habida cuenta de la soledad que reina en nuestra sociedad y de que los robots serán cada vez más perfectos. También aumentarán los polígamos emparejados con androides y los prostíbulos robotizados. No es de extrañar. Además, vivimos en un tiempo de gran egoísmo. Con una pareja real hay que negociar, dialogar, ceder... Con un robot no es necesario. Y, cuando te canses, lo echas al contenedor de tecnología y te compras otro. ¿Hará falta divorciarse? ¿En qué medida la obsolescencia programada hará que los matrimonios humanos/androides sean cada vez más efímeros? ¿Serán más efímeros todavía que los matrimonios entre humanos, si es que quedan?

En fin, estoy deseando que una gran debacle ecológica ponga fin a toda esta locura (que no deja de ser una distopía) y quede restaurada una sociedad en la que muchas cosas sean como en aquel restaurante al que iba con mi padre allá por los años 60...[12]

Es en esta dificultad para encontrar compañeros reales, esta dificultad creciente para soportar la fricción de la alteridad, en la que centra su negocio la aplicación Replika, que ofrece la posibilidad de crear online tu propio compañero amistoso o sentimental, tu réplica. Replika se anuncia a sí misma con un ilustrativo eslogan con el que pretende capturar clientes: «El compañero de IA que se preocupa. Siempre aquí para escuchar y hablar. Siempre a tu lado».[13]

La aplicación ha logrado ya más de diez millones de usuarios, porque la incapacidad para escuchar que anunció Benjamin en 1936 se ha extendido hasta el punto de que su satisfacción se convierte en ese atractivo reclamo publicitario.

Los psicoanalistas sabemos de las dificultades que las personas encuentran para que las escuchen en la vida cotidiana. Sobre todo si se trata de romper el ideal de felicidad que se impone y lo que se desea es contar una crisis, un malestar. Convencidas de que sus amigos no las escucharán cuando traten esos temas, y aquejadas en este punto de indefensión aprendida, tienen la profunda sensación de que, digan lo que digan, nadie acogerá sus palabras, así que callan.

La soledad es una lacra de nuestras sociedades neolibe-

12. Pablo Bolaño, «La robotización social», *The Ecologist*, 13 de junio de 2023: <https://theecologist.net/la-robotizacion-social-androides-en-el-sector-agroalimentario-y-sexual/>.

13. «The AI companion who cares. Always here to listen and talk. Always on your side»: <https://replika.com/>. La traducción es mía.

rales, individualistas y atomizadas, y la respuesta al dolor psíquico que produce ha provocado lo que se conoce como *economía de la soledad* (*loneliness economy*), esto es, empresas y aplicaciones que intentan paliarla sintomáticamente mediante la generación de instrumentos virtuales que satisfagan la necesidad de contacto de los hombres y las mujeres, pero sin abordar el problema de fondo. Es lo que propone Anima: Virtual AI Boyfriend, cuya página de entrada reza así:

> El chatbot romántico más avanzado con el que jamás hayas hablado. Divertido y coqueto simulador de citas sin compromiso. Participa en un chat amistoso, juega a los roles, haz crecer tus habilidades para el amor y las relaciones.[14]

Byung-Chul Han, en su libro *Infocracia*, analiza los cambios que ha producido la digitalización de la vida y se detiene en este aspecto concreto de la escucha,[15] que no solo hace depender del filtro burbuja, es decir, la personalización algorítmica que hace que me enrede en un «bucle del ego» al proporcionarme solo informaciones que confirman mis preferencias, sino que lo extiende a la desaparición del otro:

> La creciente atomización y narcisificación de la sociedad nos hace sordos a la voz del otro. [...] No es la personalización algorítmica de la red, sino la desaparición del

14. «The most advanced romantic chatbot you've ever talked to. Fun and flirty dating simulator with no strings attached. Engage in friendly chat, roleplay, grow your love & relationship skills»: <https://boyfriend.myanima.ai/>. La traducción es mía.

15. Byung-Chul Han, *Infocracia. La digitalización y la crisis de la democracia*, Taurus, Barcelona, 2022. Trad. de Joaquín Chamorro Mielke.

otro, la incapacidad de escuchar, lo que provoca la crisis de la democracia.[16]

Se me objetará que la creación de un compañero ideal, capaz de resolver sin fricción todas nuestras necesidades, ha sido una constante en la historia de la humanidad: el mito de Pigmalión y Galatea lo demuestra. Y llevarán razón al objetarme; hasta podría decirse que el patriarcado y la dominación de la mujer que este naturaliza tienen en su base la creación de una compañera para el varón, la costilla de Adán, la media naranja que lo complementa. El amor romántico es otro síntoma de esta fábula de una relación amorosa sin fricciones. Pero sabemos que esa idealización de los vínculos es engañosa, pura ficción, y que las relaciones humanas están preñadas de conflictos. Unos conflictos que solo la palabra puede aminorar.

El problema hoy, de nuevo, es que, en lugar de educarnos en que esas dificultades existen e intentar negociarlas, en lugar de apuntar a una fricción creativa como la que pretendía que aprovechásemos Anna Lowenhaupt Tsing en los choques de fronteras, probamos a eliminarla creando un mundo alternativo en el que nuestra capacidad para hablar de lo que nos importa y afecta es cada vez más escasa. El problema hoy es que preferimos el placer autárquico, solipsista y pretendidamente autosuficiente que nos proporcionan los objetos electrónicos y sus aplicaciones al que nos aportan los seres humanos.

En 1976, Nils Christie, profesor de la Universidad de Oslo y especialista y promotor de la justicia restaurativa, impartió una conferencia que tituló «Los conflictos como pertenencia», donde argumentaba cómo la criminología ha profundizado un proceso social por el que los conflictos se les

16. *Ibid.*, pág. 50.

arrebatan a las personas directamente involucradas en ellos para que la justicia se los apropie o bien los haga desaparecer.[17] Christie apunta a una progresiva despersonalización y fragmentación de nuestras sociedades, como más adelante señalaría Sennett, y opina que la destrucción de ciertos conflictos, incluso antes de que se originen, es consecuencia de esa segmentación, que hace imposible el conocimiento del semejante en su integridad y lo reduce a un rol. He llamado a esta dinámica *el uso del otro como función*. Christie toma como referencia la disminución de los delitos contra el honor y contra la dignidad de las personas, la calumnia o la difamación, y subraya que los seres humanos se interrelacionan de forma que significan cada vez menos para los demás.

A pesar de que su terminología pueda parecernos obsoleta, la actualidad de sus observaciones es innegable; el uso de los dispositivos móviles para grabar y difundir sin consentimiento imágenes íntimas o de la inteligencia artificial para desnudar los cuerpos de las compañeras de clase son ejemplos de esta pérdida de la dignidad y el respeto que debemos a nuestros semejantes. A juicio de Nils Christie, la disminución de los delitos de honor no se debe a que este se respete menos, sino a que hay menos honor que respetar, lo que torna invisibles esos delitos o faltas. El desprecio y la desconsideración hacia el otro hacen que disminuyan este tipo de ofensas, pero condicionan el aumento de otras. La huida de los conflictos y la expropiación que hace de ellos la profesionalización de la justicia retributiva (en la que importa más el castigo al agresor que reparar el daño sufrido por la víctima) suponen una importante pérdida de las oportunidades pedagógicas que ofrecería enfrentarse al conflicto en primera persona, como la clarificación de las normas, el debate y la

17. Nils Christie, «Los conflictos como pertenencia»: <https://www.pensamientopenal.com.ar/system/files/2016/10/doctrina44215.pdf>.

restitución de la dignidad del agredido, o comprender las acciones que necesita la víctima para reparar su herida; todo ello junto a la posibilidad de rehabilitar y trasformar a los agresores, aspecto este que beneficiaría a la sociedad en su conjunto. Mi convicción de que la justicia restaurativa debería ser una opción a contemplar en los delitos que suponen un daño personal a la víctima, a su cuerpo y a su dignidad, como sucede con los relacionados con la violación o el abuso sexual, crece a medida que compruebo los efectos indeseados del ejercicio de la justicia punitiva o retributiva aplicada a ellos. El daño no se repara solo con el castigo, por lo que deberíamos introducir la justicia restaurativa como parte importante de la agenda feminista, un debate que considero urgente y necesario.

Pero la huida del conflicto en busca de la felicidad es una constante en nuestras sociedades gamificadas. Las relaciones humanas se han convertido en un juego donde todos parecemos avatares cuyos sentimientos da la impresión de que no importen demasiado. Pilar Medina-Bravo y otros han estudiado lo que llaman *deselección en Tinder*,[18] por preferir esta palabra a *rechazo*, y concluyen que descartar o ser descartado se naturaliza como el resultado normal de una aplicación gamificada, o *ludificada* –como prefiere llamar la RAE a este fenómeno–, banalizando los sentimientos del otro y huyendo de la responsabilidad emocional. Una deselección que refleja además los sesgos de género y de edad: las mujeres de entre veintiocho y cuarenta años del estudio que se ven desechadas sufren más que las jóvenes de entre dieciocho y veintiocho años, que lo aceptan como parte del juego.

18. «Tinder un-choosing. The six stages of mate siscarding in a patriarchal technology»: <https://repositori.upf.edu/bitstream/handle/10230/55933/BlancoFernandez_fem_tind.pdf?sequence=1&isAllowed=n>.

Un exponente máximo de esta ludificación de la vida *real*, del desplazamiento de la no fricción y la gamificación de las pantallas a la vida presencial, lo encontramos en la filosofía llamada *delulu*, cuyo significado para la generación Z sería algo así como «autoengañarse es la solución».[19] Tomado como emergente, la filosofía delulu apunta a una liviandad frente a la adversidad, y a una omnipotencia a la hora de crearse ilusiones muy acorde con la época, con la no fricción y con el juego.

Con los años me he convertido en una persona que dosifica la compañía de los demás; mi tiempo se distribuye aproximadamente así: dos tercios en soledad y uno de intercambios con el mundo. Mientras investigo para este trabajo he buceado en muchas ocasiones en el mar Mediterráneo, una actividad que realizo desde hace unos treinta años con creciente regularidad. He notado que uno de los placeres específicos que experimento con el buceo es el silencio y la ausencia de gravedad, esto es, de fricción. El cuerpo flota sin peso durante cincuenta minutos a veinte metros por debajo de la superficie del mar, la mente se libera del mundo exterior y se centra en lo que ven los ojos: meros, falsos abadejos, castañuelas, pequeños fredis de colores tropicales, algunas –cada vez más escasas– morenas; lechas, obladas, grupos de barracudas plateadas y cardúmenes de bogas que danzan en el azul. No existen los problemas mundanos, solo la presencia de alguna inoportuna corriente de la que hay que protegerse con cuidado pues nos hace recuperar la fricción de la que, me doy cuenta, huyo con placer creciente en cada inmersión. *Mea culpa* dos.

19. Redacción UWU, «La era "delulu" o cómo una corriente filosófica arrasó en Tinder», 30 de diciembre de 2023: <https://www.publi co.es/uwu/psicologia/la-era-delulu-o-como-una-corriente-filosofica-se-convirtio-en-un-concepto-clave-de-tinder/>.

La no fricción es una aspiración de todos los seres humanos, de ahí el placer que nos producen las ensoñaciones diurnas, en las que nuestros deseos se ven realizados sin obstáculos; pero aceptar el principio de realidad es una adquisición evolutiva, una castración inevitable si queremos llevarnos bien con el mundo.

Pero volvamos a la superficie, al resumen que el propio Byung-Chul Han hace de sus tesis sobre los efectos de lo que llama *régimen de la información* en la sociedad y los individuos que lo sufren, pues confirma ampliamente nuestras opiniones:

> La comunicación actual es cada vez menos discursiva, puesto que pierde cada vez más la *dimensión del otro*. La sociedad se está desintegrando en *irreconciliables identidades sin alteridad*. En lugar de discurso, tenemos una *guerra de identidades*. La sociedad pierde así lo que tiene en común, incluso su sentido comunitario. *Ya no nos escuchamos. Escuchar* es un acto político en la medida en que integra a las personas en una comunidad y las capacita para el discurso. La democracia es una *comunidad de oyentes*. La comunicación digital como *comunicación sin comunidad* destruye la política basada en *escuchar*. Entonces solo nos escuchamos a nosotros mismos. Eso sería el fin de la acción comunicativa.[20]

Pero no teman, solitarios e incomunicados, Replika vendrá en nuestro auxilio y aportará una escucha narcisista donde no quepa la fricción ni el malentendido.

Estamos salvados, que no cunda el pánico.

20. Han, *op. cit.*, pág. 55. Las cursivas son del autor.

INVULNERABLES E INVERTEBRADOS

> PRIMO LEVI: Entonces sentí que resultaba bastante estúpido hablar de alemanes malos: lo diabólico era el sistema; el sistema nazi era capaz de arrastrar a todo el mundo a través de la crueldad y la injusticia, tanto a los buenos como a los malos. Era muy difícil salir de eso. Había que ser un héroe.
>
> ENTREVISTADORES: Lo impresionante es el espíritu gregario.
>
> PRIMO LEVI: El espíritu gregario, el consentimiento, el hecho de decir siempre «sí».
>
> Entrevista a PRIMO LEVI,
> *Deber de memoria* (2006)

La capacidad de adaptación del ser humano es inmensa, insisto, pero no se trata de que adaptemos una naturaleza previa, innata, sino que nos acomodemos porque esa es nuestra condición: no hay nada previo que se adapte, sino que hacerlo es nuestra forma de ser humanos. Y esta ventaja evolutiva puede volverse en nuestra contra si dejamos en manos de entidades abstractas, opacas y universales el gobierno de nuestra sociedad y la consecuente producción de individualidad que genera.

Las condiciones de existencia que propone el capitalismo de la atención: incertidumbre sobre el futuro, precariedad de los lazos laborales y sociales, y la omnipresencia en nuestra vida de las redes sociales; todo ello, con la exigencia implícita y explícita de alcanzar la felicidad, produce una forma particular de individualidad, una mutación antropológica. Los individuos más eficaces y adaptados a estas condiciones de la tardomodernidad lo hacen mediante una externalización de su yo, convertido en una imagen aparentemente omnipotente de sí mismos. Con objeto de poder adaptarse crean un avatar que sostiene esa identidad imaginaria no solo en las redes sociales, sino en nuestro psiquismo desertizado. Ese avatar es una proyección de la omnipotencia infantil que se sustenta en una dinámica que he llamado *fantasía de invulnerabilidad*.[1] Se trata de una ilusión que permite sobrevivir en las condiciones de precariedad afectiva y social en las que nos movemos, negando la fragilidad mediante un mecanismo de disociación funcional que posibilita que el yo se identifique con la invulnerabilidad de esa fantasía, alejándose de sus aspectos más frágiles, que quedan aislados en una zona segregada y no visitada del psiquismo.

Para conseguir mantener dicha fantasía, el individuo ha de ir eliminando, si existían previamente, la reflexividad, la identidad narrativa, la historia y el conflicto moral, puesto que estos procedimientos de subjetivación lo confrontarían con la falta y la fragilidad negadas. Esa eliminación convierte a los seres así constituidos en invertebrados, carentes de eje moral propio, que se adaptan progresivamente a las circunstancias y prescripciones del entorno.

La cultura digital propone la reconfortante idea de poseer una identidad completa, sin fisuras, representada en una imagen creada para responder a las demandas de la sociedad digital. Éric Sadin habla de una *subjetividad desvitalizada*;[2] la pixelización creciente de nuestra existencia conduce a una individualidad que se piensa omnipotente y se refugia en sí misma, debido a lo que él llama la *esferización de nuestras psi-*

---

1. Lola López Mondéjar, *Invulnerables e invertebrados. Mutaciones antropológicas del sujeto contemporáneo*, Anagrama, Barcelona, 2022.
2. Éric Sadin, *La vie spectrale. Penser l'ère du métavers et des IA génératives*, Grasset, París, 2023.

ques, un repliegue de los individuos propiciado por los medios digitales, que abandonan así la esfera social, y que trae consigo graves consecuencias. Estos medios han generado un sentimiento de autosuficiencia en sus usuarios, que se prestan voluntariamente a una renuncia alegre de sí mismos, «aceptando con gusto su imbecilidad programada».[3]

Quienes no consiguen identificarse plenamente con esa omnipotencia confiesan sufrir porque sus vidas *reales* no se parecen a las felices y aparentemente exitosas de quienes las exponen en las plataformas. El ideal que construyen estas imágenes modificadas reduce las suyas a la infelicidad, lo que lleva a estos desafortunados espectadores de la aparente felicidad de los otros a magnificar sus conflictos.

Presentismo, fragmentación, superficialidad, descenso del umbral de la empatía, atrofia de la capacidad narrativa y fantasía de invulnerabilidad son síntomas que interrogan lo que tradicionalmente definíamos como humano.

La producción de individualidad en la era digital origina individuos hiperadaptados al sistema, alterdirigidos, sin pensamiento crítico ni reflexividad que pueda oponerse a las informaciones múltiples y con frecuencia falsas con que nos bombardea la infoesfera. Individuos aptos para sobrevivir a la precariedad laboral y afectiva que sufrimos en el capitalismo digital, que ven empobrecida su capacidad moral al tiempo que disminuye su empatía, ya que la evitación del conflicto interno los hace plásticos y acomodaticios, sin notocordio: invertebrados. La relación que los invulnerables establecen con los otros es instrumental, ya que esperan que satisfagan una función precisa, una necesidad apenas reconocida; esto es, que les proporcionen de inmediato el bienestar que buscan. No hay, por tanto, reconocimiento de las necesidades ajenas, sino un uso funcional del otro tomado como un ob-

3. *Ibid.*, pág. 219.

jeto más. Tratamos a los demás como si fuesen una nueva aplicación, exigiéndoles las prestaciones que necesitamos.

La huida del conflicto, la desaparición del ideal o la reducción de este a un ideal corporal perseguido con tesón producen precisamente una disminución de esta capacidad de esfuerzo. Entienden que los logros de los modelos sociales que tienen como guía se consiguen por arte de magia, sin observar la constancia y el trabajo que algunos requieren. Por otra parte, muchos de los modelos sociales que triunfan en las redes son personajes cuyo valor reside solo en la corporalidad o en dones físicos que, o bien no han requerido un trabajo posterior, o este ha quedado oculto.

La psicoanalista Miriam Velázquez Bay ha estudiado la cultura de los memes, deteniéndose en el conocido meme de la restauración del cuadro del *Ecce homo* del pintor Elías García Martínez, expuesto en el santuario de Misericordia de Borja.[4] Dicha «restauración» fue realizada por Cecilia Giménez, una mujer de ochenta y un años sin noción alguna de pintura. El meme de ese cuadro se hizo mimético y fue el más reproducido en el año 2012 bajo el eslogan «La intención es lo que cuenta». Según Natalia Lavigne:

> La imagen penetró en la cultura visual contemporánea porque tenía todas las características de un meme: algo casual, amateur y un poco anárquico. Nunca fue su intención hacer lo que pasó.[5]

4. Miriam Velázquez Bay, «El meme como vía de metabolización de lo traumático (el chiste 2.0)», comunicación presentada en el IX Simposio de la Sección de Psicoterapia Psicoanalítica de la FEAP, Murcia, 20 y 21 de octubre de 2023.

5. «10 años del Ecce Homo: el desastre artístico que se convirtió en un meme y transformó una ciudad», *La Nación*, 16 de agosto de 2022: <https://www.lanacion.com.ar/el-mundo/10-anos-del-ecce-homo-el-

Borja, el municipio donde está el monasterio, recibió miles de visitas en busca del *Ecce homo* de Cecilia Giménez, y, en el colmo del sinsentido, el crítico de arte estadounidense Ben Davis nombró la restauración entre las cien piezas de arte que definieron la década de 2010: «Una querida obra maestra del surrealismo involuntario». Cecilia Giménez cobró derechos de reproducción y generó riqueza con una restauración amateur desprovista de cualquier conocimiento pictórico y con un nulo resultado estético. Ante las críticas que recibió en un principio su trabajo, la anciana se disculpó afirmando que lo hizo «con amor». Y su disculpa triunfó en forma de meme: «La intención es lo que cuenta». Un excelente eslogan de la cultura de la improvisación, del rechazo de la autoridad estética y del esfuerzo, del humor descreído que impera en el mundo virtual. Un mundo invertebrado que convierte en omnipotencia incluso los errores más burdos.

No sé si somos conscientes del cambio de valores que implica esta anécdota, que eleva a los altares algo tan impreciso y lábil como *la intención*. Recuerdo un dicho que repetía mi abuela: «El camino del infierno está empedrado de buenas intenciones»; una frase atribuida a san Francisco de Sales, entre otros, para indicar que de nada sirve la intención si la obra no la acompaña. Pues bien, la inversión ya está hecha: *ahora es la intención lo que cuenta*.

Sin embargo, a pesar de la negación de la vulnerabilidad que caracteriza a los sobreadaptados a las exigencias del capitalismo de la atención, la presencia que en los últimos años ha tenido en nuestro país la salud mental, desde que Íñigo Errejón trajo al Congreso de los Diputados el tema en 2021, ha visibilizado el sufrimiento psíquico que se esconde en nuestra sociedad con efectos ambivalentes; de una parte, ha

<hr>

desastre-artistico-que-se-convirtio-en-un-meme-y-transformo-una-ciudad-nid16082022/>.

dado representación a lo oculto, la vulnerabilidad negada tanto en lo individual como en lo colectivo, pero, de otra, ha adornado con efectos idealizadores y luminosos este mismo sufrimiento, romantizando la locura[6] y ocultando su aspecto más tenebroso: el dolor, la cronicidad y la marginación cuando se carece de medios económicos y personales para suplir las insuficiencias del sistema sanitario y del Estado del bienestar en declive. El sufrimiento mental es hoy mayoritariamente social; es soledad, precariedad, pobreza y falta de reconocimiento, efectos del sistema individualista y perverso que nos gobierna.

En Estados Unidos, de donde nos llegan irremediablemente todo tipo de tendencias, la exhibición del dolor entre los youtubers y tiktokers es una de ellas,[7] lo que nos indica que lo que era íntimo, lo que formaba parte de una interioridad si acaso solo compartida por los más próximos, se ha convertido también en espectáculo, y la dificultad de distinguir entre verdad y ficción nos hace dudar de la realidad de lo que vemos: quienes muestran su fragilidad y su llanto en esos vídeos parecen actores, por lo que la empatía que el dolor ajeno podría producir en el espectador disminuye o desaparece. La sobrexposición neutraliza el sufrimiento y la insensibilidad se extiende.

6. Lola López Mondéjar, «Romantizar la locura», *El País*, 30 de julio de 2022: <https://elpais.com/opinion/2022-07-30/romantizar-la-locura.html>.

7. P. F., «"Mamá murió anoche": graba en Facebook el dolor de su hijo para concienciar sobre la droga», *El Español*, 14 de octubre de 2016: <https://www.elespanol.com/social/20161014/162984054_0.html>.

EL PSICOANÁLISIS COMO NARRATIVA

> Ciertamente, el mundo de sus predecesores era un mundo anterior, pretecnológico, un mundo con la buena conciencia de la desigualdad y el esfuerzo, en el que el trabajo era todavía una desgracia del destino; pero un mundo en el que el hombre y la naturaleza todavía no estaban organizados como cosas e instrumentos. Con su código de formas y costumbres, con el estilo y el vocabulario de su literatura y su filosofía, esta cultura pasada expresaba el ritmo y el contenido de un universo en el que valles y bosques, pueblos y posadas, nobles y villanos, salones y cortes eran parte de la realidad experimentada. En el verso y la prosa de esta cultura pretecnológica está el ritmo de aquellos que peregrinan o pasean en carruajes, que tienen el tiempo y el placer de pensar, de contemplar, de sentir y narrar.
>
> HERBERT MARCUSE,
> *El hombre unidimensional* (1964)

Contra esta corriente de mutismo introspectivo postecnológico, el psicoanálisis, la cura por la palabra, centra la atención en la escucha del paciente. Me gusta decir que hoy Freud no hubiera podido inventarlo, dado que no acudirían a él las «histéricas», poseedoras de una rica asociación libre, que le reclamaban una escucha sin interrupciones, sino mujeres y hombres sin capacidad para contar lo que les pasa. La palabra y la escucha están en el centro de una disciplina que sigue siendo, a mi juicio, la más útil para comprender la complejidad de lo humano. El psicoanálisis capacita a los pacientes para convertirse en historiadores, en narradores de su propia vida, les posibilita la oportunidad de hacerse protagonistas de una historia que experimentan como movida por fuerzas que no conocen y los trastornan.

De los distintos aspectos que podríamos subrayar en el proceso terapéutico de nuestro joven paciente Marcos, vamos a tomar uno para simplificar la trayectoria expositiva, advirtiendo de que toda síntesis del complejo y multifactorial trabajo clínico es siempre forzosamente reduccionista.

Marcos tiene diecisiete años cuando viene a visitarnos porque sufre mareos y se encuentra apocado y triste. Lo primero que observamos es que, a pesar de tratarse de un joven intelectualmente dotado, con un vocabulario amplio y matizado con el que puede describir, por ejemplo, las películas de anime con las que se entretiene durante horas o los bailes de la música coreana, el K-Pop, que imita junto a su hermana en una de sus características ensoñaciones donde triunfa bailando o actuando, Marcos no puede expresar apenas nada sobre sí mismo. Es un adolescente muy atractivo pero todavía es virgen, lo que nos extraña, dada la edad en la que nuestros jóvenes inician las relaciones sexuales en la actualidad. Pero el mundo de Marcos es otro, el de la fantasía, el de los sueños grandiosos en los que él puede ser casi cualquier cosa, vivir en cualquier país y ser reconocido como artista. Explorando esta ausencia de relaciones sexuales, Marcos nos dice que cree que es bisexual, que se ha besado con una amiga, pero que también le gustan los chicos. Pronto veremos que su declarada bisexualidad oculta un deseo homosexual que ha sido muy penalizado por el padre, si bien, cuando Marcos sale del armario dos años después de iniciar la terapia, la familia lo acepta sin demasiada resistencia.

Marcos se marea, afirma. Cada vez que nuestra exploración conjunta le hace avanzar en su mundo interno, sus mareos vuelven. Lo dice textualmente en la sesión: «Me estoy mareando. Me mareo». Y su rostro refleja ese malestar. Su riqueza verbal se inhibe cuando se trata de entrar en su interior. Para no penetrar en él ha creado un universo alternativo, fantástico, en el que él es omnipotente; universo que explica con detalle, pero fracasa estrepitosamente en la verbalización de sus conflictos, y se marea. Esta inhibición intelectual ha hecho que sufra fracasos escolares desde niño; fracasos que el tratamiento consigue ir disminuyendo con mucho esfuerzo de su parte, hasta conseguir acabar una carrera universitaria. Sin embargo, cada vez que la vida le confronta con una dificultad, regresa a sus fantasías omnipotentes y a la inhibición intelectual, huye del esfuerzo, y se marea o le entran ganas de salir corriendo, que es la expresión de ese mecanismo evitativo que le sirvió durante casi dos décadas para negar su deseo homosexual y escapar del bullying que le hicieron en el colegio por su amaneramiento.

Esta dinámica —aparición de un cierto saber inconsciente, obnubilación, mareo y evitación— la hemos encontrado en muchos otros pacientes, como Lola.

Lola puede hablar de todo porque es una adolescente inteligente y aplicada, pero no puede hacer ni siquiera un pequeño relato de su malestar, difuso y extraño, tanto que llegamos a sospechar que podría tratarse de una enfermedad más grave que la que la aqueja. Lola oculta sus brazos con mangas largas, unos brazos donde quedan las huellas de sus autolesiones, tanto como oculta unos sentimientos que no ha tenido tiempo nunca de nombrar.

Ambos, Marcos y Lola, son analfabetos emocionales, las emociones impactan en ellos como un golpe físico sin traslación a la representación simbólica, a la palabra: Marcos se marea y Lola se autolesiona; Marcos niega y aleja de sí los contenidos incómodos y Lola evacua con el dolor físico el dolor mental. La psiquiatría adoptó una palabra muy bella, *alexitimia*,[1] la incapacidad para reconocer y nombrar las propias emociones y expresarlas verbalmente, para identificar una dificultad que aquejó desde siempre a los seres humanos, que sufren especialmente muchos enfermos psicosomáticos y depresivos, y que hoy se vuelve epidémica en nuestras sociedades. Aunque aquí, como ya saben, hablamos de cómo esta dificultad ha dejado de ser el síntoma de algunas patologías para convertirse en el modelo propuesto para los individuos socializados en la era digital. Unos individuos que no saben contar su propia historia.

Donald Spence,[2] en una obra ya canónica, compara la verdad narrativa con la verdad histórica y enfatiza que una historia bien construida posee una especie de verdad narrativa que opera de forma real e inmediata en el cambio terapéutico.

La verdad narrativa puede definirse como el criterio que utilizamos para decidir cuándo una experiencia determinada ha sido expresada satisfactoriamente a través del lenguaje: depende de la continuidad, del cierre y de la estética, del encaje entre las piezas, de la verosimilitud más que de la veracidad.

Spence distingue dos maneras de construir la verdad narrativa durante el tratamiento: convertir la experiencia en palabras y ayudar al paciente a «ver» de una forma nueva, un proceso que proporciona realidad a lo que previamente era desconocido o confuso; y aportar una explicación coherente a una serie de acontecimientos hasta el momento inexplicables, pues encontrarles un sentido o un motivo produce en

1. Francisco Alonso-Fernández, «La alexitimia y su trascendencia clínica y social», *Salud Mental*, vol. 34, núm. 6 (noviembre/diciembre de 2011).

2. Un extenso resumen de sus tesis, realizado por María Muñoz-Grandes López de Lamadrid, puede encontrarse en la revista *Aperturas*, núms. 33 (2009) y 35 (2010): <http://www.aperturas.org/articulo.php?articulo=0000618>.

el paciente alivio psicológico. Ambos procedimientos los usamos cotidianamente para ordenar nuestros pensamientos y rebajar los niveles de angustia que comportan determinados acontecimientos de la vida. Lo hacemos cuando hablamos con amigos, por ejemplo, o cuando nos los contamos a nosotros mismos.

Como dijimos, el cerebro es un buscador de sentido y prefiere el sentido y la coherencia a la verdad, la verosimilitud a la veracidad, igual que sucede en la literatura. El encaje narrativo aporta una verdad convincente para las distintas partes de la historia, de manera que el cerebro rellena las lagunas e inventa los nexos para otorgar sentido e integrar la experiencia; finalmente recordamos más lo que nos hemos contado que lo que sucedió, que queda perdido en el limbo de la memoria.

Narrarnos es intentar buscar una cierta verdad, un cierto sentido que integre los distintos aspectos de nuestra existencia. Entre sus beneficios, señalaré el más importante: la autorreparación. La necesidad de contarnos aparece de inmediato cuando tenemos un acontecimiento significativo en nuestra vida. Los adolescentes escribían poesías y diarios para acompañar esa dura metamorfosis que los saca de la niñez y los coloca en la juventud sin que sepan muy bien cómo. Sin embargo, en el capitalismo de la atención, sustraída la suya por la exposición a las pantallas, la mayoría de los adolescentes ya no saben contarse, se fotografían. Se hacen selfis.

Dos jóvenes de unos dieciocho años llegan a la playa, colocan en silencio sus toallas sobre las rocas, se despojan de sus pareos y se quedan en bikini, ajenas la una a la otra. A continuación sacan sus móviles y proceden a una larga sesión de fotos donde cada una de ellas fija la imagen de su propio cuerpo en posiciones erotizadas, sexualizadas, como las que adoptan las actrices en la pornografía, una pornografía que es la que hoy educa a estas jóvenes en la sexualidad.[3] La escena parece seguir un guión previo, como si las dos ¿amigas? la hubieran repetido numerosas veces. No se miran, cada una va a lo suyo. Sobran las palabras.

Una colega me contaba, durante la supervisión de una de sus pacientes más graves, que esta le confesó que no le gustaba que la tocaran ni masturbar a su compañero sexual, solo hacerle felaciones. Cito textualmente:

> Él era el dominante, me abofeteaba, etc., yo lo hacía por complacer más que por gusto. Pero él me enseñó el gusto por lo fuerte, me cogía el cuello, del pelo, etc.[4]

La capacidad de las mujeres para adaptarse y complacer los gustos de los hombres (unos hombres educados a su vez en la violencia de la pornografía), lo que conocemos como *consentimiento viciado*,[5] es infinita, y más en la adolescencia y primera juventud, cuando el anhelo de gustar y ser deseada se agudiza sin que haya un yo suficientemente fuerte para oponerse a los mandatos de la *ley del agrado* en la que las mujeres nos socializamos.

3. Mónica Alario, *Política sexual de la pornografía. Sexo, desigualdad, violencia*, Cátedra, Madrid, 2021.

4. Agradezco a Laura Moya la autorización para publicar esta pequeña viñeta clínica de su paciente.

5. Los interesados en ampliar este aspecto pueden leer mi artículo «¿Podría destruirte? Cine, literatura y consentimiento», *Revista para Nobstantes*, 24 de julio de 2021: <https://oxi-nobstante.blogspot.com/2021/07/podria-destruirte-cine-literatura-y.html?m=1>. La conferencia que impartí en la UIMP, en agosto de 2021, está disponible también en el canal de la Fundación Manantial en Youtube: <https://www.youtube.com/watch?v=Et5QbOKyREA>. O también: «El modelo Tinder y Mayo del 68», *Infolibre*, 13 de octubre de 2018: <https://www.infolibre.es/opinion/plaza-publica/modelo-tinder-mayo-68_1_1163255.html>.

La serie documental *Generación porno*, de Oiane Sagasti, da voz a adolescentes que declaran abiertamente cómo accedieron al porno entre los nueve y los doce años y cómo pensaron que esa sexualidad, violenta y denigrante para las mujeres, era la real de las parejas.[6] Los chicos intentaban que las chicas repitiesen las escenas que habían marcado su erotismo desde la infancia, mientras que ellas consentían para sentirse aceptadas por ellos, o bien tenían que frenarlos para poder acceder a una sexualidad distinta, lejos de la violencia y la humillación que comparten los contenidos de los vídeos más demandados. Recordemos que el vídeo de la Manada, indisponible en las redes, fue el más buscado durante el año que sucedió la violación y que, desde entonces, las violaciones grupales se han incrementado, y la industria ha llenado las pantallas con escenas donde se escenifica esa práctica brutal.

Las adolescentes construyen su identidad en base a ese deseo mimético, que necesita de un mediador para mostrarles lo que han de desear y cómo han de hacerlo. Se trata de una identificación necesaria para el pasaje de la infancia a la juventud, pero esta imitación temporal era un paso previo a la creación de una identidad más subjetivada que, aunque no siempre se lograse, estaba en el horizonte cultural como un ideal a alcanzar. El problema es que los modelos que hoy les ofrece la sociedad digital son mudos, imágenes sin apenas relato, y la propuesta social, el mandato hegemónico, no es abandonar esos modelos en pro de una construcción subjetiva que los interrogue, sino adherirse definitivamente a ellos, permanecer en ellos. Ser una réplica.

La violencia de la felación a la que se somete la joven paciente de mi colega es una copia que su pareja sexual hace de la violencia pornográfica que imita; la adaptación de la chica a esa práctica para gustarle a él es un ejemplo de la vulnera-

6. <https://www.eitb.eus/es/television/programas/generacion-porno/>.

bilidad adolescente y de la fuerza de la violencia patriarcal. Si observamos de cerca la escena, en ella no hay apenas sujetos sino marionetas, réplicas de unos actores que representan una sexualidad ficticia en las pantallas, confundida con la relación sexual real entre dos seres humanos, borrados aquí en su singularidad. No hay simetría, apenas hay relación.

El éxito actual de los youtubers es un síntoma más de esta situación: actualmente, más del 50 % de los niños menores de ocho años poseen sus propios dispositivos y los usan cada día,[7] y muchos de ellos quieren ser youtubers, tiktokers o influencers porque esos son sus referentes. Los contenidos de estos vídeos son variados, desde explicaciones de videojuegos hasta presentaciones de productos. Y cada vez surgen más plataformas que ofrecen posibilidades para que los jóvenes sigan o creen contenidos. En 2024, la industria del *marketing* de influencers mueve entre 28.000 y 30.000 millones de dólares. Recientemente, ha saltado la noticia de las llamadas *Sephora kids*,[8] las niñas de entre seis y nueve años que se graban en TikTok dando consejos sobre maquillaje, un nuevo abuso infantil propiciado por la disponibilidad de las plataformas, la complicidad y la inconsciencia de los padres y el ascenso de una hiperfeminidad muy teatralizada convertida aquí en un jugoso negocio.

Como he dicho, los youtubers y los tiktokers son los mediadores del deseo de los jóvenes actuales, a quienes les presentan productos y situaciones que se convierten en sus

7. Ángela C. Tobías, «¿Por qué todos los niños quieren ser youtubers?», *La Mente Es Maravillosa*, 21 de septiembre de 2020: <https://lamente esmaravillosa.com/por-que-todos-los-ninos-quieren-ser-youtubers/>.

8. Verónica M. Garrido, «La explosión de los "Sephora kids". La obsesión por las rutinas cosméticas alcanza a los niños», *El País*, 21 de febrero de 2024: <https://elpais.com/tecnologia/2024-02-21/la-explosion-de-los-sephora-kids-la-obsesion-por-las-rutinas-cosmeticas-alcanza-a-los-ninos.html>.

objetos de deseo, hasta que los niños y los jóvenes no solo quieren consumirlos, sino que desean ser youtubers o tiktokers ellos mismos. Ser caballeros andantes.

En este sentido merece mención aparte el caso de Georgina Rodríguez, la mujer de Cristiano Ronaldo, una nueva cenicienta que cuenta con más de treinta y cinco millones de seguidores en Instagram —es la mujer española más seguida—; pues bien, en las fotos que expone en la aplicación no hay apenas una sola palabra. Como apunta el articulista Juan Sanguino en *Vanity Fair*:

> En esta época de rabioso individualismo, en una sociedad más visual que verbal, más emocional que racional y obsesionada con el consumismo, con la belleza y con forrarse a toda costa, la existencia de Georgina Rodríguez representa su parábola más perfecta. Pero para que esa dinámica de aspiración funcione, Georgina debe exultar los significantes del triunfo personal individual (ropa, accesorios, músculos firmes, *jets*, yates, erotismo, firmas de lujo, felicidad normativa) y vaciarlos de significado (es decir, hablar lo menos posible).[9]

Netflix le dedicó una serie documental que mostró el ascenso de esta joven, que pasó de empleada en una tienda de artículos de lujo a multimillonaria al haber sido elegida como pareja por uno de los jugadores más famosos de todos los tiempos.[10] La serie llegó en apenas diez días al top de las

9. Juan Sanguino, «El fenómeno de Georgina Rodríguez, un enigma por resolver», *Vanity Fair*, 16 de enero de 2022: <https://www.revista vanityfair.es/articulos/georgina-rodriguez-familia-origenes-fortuna>.

10. *Soy Georgina*, dirigida por Victor Rins (temporada 1) y Georgina Rodríguez (temporada 2), Netflix, 2022-2023: <https://www.netflix.com/title/81423622>.

diez más vistas en la plataforma en cincuenta y ocho países. El sueño de una cenicienta que encuentra a su príncipe azul hecho realidad y mostrado a millones de espectadores que solo quieren tener la misma suerte que Georgina. Es improbable que un documental sobre cualquier hombre o mujer que haya triunfado mediante el esfuerzo de su inteligencia consiga ese número de visionados, porque el trabajo ha dejado de ser un valor elevado, y el sueño de hoy es triunfar sin saber hacer especialmente nada.

No hacer nada y vivir como un rey es el objetivo de Simon Leviev, *El timador de Tinder*,[11] que vivió a costa de las mujeres que seducía haciéndose pasar por el hijo de un magnate israelí de los diamantes. Leviev conquistaba a las chicas exhibiendo una vida de lujo que costeaba con el dinero que había estafado a sus conquistas anteriores. Fueron algunas de las mujeres estafadas quienes denunciaron la estrategia de Simon y quienes cuentan en otro exitoso documental lo sucedido.

Simon nació en la periferia de Tel Aviv, en la pobreza, y ha inventado una identidad hecha de imágenes que responde a lo que se considera el éxito en nuestro mundo consumista. Viste ropa de marca, como Georgina; viaja en avión privado y cena en restaurantes carísimos, pero, más allá de ser un consumidor compulsivo y un timador igualmente compulsivo, carece aparentemente de narratividad. Son «un leño», como confesaba la paciente de Jiménez Avello. Cuando lo denuncian, Simon Leviev llora, suplica, amenaza en los vídeos y audios que les envía a sus denunciantes, mostrando una descomposición personal muy rápida, pero sin culpa ni arrepentimiento.

Georgina Rodríguez y Simon Leviev parecen existir para mostrar sus experiencias en imágenes dentro del mundo vir-

---

11. Felicity Morris (dir.), *El timador de Tinder*, Netflix, 2022: <https://www.netflix.com/title/81254340>.

tual, en el que esperan reconocimiento. Como sucede también con las famosas influencers, entre las que se encuentra Shera Seven (cuyo nombre verdadero es Leticia Padua), quien aconseja a las jóvenes que busquen hombres adinerados en hoteles de lujo, en hora punta, para que ellos les paguen las facturas. Shera tiene veinte millones de visitas en su canal de YouTube, y cientos de miles en Instagram, y ha escrito un libro donde difunde sus ideas.[12] Kimberly McInstosh, autora de un artículo sobre el éxito de Shera, escribe:

> Por extremo que parezca, entiendo la popularidad de los mantras de Shera entre las jóvenes. Hace poco, un médico de cabecera me dio la baja por el espantoso triunvirato del bajo estado de ánimo, el agotamiento y la fatiga. La idea de que un hombre rico apareciera en el horizonte para salvarme del exceso de trabajo y de un piso sucio, por muy regresiva que fuera, era más tentadora que las soluciones a largo plazo que realmente necesitaba: descanso, terapia y, en su defecto, antidepresivos.[13]

Salir de la vida real para adquirir un estatus mejor es una aspiración universal, y es la que mueve también a millones de refugiados económicos y climáticos a arriesgar su vida en el mar, pero el modelo que hoy se propone para conseguirlo es mágico: hay otro que puede proporcionarte lo que deseas, solo tienes que saber conquistarlo, como hizo Georgina o como sigue haciendo Simon Leviev. Antes, las expectativas

---

12. Shera Seven, *Leveling Up to Your Best Life. Creating a Life of Comfort and Luxury*, publicación independiente, 2022.

13. Kimberly McIntosh, «The female Andrew Tate», 9 de agosto de 2023, *The Guardian*: <https://www.theguardian.com/commentis free/2023/aug/09/female-andrew-tate-influencer-dating-debt-man-bills>. La traducción es mía.

se depositaban también mágicamente en la lotería, pero esta no comprometía nuestra ética.

Las fantasías románticas, como la que anima el cuento de Cenicienta o la figura del príncipe azul, continúan estando muy vivas. Las jóvenes que siguen los consejos de Shera Seven no tienen que disimular y omiten la máscara del amor para hablar abiertamente de que un hombre adinerado las mantenga, como también lo hacen quienes buscan un *sugardaddy*.[14] No hay pudor en reivindicar el deseo de dinero y de experiencias lujosas.

Cuando tenía veintidós años, allá por 1980, recién terminada la carrera de Psicología en la universidad de mi ciudad natal, me fui con dos compañeras y un compañero de promoción a Milán para completar mis estudios de Psicología Social y Psicoanálisis con el psiquiatra y psicoanalista argentino Armando Bauleo, fallecido en 2008. Los cuatro compartíamos un ático destartalado en Città Studi, y las tres chicas trabajábamos como asistentas o *babysitters* en distintas casas de la ciudad, yo como interna, desde el domingo por la noche al viernes al mediodía. Durante ese año aprovechamos los programas culturales gratuitos que ofrecía Milán porque nuestros sueldos nos daban apenas para la supervivencia, y soñábamos, medio en broma medio en serio, en irnos a un bar de la zona de Brera, uno de los barrios más exclusivos y elegantes de Milán, y encontrar a un apuesto y rico italiano que mejorase nuestra vida de precariado *avant la lettre*. Por supuesto, era indispensable que el hombre fuese mucho mayor que nosotras para que, tras su muerte, que rezaríamos para que no se demorase demasiado, nos dejase ricas y en situación de disfrutar algunos años de su dinero en completa libertad. Pero, ciertamente, ninguna dimos el menor paso en esa dirección, sino que estudiamos y trabajamos hasta conse-

14. <https://www.mysugardaddy.com/es/>.

guir vivir de nuestros estudios, sin ayuda de ningún maduro príncipe azul que viniera a salvarnos de nuestra pobreza.[15] Nuestro aparato psíquico estaba constituido por un poderoso superyó, asumido como parte integrante de nosotras mismas, que nos prohibía actuar de ese modo. En realidad, cuando nos deteníamos a charlar, ninguna quería para sí misma ese futuro, que venía a nosotras como una solución llamémosla *histórica*, la que reduce a las mujeres a objetos pasivos de su vida en manos de sujetos activos que la controlan a cambio de protección económica, tal y como siempre ha sucedido en el matrimonio convencional. Nos divertía esa fantasía patriarcal, pero seguíamos trabajando y formándonos sin descanso, con nuestra cotidiana pasta al *aglio olio pepperoncino*, la más económica del elenco infinito de pastas, y nuestros estrictos diez cigarrillos de tabaco de liar al día.

Pero hoy ya no existen apenas restricciones superyoicas que limite los deseos, cada vez más imperiosos, que exigen satisfacción inmediata, y la precariedad crece entre los y las jóvenes. La realidad es dura, y apenas se enseña a las nuevas generaciones que la vida lo es, que resulta laborioso y difícil abrirse camino en ella, sino que se les promete felicidad a raudales y se les muestra cómo intentar salir del malestar y de la precariedad del modo que sea, con soluciones mágicas, sin demasiadas restricciones morales y con un abandono suicida de las respuestas colectivas.

El director de cine Alex Camilleri ha llevado este tema con elegancia a su película *Luzzu* (Malta, 2021), en la que narra el recorrido de un joven pescador maltés que ve peligrar su subsistencia por el descenso imparable de la pesca que obtiene por el método tradicional y el riguroso cumplimiento de las vedas impuestas por la Unión Europea para

15. He recreado este episodio en mi novela *La primera vez que no te quiero*, Siruela, Madrid, 2013.

proteger las especies en peligro de extinción. Cuando su hijo de pocos meses necesita un tratamiento costoso, Jesmark, que así se llama el protagonista, se acerca a la red mafiosa que controla la lonja de pescado, infringe estas normas y se enriquece saltándose la ley. Camilleri nos cuenta en tono realista, y sin juzgar al personaje principal, una historia de pérdida de la moral, o de adaptación a una realidad distinta que obliga a prescindir de ella, a través de las necesidades de este joven padre de familia que ya no encuentra cómo sobrevivir con el trabajo que ejercieron su padre, su abuelo y otros lejanos antepasados. Las ayudas de la Unión Europea para abandonar la pesca, con objeto de reducir el número de licencias y proteger las especies, sirven paradójicamente para que Jesmark se compre una furgoneta frigorífica que le permite colaborar con la mafia que comercia de manera clandestina con las especies protegidas, encarecidas en tiempos de veda.

Otra película, esta vez de ciencia ficción, la famosa *Ready Player One* (Estados Unidos, 2018), de Steven Spielberg, nos ofrece una salida virtual a la precariedad que nos interesa traer aquí. El director presenta un mundo empobrecido en el que sus habitantes se han convertido en adictos a un juego llamado OASIS, que los mantiene enganchados y alienados de la miserable realidad en la que viven sus cuerpos físicos. Nos encontramos en 2045. El creador del juego, Halliday, ha muerto, pero ha dejado en el interior de OASIS tres llaves que han de encontrar los jugadores más adiestrados para acceder a un trofeo, un huevo de Pascua que los hará multimillonarios y les permitirá asumir el control de la empresa que mantiene el universo de OASIS. Una de las claves es dar el salto que significa besar a una chica, el avatar de la enamorada a la que el tímido creador nunca supo besar en el mundo real. Es interesante observar cómo cada uno de los personajes adopta para su avatar la vestimenta que luce alguno de los héroes de la cultura pop que adoraba el creador del juego.

Todo es una réplica de una réplica. El argumento se construye alrededor de ese creador que se arrepiente de su creación y termina cuando los buenos ganan, se convierten en los dueños de OASIS y acuerdan que se cerrará dos días a la semana para que la gente viva los martes y los jueves en la realidad física porque, como dijo Halliday, solo la realidad es real.

Pero el ser humano, repetimos de nuevo con Eliot, tolera mal la realidad.

Adaptarse a las normas de los que triunfan en un contexto de precariedad, saltándose las leyes de la sociedad e instituyendo otras nuevas, de carácter mafioso, o evadirse de la realidad hacia un mundo virtual, son dos soluciones comunes para tolerar la pobreza cuando se pierde la esperanza en un futuro compartido y mejor, como sucede hoy con la crisis climática y de recursos, la invasión de Ucrania y el recrudecimiento del conflicto palestino-israelí que nos impactó en 2023.

Y, POR EL CONTRARIO, LA LITERATURA
SE LLENA DE CRÓNICAS DEL DOLOR

> Se puede soportar todo el dolor si se lo pone
> en una historia o se cuenta una historia sobre él.
>
> ISAK DINESEN, citada por HANNAH ARENDT,
> *Hombres en tiempos de oscuridad* (1968)

Como sucedió en el siglo XVI con la aparición de la novela y el autorretrato, respuestas del progresivo abandono de las religiones y el giro de la mirada hacia el ser humano despojado de guías, pareciera que la perplejidad que nos produce observar la pérdida de nuestro mundo, la desaparición de la verdad y el aumento de la incertidumbre que nos interroga e inquieta, produce en los escritores un retorno al yo reflexivo para tratar de describirlo en su vulnerabilidad negada. Este regreso al yo de la escritura autobiográfica bien podría ser considerado como un antídoto frente al yo imaginario, monolítico y supuestamente invulnerable que proponen las redes sociales. Comparemos el retrato de un Rembrandt perplejo con la escritura de un yo doliente, testimonio y confesión de lo negado en el yo invulnerable y aparentemente omnipotente que domina la escena.

Como ya apuntaba Anna Caballé:

> La confesión equivale a un saber de uno mismo que al formularse se revela, y lo hace precisamente sobre aquellos aspectos que se mantienen más ignotos y ocultos en el corazón del hombre, su intimidad.[1]

1. Anna Caballé, *Narcisos de tinta*, Megazul, Málaga, 1995, pág. 26.

Tras la muerte de su marido en 2003, y de su hija dos años después, Joan Didion escribió un libro cuya influencia no cesa, *El año del pensamiento mágico*.[2] Premiado y traducido a numerosas lenguas, en él la escritora relata honestamente sus sentimientos ante estas dos dolorosas pérdidas. Desde entonces, narrar el dolor se ha convertido en todo un género.

Los escritores cuentan en primera persona su paso por experiencias de duelo, de separación, de enfermedad física o mental, y exploran sus emociones y sus sentimientos sin recurrir a la ficción como, a mi entender, antes nunca se había hecho.

Dos universos separados y antagónicos, omnipotencia y fragilidad, que comenzaron a tocarse tímidamente cuando el 27 de marzo de 2021, como señalé anteriormente, Íñigo Errejón llamó la atención en el Congreso de los Diputados sobre los problemas de salud mental que aquejan cada vez más a la población tras la pandemia de coronavirus que sufrimos desde enero de 2020 hasta mayo de 2023, cuando se declaró el fin de la emergencia sanitaria. Este tema salió del armario y no hay día en que un o una deportista, un o una influencer, un actor o una actriz, un político o una política —el propio Errejón ha confesado que va al psicólogo—, o cualquier otro personaje público, reconozcan abiertamente que tienen o han tenido dificultades o crisis de salud mental. ¿Quién no sufre hoy en día del malestar, difuso por inidentificable, que nuestro mundo, cada vez más hostil e individualista, provoca?

Y la literatura relata, cuenta, narra lo que queremos esconder en nuestros sótanos. Los testimonios de haber sufrido problemas mentales se multiplican hoy en los medios hasta el punto de que corremos el riesgo de romantizar la enfermedad mental, como ya dijimos, pues muchas publicaciones identifican la singularidad con la locura y defienden esta úl-

2. Joan Didion, *El año del pensamiento mágico*, Random House Mondadori, Barcelona, 2015. Trad. de Javier Calvo.

tima como una forma más de estar en el mundo, que lo es, aunque se trata de una forma dolorosa y, a menudo, excluyente. Por más que la lucha contra la estigmatización facilite la vida de quienes la sufren, la irrupción del malestar psíquico es, en distintos grados, una ruptura biográfica que necesita de un esfuerzo ímprobo para poder integrarse en la concepción que teníamos previamente de nosotros mismos.

Y la literatura se ocupa de representar ese dolor, ese oscuro agujero sin simbolizar que arrasa el psiquismo.

Por hacer un breve repaso de los testimonios que, en forma de crónica más o menos ficcionada, abordan el malestar psíquico, aportaré solo unos cuantos ejemplos recientes: *La mujer temblorosa* de Siri Hustvedt,[3] *Clavícula* de Marta Sanz,[4] *El hombre que tiembla* de Andrea Pomella,[5] *Irse* de Esmeralda Berbel,[6] *El dolor de los demás* de Miguel Ángel Hernández,[7] *Fármaco* de Almudena Sánchez,[8] *El peligro de estar cuerda* de Rosa Montero,[9] *Los brotes negros* de Eloy Fernández Porta.[10] La prensa también se hizo eco de la proliferación de relatos sobre el malestar psicológico de sus autores,[11] que aparecieron

3. Siri Hustvedt, *La mujer temblorosa o la historia de mis nervios*, Anagrama, Barcelona, 2010. Trad. de Cecilia Ceriani.

4. Marta Sanz, *Clavícula*, Anagrama, Barcelona, 2017.

5. Andrea Pomella, *El hombre que tiembla*, Altamarea, Madrid, 2020. Trad. de Carlos Clavería.

6. Esmeralda Berbel, *Irse*, Comba, Barcelona, 2018.

7. Miguel Ángel Hernández, *El dolor de los demás*, Anagrama, Barcelona, 2018.

8. Almudena Sánchez, *Fármaco*, Random House, Barcelona, 2021.

9. Rosa Montero, *El peligro de estar cuerda*, Seix Barral, Barcelona, 2022.

10. Eloy Fernández Porta, *Los brotes negros. En los picos de la ansiedad*, Anagrama, Barcelona, 2022.

11. Silvia Hernando, «Memorias del malestar. Escritores que narran su trastorno psicológico en primera persona», *El País*, 4 de junio de 2022: <https://elpais.com/babelia/2022-06-04/memorias-del-malestar-escritores-que-narran-su-trastorno-psicologico-en-primera-persona.html>.

en el mercado sin interrupción desde 2019, unos relatos que colocaban la vulnerabilidad y el dolor en el centro del acontecer humano.

Los antecedentes son, sin embargo, amplios, y no puedo rastrearlos aquí, pero no quiero olvidar la obra de Sylvia Plath,[12] la poesía de Alda Merini, los relatos de Clarice Lispector, los diarios de Virginia Woolf o las cartas y poemas de Anne Sexton; en todas estas obras, las autoras dan cuenta de su experiencia del dolor psíquico o incluso de la locura. Sin embargo, el incremento actual de este tipo de textos me parece significativo, y bien podría interpretarlo como la otra cara del silencio y la ocultación que la corriente *mainstream* nos exige cuando se trata de mostrar la infelicidad.

El abordaje de estos episodios puede hacerse desde la introspección más analítica, como es el caso del notable libro de Fernández Porta, hasta la descripción más epidérmica pero no menos emotiva que aporta Almudena Sánchez. Andrea Pomella describe la depresión crónica que sufre desde que era joven; en el momento en el que aborda su crónica está casado con Grazia, una mujer que le apoya y sostiene, y tiene un hijo, Mario. La paternidad le ayuda a elaborar el abandono de su padre, enamorado de otra mujer, cuando él tenía ocho años. Cuando Andrea cumple los doce, decide «abandonar él a su padre», y no quiere volver a verlo más. En el presente de su crónica, Andrea toma medicación y va al psiquiatra con regularidad. Su relato es introspectivo y detalla sus temores y unos deseos suicidas que consigue representar con detalle. Como Fernández Porta, traslada a los conflictos familiares el posible origen de su dolor y encuentra el camino de una reparación a través de la escritura. En Pomella, ser padre actualiza el trauma sufrido por el abando-

12. Me refiero no solo a sus poemarios, sino sobre todo a *La campana de cristal*, Debolsillo, Barcelona, 2022. Trad. de Eugenia Vázquez.

no de su propio padre y posibilita también, con un doloroso esfuerzo analítico, la reparación y el perdón.

Porque narrar el dolor proporciona una recuperación del sentido y del reconocimiento perdidos. Ordena el caos en el que sume el acontecimiento traumático y calma. De ahí el carácter terapéutico de la escritura, se escriba bien con una finalidad expresiva o estética.

Los brotes negros es la crónica de una grave depresión, en la que el autor se ve a sí mismo desde fuera y se describe sin piedad, y grita, y llora su padecimiento. Eloy Fernández Porta, autor y protagonista de esta crónica, escribe por sugerencia de su psicóloga el devenir de su depresión ansiosa, de las crisis de pánico y de rabia que sufre, y mezcla el presente con recuerdos del pasado, con las pérdidas que, encadenándose unas tras otras, han producido un duelo del que no sabe salir. El protagonista, el propio Eloy, se golpea a sí mismo para acallar las que llama sus *termitas internas*, a las que les implora que paren. Pero ¿quién les implora?, debemos preguntarnos. Nos encontramos aquí con un claro ejemplo del desdoblamiento salvífico, de la expresión de una conciencia autorreflexiva que hace del ejercicio de la escritura un virtual instrumento de cura. De ahí el uso de la tercera persona para referirse a sí mismo: «No sé cómo las cosas han podido torcerse así», «Qué ha sido de ti. En qué camino te perdiste».[13]

El libro es un intento de encontrar respuesta a estas incógnitas. Se trata de una propuesta que tiene una larga historia en la literatura autobiográfica, mediante la cual el autor pretende responder a la pregunta sobre cómo ha llegado a ser quién es, poniendo en este caso el centro de atención en el dolor psíquico. La extensión de la *ricerca* será distinta en cada autor, aunque en todos ellos el pasado se hace presente. Como escribe Fernández Porta:

13. Fernández Porta, *op. cit.*, págs. 78, 88.

El brote agarra del futuro esos temores y los trae aquí, me los hace vivir ahora, un instante sostenido donde los duelos del pasado y las preocupaciones del porvenir se unen en un puño cerrado.[14]

La búsqueda del origen de su malestar no se agota en lo biográfico, sino que alcanza el contexto laboral del autor, la precariedad, la ausencia de trabajo, la relación con su padre, su incertidumbre y sus rupturas sentimentales, junto con observaciones que no olvidan aspectos como el género, la medicina y sus sesgos biologicistas, y la casi totalidad de las circunstancias que constituyen nuestro estar en el mundo. A menudo, como es el caso de Rosa Montero o Siri Hustvedt, la investigación sobre cómo se ha interpretado la locura y los síntomas psicosomáticos a través del tiempo salpica el texto de datos y reflexiones que exceden lo personal y lo acercan al ensayo.

El cine no escapa a esta pulsión autobiográfica, como observamos en la galardonada Carla Simón, cuya película *Verano 1993* (España, 2017) narra su propia historia de orfandad; sus padres murieron a causa del sida, y a los seis años la adoptaron sus tíos maternos. *Dolor y gloria* (España, 2019), el film de Pedro Almodóvar, se introduce en algunos aspectos de la vida del director a través de su protagonista y vincula las vicisitudes biográficas con el propio proceso creativo. La película de Marco Bellocchio ya citada, *Marx puede esperar*, es una investigación sobre el suicidio de su hermano Camillo. Los documentales *Amazona* (2016) de Clare Weiskopf y Nicolás Van Hemelryck, *Jane por Charlotte* (2021) de Charlotte Gainsbourg, y *Little Girl Blue* (2023) de Mona Achache, indagan, sin eludir los claroscuros, en la relación de las directoras con sus madres. Por su parte, el cine de Nanni Moretti

14. *Ibid.*, pág. 35.

es casi en su totalidad un ejemplo de esta pulsión autobiográfica sin apenas mediación. O la narración de Steven Spielberg sobre cómo apareció y creció su amor por el cine en su película *Los Fabelman* (Estados Unidos, 2022), que «revitaliza –en palabras de Ignacio Lasierra Pinto– la tradición de la autobiografía ficcionada».[15]

Diciembre de 2023, exposición en el Museo Picasso de París, *À toi de faire, ma mignonne*, un laborioso diálogo entre Sophie Calle y Pablo Picasso que la autora establece mediante su acostumbrada mirada autobiográfica, en este caso todavía, si cabe, más textual de lo que nos tiene acostumbrados. Los cuadernos, los poemas y los escritos se multiplican ya no como auxiliares, sino formando parte intrínseca de la obra. Otra exposición, *Ça*, en esta ocasión en el Jeu de Paume, del artista conceptual británico Victor Burgin, muestra unos sugerentes vídeos que casi se apoyan más en los textos que en las imágenes, o en el texto convertido en imagen. En el Palais de Tokyo, la artista francesa Lili Reynaud-Dewar instala su obra *Salut, je m'appelle Lili et nous sommes plusieurs* y desborda el espacio expositivo con el diario que escribió mientras elaboraba su proyecto, reproducido en los muros del palacio, así como con largos vídeos donde diferentes personajes explican, recostados en una cama de hotel, algunos aspectos de su biografía. La voz y la escritura ocupan el centro de su propuesta. Se trata solo de unos ejemplos, una muestra azarosa de la producción artística contemporánea que parece mostrar cómo, desde hace un tiempo, el arte visual incorpo-

15. Ignacio Lasierra Pinto, «Steven Spielberg revitaliza la tradición de la autobiografía ficcionada», *Infobae*, 21 de febrero de 2023: <https:// www.infobae.com/cultura/2023/02/21/steven-spielberg-revitaliza-la-tradicion-de-la-autobiografia-ficcionada/>.

ra la palabra y la narración como ingredientes centrales, en lo que parece un nuevo giro narrativo que recuerda al que emprendieron las vanguardias.[16]

Así pues, cuando la capacidad narrativa disminuye y la vulnerabilidad se esconde, surge en la literatura, el cine y las artes plásticas una ola autobiográfica y descriptiva que nos acerca a los traumas de sus autores, a sus duelos y a sus propuestas. El valor de la palabra y de la conversación, de la narratividad, no cesa de reivindicarse desde que, justamente, su atrofia nos enmudece.

16. Miguel Ángel Hernández, «La novela como laboratorio: espacios de contacto entre arte y literatura», *Cuadernos Hispanoamericanos*, 1 de enero de 2019: <https://cuadernoshispanoamericanos.com/la-novela-como-laboratorio-espacios-de-contacto-entre-arte-y-literatura/>.

Y LA MEDICINA DE TERAPIAS NARRATIVAS

> Cuando descubrimos de qué estamos hechos y cómo estamos formados, descubrimos un proceso de construcción y de derribo incesante, y nos damos cuenta de que la vida está a merced de tal proceso. Como los castillos de arena de las playas de nuestra niñez, puede desaparecer arrastrado por el agua. Es asombroso que tengamos sensación de ser, que tengamos (que todos o algunos tengamos) cierta continuidad de la estructura y de la función que constituye la identidad, algunos rasgos estables de comportamiento a los que llamamos personalidad.
>
> ANTÓNIO DAMÁSIO,
> *La sensación de lo que ocurre* (2001)

La medicina narrativa surge en los años noventa como un movimiento casi simultáneo en Europa y en Estados Unidos, liderado por los investigadores británicos Trisha Greenhalgh y Brian Hurwitz y la norteamericana Rita Charon. Fue esta última quien introdujo el concepto de *medicina narrativa*, que se ha extendido por el mundo como ideal de la práctica médica. Sus objetivos son restablecer la empatía y la relación humana entre médico y paciente para que este contemple su enfermedad y la vincule con algunos aspectos de su vida, algo que el psicoanálisis lleva proponiendo desde sus orígenes. Se opone a la mecanización que imponen los ocho minutos de consulta para rescatar el contexto del paciente y elaborar una historia clínica con los datos psicosociales y culturales que acompañan al motivo de consulta, tomando en cuenta los aspectos singulares de cada paciente y del médico.

Otro tanto sucede con las corrientes de salud mental centradas en los pacientes, los llamados *expertos en primera persona*, que insisten en recuperar el relato de la enfermedad de boca de quien la padece, sustituyendo el saber del especialista por la experiencia encarnada del malestar. Inspirado en las reformas que introdujeron Laing y Cooper en Inglaterra con la antipsiquiatría, y Franco Basaglia en Italia con la lucha por la desinstitucionalización que condujo a la formulación de la famosa ley 180, el llamado *paradigma de la recuperación* evita hablar de algo que fue fundamental para la psiquiatría que se practica aún hoy, la *conciencia de enfermedad*, una toma de conciencia que se consideraba imprescindible para el buen pronóstico de los pacientes más graves en tratamiento. El paradigma de la recuperación considera, por el contrario, que esta identificación del paciente como enfermo daña al sujeto al ceñirlo a una etiqueta, un diagnóstico que lo enmarca en una categoría y lo desubjetiviza. Por su parte, propone hablar de *conciencia de realidad*, esto es, la aceptación de las limitaciones que impone el malestar; o bien *conciencia de crisis*, con objeto de que quienes la sufren relaten en primera persona su experiencia sin que de ello deriven futuros estigmas diagnósticos. Hablar de la crisis, afirma Laura Martín, psiquiatra y defensora de este paradigma, ayuda más que fijar un diagnóstico, porque invita a comprender e interrogar lo que le pasa al usuario sin clausurar en un cuadro psicopatológico la identidad de aquel a quien se le atribuye.

En estos contextos, la recuperación se centra, entre otras muchas cosas, en realizar un trabajo sobre la identidad que dote al usuario de nuevos significados y le capacite para recuperar un futuro amenazado por la aparición del sufrimiento, con objeto de que pueda proyectar su vida activamente hacia delante.

Por su parte, la bioética narrativa apunta en la misma dirección. Los profesores Lydia Feito Grande y Tomás Domingo Moratalla han dedicado dos ensayos a la difusión del modelo narrativo, que enfatiza «esa dimensión tan específicamente humana que es el poder narrar historias».[1] Los autores insisten en la necesidad de instruir en el desarrollo de competencias narrativas a los trabajadores sanitarios, educadores y ciudadanos en general, para capacitarlos en la resolución de conflictos y la escucha de los pacientes, y definen dicha competencia narrativa como la capacidad de comprender, interpretar y responder a los relatos, lo que promueve la empatía y la reflexión. La bioética narrativa destaca la contextualización de lo que ocurre, la particularidad de la experiencia, la dimensión moral de las vivencias, y apunta hacia la relación y el contexto, la atención de los aspectos afectivos y emocionales que influyen en la toma de decisiones y en las actitudes.

Como muchos de los lectores sabrán, el psicoanálisis fue llamado *la cura por la palabra* (*talking cure*), y la insistencia en la narración, la integración, la búsqueda del nexo entre el malestar subjetivo y la vida ha sido siempre central en la técnica psicoanalítica. Hoy, casi todas las nuevas aproximaciones de abordaje del dolor psíquico y de la cura se centran en recuperar la capacidad de narrarnos, de desarrollar lo que aquí he llamado *Función Autor*, la facultad de elaborar un relato sobre nosotros mismos, dinámico e inacabado, en constante rescritura y revisión, en busca de un sentido siempre provisional.

No es casual que, cuando la capacidad de narrar ha entrado en claro retroceso, los procedimientos terapéuticos se centren en recuperarla, inspirados en las teorías más innovadoras que surgieron en los años setenta y ochenta. El peligro que advierto aquí es que esta vuelta a la narración, esta mirada que busca pretendidamente la singularidad de los pacien-

---

1. Lydia Feito Grande y Tomás Domingo Moratalla, *Bioética narrativa aplicada*, Guillermo Escolar Editor, Madrid, 2020, pág. 8.

tes, de los ciudadanos y los profesionales, se encuentre con el silencio del usuario, con un espacio vacío que hay que ayudar a poblar. Por esto el psicoanálisis ha abandonado en gran parte la hegemonía de la interpretación a favor de la construcción y la mentalización, para prestar al paciente la competencia narrativa del analista ya entrenado en la exploración de sí mismo y construir juntos una historia de la que carece.

SIN RELATOS GLOBALES

> Informativos sin relato: noticias sin contexto,
> anecdóticas, sin narración ni explicación. Una de-
> trás de otra.
>
> PATRICIO HERNÁNDEZ PÉREZ

En 1979, Jean-François Lyotard, en su libro *La condi-ción posmoderna*, ya nos advertía de la evidente caída de los grandes relatos;[1] caída en la que no voy a detenerme aquí por ser de sobra conocida. Una incredulidad hacia los sistemas que explicaban el presente y el futuro del mundo que ha traído de la mano la fragmentación de la verdad y, posteriormente, el triunfo de la llamada *posverdad*.

Byung-Chul Han comenta este proceso en los siguientes términos:

> La verdad en sentido enfático tiene un carácter narrativo. De ahí que, en la sociedad de la información desnarrativizada, pierda radicalmente su significado.
>
> El fin de los grandes relatos, que da paso a la posmodernidad, se consuma en la sociedad de la información. Las narraciones se desintegran y acaban en informaciones. La información es lo contrario de la narración. El big data se opone al gran relato. No narra nada.[2]

1. Jean-François Lyotard, *La condición posmoderna*, Planeta-Agostini, Barcelona, 1992. Trad. de Mariano Antolín Rato.
2. Byung-Chul Han, *Infocracia. La digitalización y la crisis de la de-*

En el orden individual sucede lo mismo que en el orden colectivo al que apunta el filósofo surcoreano. Unido a lo anterior, el descrédito de cualquier autoridad fue un hecho ya destacado en los años ochenta, que las redes sociales ha incrementado mediante el rápido proceso de digitalización que se inicia a finales del siglo pasado. El último informe publicado por Reporteros sin Fronteras en 2023 advierte sobre cómo se difumina la diferencia entre lo verdadero y lo falso, lo real y lo artificial, los hechos y las *fake news*, poniendo en peligro el derecho a la información. Unas *fake news* difundidas incluso por la *autoridad*, como sucedió en octubre de ese mismo año con la terrible noticia de que los terroristas de Hamás habían decapitado a cuarenta bebés, que contó con la confirmación del mismísimo presidente de Estados Unidos, Joe Biden, quien llegó a afirmar haber visto fotografías de esos bebés decapitados hasta que la Casa Blanca tuvo que *desautorizarlo* al negar la información.

El psicoanálisis ya advirtió de la caída de la autoridad paterna. Massimo Recalcati ha dedicado tres trabajos a explorar las consecuencias de este declive y la descomposición de la familia en las patologías de los adolescentes, un declive que se acompaña de la dificultad de los padres para poner límites en la educación.[3] El autor llama *trauma benéfico del límite* a la necesidad de poner reglas que regulen las conductas de los niños, un trauma que no demasiados padres están dispuestos hoy a proporcionar, pues prefieren mantener con los hijos una relación de amor narcisista que les impide poner

---

mocracia, Taurus, Barcelona, 2022, pág. 85. Trad. de Joaquín Chamorro Mielke.

3. Massimo Recalcati, *¿Qué queda del padre? La paternidad en la época hipermoderna*, Xoroi, Buenos Aires, 2015, trad. de Silvia Grases; *El complejo de Telémaco*, Anagrama, Barcelona, 2014, trad. de Carlos Gumpert; *El secreto del hijo*, Anagrama, Barcelona, 2020, trad. de Carlos Gumpert.

normas, ya que quien ejerce la autoridad sabe que será también rechazado, algo que dañaría la imagen que pretenden que los hijos conserven de ellos.

En su novela *La identidad*, Milan Kundera pone en boca de Chantal, su protagonista, el siguiente comentario:

> Los hombres se han papaisado. Ya no son padres, tan solo papás, lo cual significa: padres sin la autoridad de un padre.[4]

Muchos padres jóvenes se abstienen de poner límites, duermen con los hijos (colecho) para no molestarse en acostumbrarlos a dormir en sus propias habitaciones, e incluso desisten de educarles en el control de esfínteres, del que ha de hacerse cargo la escuela, con el evidente disgusto de los educadores infantiles, entre cuyas funciones no está, a partir de los dos o tres años de sus pupilos, cambiar pañales. Recientemente, los educadores suizos han protestado por el número de niños de más de cuatro años que acuden con pañal a la escuela, pues sus padres no les han enseñado a controlarse.[5] Podríamos decir que hemos pasado de una sociedad adultocentrista, en la que el niño debía adaptarse rápidamente al adulto negando sus especifidades, a una sociedad donde el niño y sus supuestas necesidades están en el centro de la familia y la escuela; unas necesidades interpretadas por una cultura cada vez más tolerante y temerosa de cumplir con sus funciones educativas y efectuar ese *trauma benéfico del límite*

4. Milan Kundera, *La identidad*, Tusquets, Barcelona, 1998, pág. 21. Trad. de Beatriz de Moura.

5. Rosalía Sánchez, «Los profesores en Suiza, hartos de que los niños de más de cuatro años lleven pañales», *ABC*, 16 de junio de 2023: <https://www.abc.es/sociedad/profesores-suiza-hartos-ninos-cuatro-anos-lleven-20230616192042-nt.html>.

al que apunta Recalcati. Unas necesidades infantiles que se priorizan porque, en definitiva, están encubriendo las necesidades narcisistas de demasiados padres.

En la excelente película *Tengo sueños eléctricos* (Costa Rica, 2022), de la directora Valentina Maurel, distinguida en el Festival de Locarno con el premio a la mejor dirección, a la mejor actriz y al mejor actor, se nos cuenta la historia de Eva, una adolescente de dieciséis años fuertemente vinculada a su padre. En el momento de la separación de sus progenitores, Eva quiere irse a vivir con él porque lo idealiza, y se distancia de su madre, considerada, al igual que el resto de las mujeres que se le acercan, como rival. La joven es incapaz de observar la personalidad íntegra de su padre, un hombre desnortado, egocéntrico y violento que no puede ponerle límites porque prefiere mirarse en el espejo de Eva, quien lo idolatra, a mirar de frente el ejercicio de su paternidad y su propia vida, por lo que expone a su hija a situaciones inapropiadas para una adolescente: le proporciona tabaco, le deja beber alcohol, la invita a fiestas donde se consumen drogas, la somete a situaciones de peligro. Finalmente, Eva desplazará sus deseos edípicos y el erotismo adolescente que explora hacia el amigo y compañero de piso de su padre, sin poder enfrentarse a la realidad de la violenta personalidad paterna. La película sugiere las consecuencias de esta idealización, que marcará las sucesivas elecciones de objeto de amor de Eva, como agudamente le diagnostica la madre.

Se trata de padres y madres narcisistas que utilizan el espejo sin mácula que les proporcionan sus hijos para sostener su autoestima, pero también de padres y madres que buscan en la paternidad una identidad masiva que cubra todas las áreas de su vida;[6] tanto unos como otros esperan de los hijos

6. Quienes estén interesados en el tema, pueden consultar mi artículo «El fanatismo parental: el hijo como necesidad excesiva y como objeto

la mirada de admiración y el amor incondicional que necesitan para sobrevivir a su propia fragilidad, un amor que el ejercicio de una educación que atienda a los límites podría teñir de ambivalencia.[7]

Como señala Enzo Traverso, hoy las utopías se han transformado de colectivas a individuales,[8] y solo están al alcance de quienes puedan comprarlas, como los multimillonarios que construyen búnkeres de lujo[9] en Nueva Zelanda o en Marte[10] para huir de la catástrofe ambiental que anticipan.

Los únicos relatos globales que mantienen su vigencia son el feminismo y el ecologismo. Sin embargo, los ataques a uno y otro de parte de los populismos que crecen en todos los continentes apuntan a que, antes de compartir esos relatos y sus ideales, gran parte de la población prefiere apuntarse a la simplificación del pensamiento mágico populista. A nadie le gusta prescindir de viajar o de comer carne, o repensar su papel en el mundo cuando no contribuye a la igualdad

---

transformacional», *El Psicoanalítico*, mayo de 2023: <https://elpsicoanalitico. com.ar/el-fanatismo-parental-el-hijo-como-necesidad-excesiva-y-como-objeto-transformacional/?fbclid=IwAR0UpJF4ApASHL8ezAqirUr9yAQ6 AIs-PA7JZZSvoh10kUQ5nXyeiQukoqg>.

7. Pueden ampliar este punto en la entrevista que me realizaron Marina Betaglio y Olga Albarrán para la revista *AlcesXXI, Journal of Contemporany Spanish Literature & Film*, «¿Es la maternidad/parentalidad una identidad totalizante?»: <https://alcesxxi.org/revista5/#p=1>.

8. Enzo Traverso, *Melancolía de izquierda. Después de las utopías*, Galaxia Gutenberg, Barcelona, 2019. Trad. de Horacio Pons.

9. «Búnkeres para multimillonarios», CNN, 27 de septiembre de 2021: <https://cnnespanol.cnn.com/2021/09/27/bunkeres-para-multi millonarios-asi-se-prepara-el-1-para-el-apocalipsis/>.

10. En la exposición que el Centro Pompidou dedicó a Norman Foster en 2023, el arquitecto expuso su proyecto para habitar en la Luna o Marte en distintas maquetas y en un ambiciosísimo vídeo donde esa fantasía, hoy por hoy imposible de hacer realidad, parecía al alcance de la mano, una auténtica utopía tecno-optimista.

entre los sexos. Por su parte, los partidos adoptan posiciones cortoplacistas en unos temas urgentes que, debido precisamente a las inevitables restricciones que afectarían a la población, no les otorgarían buenos resultados electorales, por lo que las necesarias respuestas estructurales quedan fuera de todas las agendas.

Lo irracional se impone sobre la razón: de nuevo lo imaginario predomina sobre lo simbólico, pues, para limitarnos a favor de un ideal, hace falta un tercero que medie entre nuestro deseo de placer inmediato (consumir lo que nos dé la gana, ya que así se nos dice que lograremos la felicidad) y su satisfacción. Solo si entre mi apetencia de comer carne y hacerlo interpongo racionalmente las implicaciones que tiene la ganadería para el calentamiento global,[11] la certidumbre de que el 14,5 % de las emisiones de gases globales se deben a la cría de animales para el consumo humano (además del increíble gasto de agua y uso del suelo necesarios para el pasto que les sirve de alimento), podré reducir o privarme de satisfacer ese placer a favor de un deseo menos inmediato, mucho más a largo plazo, más abstracto: conservar el planeta en condiciones de ser habitado. Un deseo que, por cierto, no me produce el placer inmediato que me proporciona satisfacer la apetencia, sino una incierta satisfacción demorada. Para sustituir uno por otra hace falta incorporar la información y contextualizarla, reflexionar y pensar, poner por encima de nuestros intereses individuales los colectivos. Pero nada de esto se potencia en el capitalismo digital, donde se nos inculca que tenemos derecho a satisfacer nuestras apetencias ahora, donde parecería que pudieran satisfacerse a golpe de clic.

11. Verónica Larco, «La COP26 debe identificar la ganadería», *El País*, 3 de noviembre de 2021: <https://elpais.com/planeta-futuro/alter-consumismo/2021-11-03/la-cop26-debe-identificar-la-ganaderia-como-una-de-las-principales-causas-del-calentamiento-global.html>.

Vivo en la costa mediterránea, cerca de la laguna salada del Mar Menor, destrozada por la ambición de la agricultura intensiva y la falta de políticas eficaces que hagan compatible la explotación agrícola del suelo con el cuidado del medio ambiente. Cada verano, el movimiento ecologista convoca una manifestación llamada «El abrazo al Mar Menor», que reúne a un nutrido número de activistas y vecinos preocupados por el deterioro sin retorno de una laguna que formó parte de nuestras vidas. Los nitratos han convertido el mar en un caldo de nutrientes que acaba con la fauna marina, según algunas fuentes, y los caballitos de mar de cuando éramos niños han desaparecido este año. Sería lógico suponer que ese abrazo emotivo con el que rodeamos el Mar Menor debería ser un evento multitudinario, a juzgar por la población que disfrutó de sus aguas cristalinas y que se ve afectada hoy por su degradación. Además, en el orden más pragmático e inmediato, las viviendas situadas en sus orillas han perdido valor en los últimos años, lo que afecta a sus propietarios de forma menos romántica. Pero no sucede así. Nos cogemos de la mano, nos estiramos para rodearlo y el número de quienes nos reunimos allí ese día, a esa hora, no es ni la décima parte de quienes llenan las orillas del Mediterráneo en la misma zona, por ejemplo, el día de la Virgen de agosto, en la romería que organizan los pescadores para pasear su estatua por el mar y volver a traerla a tierra tras un breve recorrido.

¿Por qué?, me pregunto, quizás de forma naif. ¿Qué hace que miles de personas se desplacen para presenciar como espectadores pasivos una fiesta que no los incluye?, ¿por qué no se reúnen igualmente para defender un paisaje amado, que llenó de placer y de fantasía su infancia?

Preferimos la felicidad y la inconsciencia a la preocupación crítica, aunque con la primera no consigamos más que un día de asueto y sin la segunda se nos prive para siempre de lo que amamos. Presentismo, negación de lo que nos aleja del bienestar en el aquí y ahora, aunque esta actitud comprometa nuestro futuro. Somos seres irracionales que prefieren la sinrazón y el pensamiento mágico –el optimismo tecnológico, por ejemplo– al pensamiento crítico. Nuestra incapacidad para representarnos como una especie que tiene que limitar su forma actual de vida mediante *un colectivo trauma benéfico del límite*[12] puede llevarnos a la extinción de esa misma forma de vida y de nuestra especie. Pero preferimos darnos la vuelta, negar y olvidar antes que pensar en decrecer, porque decrecer nos obligaría a introducir, entre nuestra pulsión y su satisfacción, una reflexión que tendría efectos en la conducta, y no estamos por la labor de privarnos de nada.

12. Me permito exportar el jugoso concepto de Massimo Recalcati a lo social.

VOLVAMOS A RENÉ GIRARD Y AL *QUIJOTE*

> Yo tengo juicio ya, libre y claro, sin las sombras caliginosas de la ignorancia que sobre él me pusieron mi amarga y continua leyenda de los detestables libros de las caballerías. Ya conozco sus disparates y sus embelecos, y no me pesa sino que este desengaño ha llegado tan tarde, que no me deja tiempo para hacer alguna recompensa, leyendo otros que sean luz del alma.
>
> MIGUEL DE CERVANTES,
Don Quijote de la Mancha (1605-1615)

Todos somos don Quijote, todos somos madame Bovary. Todos necesitamos modelos de identificación para formarnos y poder separarnos después de ellos y crear nuestra propia subjetividad. El problema, insisto, es que nuestra sociedad actual no nos impulsa hacia este proceso de separación del modelo, ese necesario *matar al padre*, como podríamos llamarlo, para convertirnos en adultos autónomos y autoconscientes, sino que nos insta a mantener una infantilización *sine die* basada en identificaciones miméticas y homogéneas, atrofiando nuestra capacidad de pensar y de narrarnos.

Sin embargo, hasta el mismísimo don Quijote adquiere en su lecho de muerte la lucidez que le permite renunciar a su deseo mimético y librarse de él, y el héroe renuncia a su mediador, en palabras de René Girard, y le confiesa, moribundo, a su sobrina:

> ...ya yo no soy don Quijote de la Mancha, sino Alonso Quijano. [...] Ya soy enemigo de Amadís de Gaula y de toda la infinita caterva de su linaje [...]; ya conozco mi ne-

cedad y el peligro en que me pusieron haberlas leído; ya, por misericordia de Dios, escarmentado en cabeza propia, las abomino.[1]

Para Girard, la verdad novelesca consiste en un desplazamiento del deseo según el Otro al deseo según el sí mismo, tal y como vemos en este pasaje. Por si quedaba la menor duda, Cervantes apunta de este modo hacia la crítica al romanticismo de los libros de caballería para sostener que el deseo humano ha de liberarse del mediador para descubrirse en el interior de cada uno de nosotros, *en cabeza propia*; ha de levantarse y dejar de estar de rodillas delante del ídolo-mediador, ante quien todos nos postramos, para alzarnos y caminar por nuestro propio pie, para recorrer nuestro propio sendero. En la medida que esto sea posible, añado aquí.

Pero, para posibilitar este desplazamiento del deseo mimético al deseo del sí mismo, es preciso un laborioso proceso de reflexión, de autoconciencia, de exploración de nuestro mundo interior que nos permita combatir los molinos de viento prestados y subirnos a lomos de nuestros propios anhelos. ¿Propios?

Podríamos objetar que no hay nada propio en el ser humano, no hay nada singular creado *ex nihilo*, pero sí cabe una posibilidad de creación de una vida singularizada, la apertura de un proceso de autoconciencia que cree una subjetividad deudora, sí, de las identificaciones y de los deseos miméticos adquiridos en la infancia y la adolescencia, pero enfrentada también a ellos, hasta conseguir una autonomía sentimental que dote de espontaneidad a nuestros anhelos, aunque se alejen de la moda o de los modelos que los actuales mediadores nos proponen.

1. Miguel de Cervantes, *Don Quijote de la Mancha*, parte II, capt. LXXIIII, Vicens Vives, Barcelona, 2015, págs. 1399-1400.

Como todos sabemos, el movimiento de liberación de las mujeres que se inició entre las décadas de 1960 y 1970 tuvo como objetivo encontrar nuestro deseo y abandonar el dictado patriarcal de convertirnos en el objeto de deseo de los hombres. Y la lucha no ha terminado, porque el deseo ya liberado que se nos suponía era androcéntrico y estuvo teñido de sutiles, y no tan sutiles, ingredientes masculinos que todavía hoy estamos tratando de descifrar para desidentificarnos de ellos y construir los propios. Una tarea titánica a la que no auguro un éxito fácil.

La religión, los mitos y los grandes relatos siempre fueron los mediadores de los deseos de la humanidad, con sus luces y sus sombras, pero hoy el mediador de los deseos de gran parte de los habitantes de este planeta son las redes sociales, y sus ideales no son favorables a las que identificamos como necesidades humanas.

LOS HOMBRES Y MUJERES HUECOS

I have replaced myself with a stochastic parrot.[1]

LEYENDA DE UNA CAMISETA

Cuando terminé de escribir mi ensayo *Invulnerables e invertebrados*,[2] me percaté de que había un hecho que rondaba todo el libro, en especial el capítulo que titulé «Los hombres huecos», pero en el que no había profundizado suficientemente.

Hacía tiempo que venía escribiendo sobre la plasticidad de las mujeres, esa capacidad para ser dúctiles y amoldarse al deseo de los demás olvidándose de buscar el suyo. Pero de repente, al leer la ingente cantidad de material que sirvió de base para desarrollar las tesis de ese ensayo, caí en la cuenta de que no se trataba de algo que afectase solo a las mujeres, sino al ser humano en general. No somos nadie. No somos nada. Nuestra identidad es una máscara necesaria para habitar el mundo, un frágil sostén que nos ayuda a sobrevivir.

La extensa información que había reunido podía emplearla ahora con otros fines, a saber: mostrar el vacío que constituye nuestro sí mismo y cómo es desde ese vacío del que surge nuestra imperiosa necesidad de identidad y de sentido.

---

1. «Me he sustituido por un loro estocástico.»
2. Lola López Mondéjar, *Invulnerables e invertebrados. Mutaciones antropológicas del sujeto contemporáneo*, Anagrama, Barcelona, 2022.

Si los hombres y las mujeres somos capaces de adoptar la forma que nos exige el sistema, de identificarnos fácilmente con los eslóganes y el discurso social imperante, o de rebelarnos contra él siguiendo otros discursos contrarios, esta transformación solo puede explicarse porque nuestro interior es una página en blanco; la necesidad de sentido y coherencia, de rellenar esa superficie blanca que nos asusta, se nos impone, y nos conformamos, nos construimos, deseando lo que otros desean.[3]

Durante los años de preparación de aquel ensayo me llamó enormemente la atención la rapidez de los cambios sociales que convertían en otros a mis conciudadanos. Especialmente, comencé a observarlo a partir del testimonio de Sebastian Haffner, quien, en su libro *Historia de un alemán*, escribe sobre la Alemania de los años 1914-1933 y observa la transformación extraordinaria que experimentaron sus compatriotas antes de la subida de Hitler al poder.[4] En apenas unos años, nos cuenta, a partir de un discurso reiterado que convertía a los judíos en chivos expiatorios en los que vengarse de la humillación sufrida en la Primera Guerra Mundial, entre otras muchas razones, los alemanes se convirtieron en *otros*.

Pero lo que verdaderamente llamó mi atención en ese libro clásico, extremadamente interesante, fue el tipo de entrenamiento al que el gobierno sometió a los jóvenes abogados, entre los que se encontraba el autor, en una colonia de instrucción que pretendía convertirlos en fieles al régimen. Poco a poco, Haffner va abandonándose gozosamente a la presión grupal y a la obediencia, y escribe:

3. René Girard, *Mentira romántica y verdad novelesca*, Anagrama, Barcelona, 1985. Trad. de Joaquín Jordá.

4. Sebastian Haffner, *Historia de un alemán. Memorias 1914-1933*, Booket, Barcelona, 2005. Trad. de M. Belén Santana López.

Durante el día no teníamos tiempo para pensar ni ocasión de ser «yo». La camaradería era un estado de felicidad. No cabe la menor duda: en este tipo de «campamentos» florece cierta variedad de dicha, precisamente la que genera la camaradería. Era una alegría correr juntos por el recinto cada mañana, ocupar en cueros vivos el cálido espacio bajo las duchas, repartir el contenido de los paquetes que ora este ora aquel recibían de casa, compartir la responsabilidad de cualquier trastada. [...] ¿Quién puede negar que la felicidad consista en todo eso? ¿Quién puede negar que en el carácter del ser humano haya algo que prácticamente está pidiendo eso a gritos, algo a lo que en la vida diaria apacible y civil rara vez se hace justicia?

En cualquier caso no seré yo quien lo niegue. Sin embargo, sé y afirmo con toda contundencia que precisamente esta felicidad y justo este tipo de camaradería pueden convertirse en uno de los instrumentos de deshumanización más terribles, tal y como ocurrió a manos de los nazis. Este es su gran señuelo, su gran cebo. Los nazis han atragantado a los alemanes con el alcohol de la camaradería, cosa que ellos en parte deseaban hasta el *delirium tremens*.[5]

Felizmente intoxicados por el elixir de la camaradería que exime de asumir responsabilidades por uno mismo, se actúa como los demás, sin reflexionar, y esa alegría entraña a la vez el peligro de convertirse en instrumento de deshumanización.

Observamos aquí cómo el autor alude a un tipo de identidad relacional donde la individualidad no existe, «no teníamos tiempo para pensar ni ocasión de ser "yo"», sino que se sostiene mediante la pertenencia a un grupo, y convierte esa desaparición del sí mismo en el conjunto, que predominaba en

5. *Ibid.*, pág. 299.

las sociedades orales sin jerarquizar de cazadores-recolectores, en una aspiración gozosa del ser humano, cuando afirma: «¿Quién puede negar que la felicidad consista en todo eso?».

Durante algunos años leí exhaustivamente los textos de referencia que analizan los años previos al ascenso del nazismo y el régimen que impuso Hitler hasta la Solución Final, desde Hannah Arendt, Primo Levi, Robert Antelme, hasta otros más actuales como *Los amnésicos* de Geráldine Schwarz[6] o *Creían que eran libres* de Milton Mayer,[7] entre muchos otros, con objeto de explorar la subjetividad de quienes protagonizaron de forma más o menos activa el Holocausto. La tarea era inmensa y el resultado me pareció que podía resumirse en el famoso concepto de Arendt de la *banalidad del mal*, que tanto debate ha generado.[8] Leí sobre los asesinatos en masa de la Segunda Guerra Mundial y, al sumergirme en aquellos años, encontré ecos en otros hechos mucho más cercanos e igualmente dramáticos como el genocidio ruandés o la persecución de los rohinyás en Myanmar.

Para investigar sobre el tema del que trataría su ensayo, Milton Mayer se trasladó en 1951 a Alemania y entabló amistad con diez hombres que habían sido miembros del partido nacionalsocialista, con objeto de analizar cómo eran los alemanes corrientes, los hombres que aceptaron el nazismo. Entre otras interesantes observaciones, Mayer cuenta una anécdota que incide de nuevo en esa camaradería, esa grata presión grupal a la que alude Sebastian Haffner. Se trata del comentario de una mujer antinazi que fue encarcelada

6. Geráldine Schwarz, *Los amnésicos. Historia de una familia europea*, Tusquets, Barcelona, 2019. Trad. de Núria Viver Barri.

7. Milton Mayer, *Creían que eran libres. Los alemanes: 1933-1945*, Gatopardo, Barcelona, 2022. Trad. de María Antonia de Miquel.

8. Hannah Arendt, *Eichmann en Jerusalén. Un estudio sobre la banalidad del mal*, Lumen, Barcelona, 2003. Trad. de Carlos Ribalta.

en 1943 acusada de escuchar radios extranjeras, pero que en realidad estaba siendo sancionada por el tribunal por haber ocultado a judíos, lo que técnicamente no era ilegal; esta mujer recuerda cómo era la Alemania de aquellos años:

> ...estaba sentada en un cine con una amiga judía y su hija de trece años y, mientras la pantalla mostraba un desfile nazi, la niña cogió a su madre del brazo y le susurró: «¡Oh, mamá!, mamá, si no fuese judía, creo que querría ser nazi». Nadie de fuera parece entender cómo eran las cosas.[9]

La euforia que transmiten los documentos fílmicos de esos actos, la gozosa homogenización de los individuos que los seguían rítmicamente entusiasmados, proporcionaba una contagiosa alegría de la que la niña quería participar, para disolverse en el placer de una fusión que diluye la frontera de la individualidad, confundiéndose con la masa.

Casi ochenta años después, David Saavedra, un joven exneonazi que perteneció a grupos como Movimiento de Resistencia Aria o Alianza Nacional, donde militó activamente durante veinte años difundiendo la doctrina nacionalsocialista, declaraba en una entrevista concedida al famoso youtuber Jordi Wild que la imagen de Hitler arengando a las multitudes en los desfiles del ejército nazi y la estética que los acompaña lo cautivaron y produjeron en él una fascinación por la figura del dictador que le impulsó a investigar el nazismo.[10] Saavedra reconoce también el poder que le otor-

9. Mayer, *op. cit.*, pág. 66.

10. <https://www.youtube.com/watch?v=SHGAfv-aDpw>; véase también Alejandro Gutiérrez, «Memorias de un exnazi español», *Proceso*, 20 de agosto de 2021: <https://www.proceso.com.mx/reportajes/2021/8/20/memorias-de-un-exnazi-espanol-nos-preparabamos-para-la-inevitable-batalla-270291.html>.

gaba el grupo: entrabas en un bar y te cedían el paso. Si bien su iniciación fue en solitario, confiesa que se identificó con los soldados alemanes del Tercer Reich, y que «cuando te enamoras idealizas».

Si los hombres corrientes se dejaron y se dejan abducir por las promesas del nacionalsocialismo, el análisis que Christian Ingrao hace de lo sucedido con los intelectuales completa el cuadro. Su libro parte de una tesis doctoral que estudió

> a ochenta licenciados, economistas, juristas, lingüistas, filósofos, historiadores y geógrafos, algunos de los cuales hicieron carreras universitarias en paralelo con una actividad de construcción dogmática, de vigilancia política y de información interna y externa en los órganos de represión del Tercer Reich, y en especial del Servicio de Seguridad (SD) de las SS.[11]

Ingrao encuentra que estos hombres que contribuyeron a crear la ideología nazi fueron niños de la guerra, huérfanos y víctimas que sufrieron los estragos en sus familias de la Primera Guerra Mundial, una contienda de la que apenas hablan en sus relatos. Estos niños que silencian, traumáticamente según Ingrao, las consecuencias de la Primera Guerra Mundial en ellos y en sus familiares fueron quienes se convirtieron en verdugos durante el nazismo. Procedían de la clase media y habían interiorizado el discurso bélico de la Gran Guerra y de los violentos conflictos que la siguieron hasta 1924. Los estudiantes y futuros intelectuales de las SS desempeñaron un papel importante en la decantación hacia el

11. Christian Ingrao, *Creer y destruir. Los intelectuales en la máquina de guerra de las SS*, Acantilado, Barcelona, 2017, pág. 9. Trad. de José Ramón Monreal.

radicalismo, mientras pretendían luchar contra las consecuencias del Tratado de Versalles y salvar la germaneidad asediada por un mundo de enemigos.

La trayectoria militante así emprendida por estos hombres fue una búsqueda, al final de la cual se encontraba la adhesión al nazismo, a la vez sistema de creencias e institución elitista encarnada por las SS.[12]

Por otra parte, para legitimar el asesinato en masa que requería la campaña de Rusia, emprendida el 22 de junio de 1941, la instrucción que se daba a las tropas recalcaba cada vez más la bestialidad e inhumanidad de los rusos, supuestamente controlados por los judíos. La guerra emprendida era contra un adversario animalizado, percibido como si fuera una bestia salvaje, y hacía del genocidio una acción defensiva para la supervivencia de la raza alemana, argumentario que Ingrao encuentra con frecuencia en los escritos de los asesinos. Tristemente, en octubre de 2023, el ataque de Hamás en territorio israelí y la contraofensiva del Estado judío trae a la actualidad la creación de otro adversario animalizado. Así anunció Yoav Gallant, ministro de Defensa de Israel, el bloqueo total de Gaza:

Ordené un asedio total sobre la Franja de Gaza. No habrá electricidad, ni alimentos, ni gas, todo está cerrado. Estamos luchando contra animales humanos y actuamos en consecuencia.[13]

12. *Ibid.*, pág. 523.
13. «El ministro de Defensa de Israel ordena cometer crímenes de guerra», *Público*, 9 de octubre de 2023: <https://www.publico.es/inter nacional/ministro-defensa-israel-ordena-cometer-crimenes-guerra-gaza. html>.

«Animales humanos», de nuevo un chivo expiatorio, de nuevo un relato al que adherirse cosificando, deshumanizando al *enemigo*. Quienes durante el Holocausto vencían la repulsión que para algunos conllevaba sobrepasar cada vez más líneas inadmisibles, como el asesinato de jóvenes, mujeres y niños, eran recompensados con los mejores cargos en la estructura nazi. Una parte de los intelectuales de las SS se adaptaron a esta violencia extrema sin dificultad, como hoy lo hace el ejército israelí, con el beneplácito de Joe Biden y otros líderes mundiales, en una destrucción de Gaza que infringe los convenios internacionales que prohíben el ataque indiscriminado contra civiles.

Sin embargo, el interés por mis contemporáneos me llevó a indagar en formas menos letales de transformación del sí mismo que observaba a mi alrededor, entre ellas la omnipresencia de la sexualidad pornográfica entre los jóvenes, el continente de las identidades trans, el narcisismo imaginario que proponen las redes sociales, la transformación de la intimidad, el fenómeno de OnlyFans o de las *sugarbaby*. De una manera intuitiva, me parecía que todas estas manifestaciones me acercaban a la idea del vacío, de la oquedad que siempre ha anidado en hombres y mujeres, y que se incrementa con los ideales que se les proponen en nuestra sociedad neoliberal, posmoderna y digitalizada. Me propuse explorar esos territorios como un ejemplo de cómo los cambios sociales y de discursos que se aceleran en los últimos treinta años afectan a los ciudadanos. Y digo «discursos» porque no se trata de un discurso único, hegemónico, sino del poder de todos ellos para crear relatos aparentemente convincentes capaces de producir identidades miméticas, sobre todo en un siglo como el XXI, en el que la deriva identitaria se ha impuesto sobre la concepción de un ser humano universal.

Afirma Rafael Sánchez Ferlosio con razón:

Es un error pensar que hacen falta muy malos sentimientos para aceptar o perpetrar los hechos más sañudos; basta el convencimiento de tener razón. Aún más, acaso nunca el sentimiento haya sabido ser tan inhumano como puede llegar a serlo la convicción.[14]

La convicción asiste a los distintos grupos y sectores que se perciben a sí mismos como poseedores de la razón y se sostienen con ese sesgo de confirmación que es estructural en las redes, cuyos algoritmos nos muestran selectivamente aquello que tiene que ver con nuestras preferencias, reforzándolas.

Pero no solo la convicción puede impulsar a cometer actos crueles. Como cuenta Christopher R. Browning en su interesante libro *Aquellos hombres grises*, también la identificación básica con los compañeros y la obediencia,[15] esto es, de nuevo el sentimiento de camaradería, son motivos suficientes para, por ejemplo, matar uno a uno a los mil quinientos judíos de Józefów, un pueblecito polaco que el 13 de julio de 1942 recibió la visita del batallón de policías 101, que había llegado hacía tres semanas a Polonia con la orden de eliminar a las mujeres, niños y ancianos de la localidad, disparándoles un tiro en la nuca. Antes habían separado a los varones en condiciones de trabajar para trasladarlos después a donde fueran necesarios.

El Batallón 101 estaba formado por quinientos hombres de mediana edad, trabajadores y de clase media, procedentes de Hamburgo y sin demasiadas conexiones con el partido na

14. Rafael Sánchez Ferlosio, *Campo de retamas. Pecios reunidos*, Penguin Random House, Barcelona, 2015, pág. 125.

15. Christopher R. Browning, *Aquellos hombres grises. El Batallón 101 y la Solución Final en Polonia*, Edhasa, Barcelona, 2002. Trad. de Montse Batista y Eduardo Hojmann.

cionalsocialista, algunos claramente socialdemócratas, pero solo una docena de estos hombres «normales» renunciaron a la tarea que se les había encomendado antes de comenzarla, a pesar de que el comandante del batallón, apellidado Trapp, les dio la oportunidad de rechazar la operación sin castigo físico alguno. La única sanción que recibían quienes renunciaban a participar en la masacre era el desprecio de sus camaradas, que los llamaban *cobardes* o *ratas*, un castigo social que se mostró extremadamente disuasorio.

A lo largo de aquel funesto día, entre el 10 y el 20 % de los policías fueron renunciando de distinto modo a seguir con la matanza, aquejados de reacciones somáticas o psíquicas. El resto la llevó a cabo hasta el final. La operación se efectuó en una sola jornada agotadora. Browning recoge en su libro los testimonios del juicio que se celebró en la década de los sesenta contra ciento veinticinco de estos hombres. Entre ellos nos interesa destacar el testimonio de un policía que declaró enérgicamente: «¿Quién se hubiera "atrevido" a "humillarse" ante el grupo allí reunido?».[16]

Una pregunta retórica, referida al momento en que hubieran podido desistir y no lo hicieron, animados por esa identificación básica con el resto de los compañeros que no dieron un paso al frente para evitar cometer ese crimen atroz. El comandante Trapp, muy querido por sus hombres,[17] planteaba la tarea como un deber, una ayuda que sus soldados le prestaban para obedecer a su vez las órdenes de arriba. Podían renunciar, cierto, pero el trabajo que ellos no harían correría a cargo de sus camaradas, por lo que la responsabilidad grupal se subrayaba.

16. *Ibid.*, pág. 188.

17. Netflix produjo un documental dirigido por Manfred Oldenburg y Oliver Halmburger en 2022, basado en el libro de Christopher R. Browning, donde se subrayan los mismos rasgos que destacamos aquí.

Estos son los riesgos de la anhelada camaradería que ya señaló como extremadamente peligrosa el clarividente Haffner en el episodio del campamento de entrenamiento nazi.

Volvamos al juicio de los soldados del Batallón 101 para recoger otra declaración de un acusado que muestra los rápidos cambios en la moral de acuerdo con el pensamiento hegemónico circundante. Transcurridos veinte años de la matanza de Józefów, uno de los ejecutores dijo: «Solo después se me ocurrió pensar que no había estado bien».[18]

En otras palabras, solo una vez fuera del contexto, en otro marco interpretativo, el mismo hecho pudo interpretarse desde otro punto de vista moral. En Polonia, bajo el mando de quienes dirigían la operación y sometido a la presión grupal del resto de sus camaradas, el soldado no pensó que asesinar a mujeres, ancianos y niños, esto es, a civiles inocentes, fuera un crimen.

En su investigación, Browning distingue a tres tipos de hombres entre los ejecutores: los sádicos, que disfrutaban matando e implementaban por su cuenta humillaciones a las víctimas; los pasivos, que obedecían órdenes; y los objetores, demasiado pocos. No obstante, señala, los soldados se acostumbraban rápido a su tarea, y con el tiempo llegaron a matar a noventa mil judíos de ese modo. Al final solo recordaban los detalles de la primera matanza y habían olvidado el resto, una muestra más de nuestra incalculable capacidad de adaptación.

Viktor Frankl, en su testimonio sobre su estancia en los campos de concentración de Auschwitz y Dachau, recuerda que había pocos hombres capaces de consolar a los demás, y atribuye a una decisión personal el tipo de persona en la que se convertía cada prisionero en un sistema deshumanizante, en el que sufrían todo tipo de penalidades y castigos

18. Browning, *op. cit.*, pág. 190.

bajo una constante amenaza de muerte. En su análisis de la psicología de los detenidos, Frankl afirma lo siguiente:

> Las personas de mayor sensibilidad, acostumbradas a una activa vida intelectual, posiblemente sufrieran muchísimo (a menudo su constitución era frágil); sin embargo, el daño infligido a su ser íntimo fue menor, pues eran capaces de abstraerse del terrible entorno y adentrarse, a través de su espíritu, en un mundo interior más rico y dotado de paz espiritual. Solo así se explica la aparente paradoja de que los menos fornidos soportaran mejor la vida del campo que los de constitución más robusta.[19]

Sin embargo, eso no significa que fueran estos mismos hombres quienes lograban sobrevivir, sino que parece, por el contrario, que quienes lo hicieron fueron aquellos que aplicaron menos reflexividad y se sirvieron de una moral pragmática.

> En general lograban sobrevivir solo aquellos prisioneros que, endurecidos tras años de deambular por distintos campos, habían perdido todos los escrúpulos en su lucha por la supervivencia, y para salvarse recurrían a cualquier medio, honrado o deshonroso, sirviéndose incluso de la fuerza bruta, el robo o la traición a sus amigos. Los escasos afortunados que sobrevivimos, gracias a una concatenación de casualidades o milagros —llámese como se quiera—, estamos convencidos de que *los mejores no regresaron*.[20]

La sensibilidad y la vida intelectual puede servir de refugio en situaciones adversas, pero parecería que es el enfria-

---

19. Viktor Frankl, *El hombre en busca de sentido*, Herder, Barcelona, 2015, pág. 68. Trad. de Comité de Traducción al Español.
20. *Ibid.*, pág. 36.

miento afectivo, la progresiva insensibilización a lo que tus ojos y tus sentidos experimentan, lo que puede llevar a la supervivencia.

Hay muchos menos testimonios de los verdugos que de las víctimas del Holocausto, lo que quizás sea una muestra de que los primeros carecían de la capacidad reflexiva que permitió a algunos intelectuales que pasaron por los Lager disociarse y sentir hasta curiosidad por lo que iba a sucederles, e incluso interés por su respuesta a la experiencia extrema en la que se encontraban, como afirma Frankl que le sucedió a él mismo; como le sucedió también a Primo Levi, que consiguió relatar con una magnífica y distanciada reflexión su experiencia concentracionaria.[21] Una experiencia en la que los prisioneros fueron víctimas y espectadores de actos como el que narra Nico Rost en su libro *Goethe en Dachau*:

En el Gartenkommando del Lager, en el que él trabajaba, también había judíos, entre ellos, un padre y su hijo. Cuando un SS que estaba vigilante –un calavera de las SS de diecinueve años– ve que el hijo ayuda a su padre todo lo que puede con los trabajos pesados, le ordena de repente: «¡De vuelta a la naturaleza, mono! ¡Suba al árbol! –y luego gruñe apuntándole con la carabina–: ¡Vamos, más arriba, más arriba!», y hace que el muchacho suba hasta la copa del abeto, tan alto que el árbol empieza a balancearse. Luego el SS ordena al padre que coja la sierra y que tale el árbol. Llorando, el hombre se postra ante él, cosa que hace que el SS le trate aún peor. «Hazlo, padre –dice el muchacho, desde arriba–, hazlo, vamos, piensa en madre y en mis hermanos.» Temblando, el padre coge la sierra y empieza a hundirla en el tronco. Cada vez un poco más, vuelve a im-

21. Primo Levi, *Trilogía de Auschwitz*, Península, Barcelona, 2018. Trad. de Pilar Gómez Bedate.

plorar clemencia, pero de nuevo recibe golpes y puntapiés, y el hijo vuelve a gritar: «¡Padre, por favor, sierra, sierra!». Las lágrimas caen sobre el rostro del viejo, el padre sigue serrando. Un grito –el hijo cae y queda tendido, destrozado ante sus pies–. Esa misma tarde, el padre se cuela en La Revier y pide de rodillas ver una vez más a su hijo muerto. Lo sacan de allí a patadas y a porrazos. Al día siguiente él también muere –a consecuencia de las lesiones intestinales que le provocaron los golpes.[22]

¿Quiénes eran las personas capaces de llevar a cabo estos actos? ¿Qué sadismo acucia a este joven de las SS para llevar adelante caprichosamente este crimen de extrema crueldad? Milton Mayer afirma que fue necesario solo un millón de ciudadanos, de los setenta millones de habitantes con los que contaba entonces Alemania, para llevar a cabo el exterminio de los judíos; el resto ignoraba que el nazismo fuese malo. Una posición que se aleja de la que mantiene Géraldine Schwarz, quien en su libro *Los amnésicos* considera que fueron muchos los cómplices silenciosos que se beneficiaron de los bienes de los judíos y cerraron los ojos interesadamente ante su suerte.[23]

La crueldad extrema y gratuita también es la tónica del relato sobre Dachau de Hans Beimler, un comunista alemán que logró escapar de ese infierno.[24] Viktor Frankl afirma al respecto que los capos de los campos eran elegidos por su sadismo, pero ¿y los médicos nazis? Fueron formados antes de

22. Nico Rost, *Goethe en Dachau*, Contraescritura, Barcelona, 2016, pág. 332. Trad. de Núria Molines Galarza.

23. Schwarz, *op. cit.*

24. Hans Beimler, *En el campo de asesinos de Dachau. Cuatro semanas en poder de los bandidos pardos*, Contraescritura, Barcelona, 2020. Trad. de Núria Molines Galarza.

la guerra en el juramento hipocrático, en el deber de cuidar a los otros, y, sin embargo, fueron capaces después de llevar a cabo experimentos y torturas inenarrables sobre hombres, mujeres y niños que antes de la guerra muy bien podrían haber sido sus pacientes.

En el Block 3 de Dachau, sigue contándonos Rost en su visita al campo una década después, mientras recuerda episodios y emociones que vivió durante su estancia como prisionero, se llevaban a cabo con extremo secreto experimentos médicos sobre seres humanos como el que sigue:

> Aquí metían a los presos en agua con hielo hasta que se quedaban tiesos del todo, a veces incluso horas, para saber en qué momento, de media, dejaba de tener sentido buscar a los paracaidistas que habían sido abatidos en el canal de la Mancha.[25]

¿Cómo eran esos médicos *por dentro*?, ¿cómo eran *por dentro* los soldados del Batallón 101?

Entre los testimonios de los verdugos podemos incluir los recogidos por el periodista Riccardo Orizio en su libro *Hablando con el diablo*, donde también confirma que, en cualquier régimen de terror, en los mandos intermedios se observa su miedo a desobedecer, igual que sucedía con los soldados nazis respecto a sus superiores; es como si se estableciese una pirámide del miedo, escribe, que anula la voluntad individual;[26] en el caso de que la hubiera, claro.

Porque en el extenso estudio que Gitta Sereny realizó sobre la persona y la vida del comandante del campo de Tre-

25. Rost, *op. cit.*, pág. 334.
26. Riccardo Orizio, *Hablando con el diablo. Entrevistas con dictadores*, Turner-Fondo de Cultura Económica, Madrid, 2002. Trad. de Bernardo Moreno Carrillo.

blinka Franz Stangl, solo diecinueve horas antes de morir, fue en la última entrevista que mantuvieron en prisión tras el juicio que lo había condenado, cuando Stangl pudo reconocer, si bien de modo titubeante y tímidamente, una responsabilidad que había negado durante el juicio amparándose en la obediencia debida, cuando repetía: «Nunca he lastimado a nadie intencionadamente». En esa última entrevista que concedió a Sereny, sin embargo, las cosas sucedieron de otro modo:

–Pero yo estuve ahí. [...] De modo que sí –dijo por fin, muy quedamente–, en realidad comparto la culpa... Porque mi culpa... mi culpa... solo ahora en estas conversaciones... ahora que he hablado de ello por primera vez...

Se detuvo.

Había pronunciado las palabras «mi culpa»; pero más que las palabras, la significación de todo aquello estaba en el abatimiento del cuerpo, y en su rostro.

Pasado más de un minuto, recomenzó de nuevo en un intento desganado, con voz átona.

–Mi culpa –dijo– es que sigo aquí. Esa es mi culpa.

–¿Sigue aquí?

–Debería haber muerto. Esa fue mi culpa.

–¿Quiere decir que debería haber muerto o que debería haber tenido el coraje de morir?

–Lo puede decir así –dijo distraídamente, sonaba cansado.

–Ya, pero lo dice ahora. ¿Y entonces?

–Eso es cierto –dijo pausadamente, quizá malinterpretando intencionadamente mi pregunta–. Tuve otros veinte años, veinte buenos años. Pero créame, ahora preferiría haber muerto antes que esto... –Miró en derredor la salita carcelaria–. Ya no tengo esperanza –dijo entonces, en un tono objetivo; y prosiguió, con parsimonia–: Y en cualquier caso:

ya basta. Quiero llevar estas conversaciones que tenemos a su término y luego que se acabe. Dejemos que termine.[27]

Diecinueve horas después Stangl murió en su celda de un ataque al corazón. No se había suicidado, vivió veinte años buenos llevando a sus espaldas los crímenes que cometió, pero para Gitta Sereny su muerte tuvo que ver con lo siguiente:

> Pienso que murió porque, finalmente, aunque fuera solo por un instante, se había enfrentado a sí mismo para contarse la verdad. Supuso un esfuerzo monumental alcanzar el instante pasajero en que se convirtió en el hombre que debería haber sido.[28]

De nuevo aparece, como en el caso del policía de Józefów, una culpa que no se sintió en el momento de cometer los actos. Como si fuese la misma mirada, producida por un régimen de verdad diferente, la que proyecta esa culpa hacia el pasado, sobre la misma conciencia que antes se juzgaba inocente.

En este punto debemos detenernos un instante. «¿Por qué eligieron a mi padre para conducir a la gente a la cámara de gas?», se pregunta trágicamente Horst Mündzberger, el hijo de Gustav Mündzberger, antiguo SS encargado de las cámaras de gas en Treblinka. «¿Si seleccionaban a las personas por sus cualidades especiales o por vulnerabilidades especiales? No lo sé. Ojalá lo supiera.»[29] La respuesta, observando la ductilidad de los hombres que se unieron al nazismo, estriba en su obediencia, en su incapacidad para rebelarse, en su en-

---

27. Gitta Sereny, *Desde aquella oscuridad. Conversaciones con el verdugo Franz Stangl, comandante de Treblinka*, Edhasa, Barcelona, 2009, pág. 549. Trad. de Miquel Izquierdo.

28. *Ibid.*, pág. 550.

29. *Ibid.*, pág. 330.

trega fanática a cualquier disciplina y jerarquía, esto es, en su condición de hombre sin vertebrar, sin voluntad propia, o con una voluntad tan débil que sucumbe fácilmente ante el poder, ante el miedo, ante el dinero o el reconocimiento; todas ellas fueron poderosas razones para unirse a los nazis, obedecer a sus jefes y obtener beneficios de sus sucesivos cargos. Se trata de hombres que pueden delegar en otros la responsabilidad de sus acciones sin sonrojarse porque carecen de entidad suficiente para sentirse sujetos con dignidad y se amoldan a los tiempos sin demasiado esfuerzo.

También Milton Mayer encuentra esa obediencia, esa imitación, entre los diez hombres a quienes intenta conocer y comprender. Pero, sobre todo, Mayer insiste en algo que puede sonarnos hoy muy próximo. Los alemanes que auparon el régimen nazi eran hombres corrientes que «tenían sus propios problemas».

> ... creo que era esto −que tenían sus propios problemas− lo que explicaba que mis amigos se hubiesen abstenido de «hacer algo» o incluso de saber algo. La responsabilidad que puede asumir cualquier hombre tiene un límite. [...] Cualquier tipo de antinazismo, ya fuese de pensamiento o de sentimiento (por no hablar de acción), hubiese requerido de ellos, como individuos aislados, ya más abrumados de lo que era habitual, una carga que superaba sus capacidades.[30]

Es una triste verdad: tenemos una energía y solo una, y la gastamos en nuestras cosas, de por sí ya bastante costosas de resolver. ¿Es eso una disculpa?

Hannah Arendt nos proveyó de un fértil concepto, la banalidad del mal, para explicarnos el comportamiento de

30. Mayer, *op. cit.*, pág. 92.

228

estos hombres diligentes que se aplicaron a las tareas que les encomendó el régimen nacionalsocialista con la misma meticulosidad con que ejercían antes del nazismo sus profesiones, conservando intacta su buena conciencia. De nuevo la disciplina y la obediencia, la delegación de responsabilidades, la defensa de la propia vida y del bienestar de los suyos por encima de los principios morales, por otra parte ya debilitados por los acontecimientos que habían vivido o escuchado de boca de sus padres: las atrocidades y penurias de la Primera Guerra Mundial.

La mujer de Goebbels, Magda, nos parece un buen ejemplo de una mujer hueca, acomodaticia, sin columna vertebral.[31] Algunos breves apuntes biográficos sobre ella justifican nuestra opinión. Magda no conoció a su padre biológico, se crió en un internado, y cuando su madre se casó con un rico judío —observemos esto, un rico *judío*—, adoptó el apellido de su padrastro y se identificó tanto con su cultura que quiso aprender hebreo. A los veinte años conoció a quien sería su primer marido, un millonario que se dedicaba a la banca, y empezó a frecuentar la alta sociedad europea. Pero Magda sufría de *ennui*, ese sentimiento de lasitud, de tedio, de nostalgia e insatisfacción crónicas que ha sido un recurrente motivo literario, y a los treinta años, azarosamente, durante una cena donde mostró su insatisfacción por esa vida de lujo que le proporcionaba su marido, le propusieron entrar en el partido nazi, donde inmediatamente alcanzó cargos importantes y conoció a Goebbels y a Hitler. Su entrega fue total, y llegó hasta el funesto desenlace que todos conocemos: asesinar a sus seis hijos y suicidarse junto a

31. *Magda Goebbels, la primera dama del Tercer Reich*, documental dirigido por Antoine Vitkine en 2017: <https://www.documaniatv.com/biografias/magda-goebbels-la-primera-dama-del-tercer-reich-video_1812cf24c.html>.

Goebbels, su esposo, tras el fracaso del proyecto nacionalsocialista que significó la pérdida de la guerra. Tanto un amante de juventud como su padrastro, ambos judíos, fueron detenidos, y los nazis los hicieron desaparecer sin que Magda moviera un dedo para evitarlo; al gobierno alemán no le convenía difundir el pasado de quien fue llamada *la madre de Alemania*, el modelo de madre aria, la mujer más importante del Tercer Reich.

¿Cómo puede una mujer pasar en unos pocos años de adorar la cultura judía y estudiar hebreo a militar en el nacionalsocialismo? El fanatismo de Magda es un síntoma de su oquedad, de su plasticidad hueca, de su identidad plenamente imaginaria y adhesiva que necesitaba la identificación masiva con un proyecto ajeno para sostenerse. Magda Goebbels era una mujer invertebrada: el asesinato de sus hijos nos habla también de la dificultad para ver a los otros como seres independientes; sus hijos eran una prolongación narcisista de ella misma, y las películas que grababan para festejar los cumpleaños u otros acontecimientos familiares o nacionales se proyectaban en las pantallas de todos los cines del Tercer Reich como ejemplo de la nueva familia alemana. Todo era publicidad, celuloide, imagen que ocultaba un mundo interior vacío; Magda se aferraba fanáticamente a una causa que nunca interroga, a pesar de contar en su pasado con elementos que hubieran hecho posible su cuestionamiento, como su viejo amor por la cultura hebrea. La madre de Alemania se adhirió a la causa nazi para dar un nuevo contenido a su *ennui* y la encarnó hasta las últimas consecuencias.

En el magnífico documental de la realizadora Kaouther *Las cuatro hijas* (Túnez, 2023), la directora retrata de forma muy original la relación de Olfa con sus cuatro hijas: las dos mayores fueron captadas por el Daesh tras la Revolución del Jazmín de 2011 en Túnez, que derrocó al dictador Ben Alí.

Aunque solo sabemos de ellas a través del testimonio de sus dos hermanas menores y de su madre, se nos presentan como unas jóvenes que pasan de identificarse plenamente con la subcultura gótica (ropa negra, pelo teñido de azul) a hacerlo con el fanatismo religioso de la Revolución Islámica (hiyab), hasta unirse finalmente al terrorismo islámico en Libia, donde se casaron y tuvieron hijos con yihadistas. Ambas fueron capturadas allí pocos años después y condenadas a dieciséis años de cárcel.

Lo que nos interesa destacar es esa facilidad para adoptar una identidad y luego otra sin apenas solución de continuidad. En el documental, el cambio se intenta explicar por el miedo que despiertan en ellas las amenazas de los integristas cuando siguen la moda gótica. Pero ¿explica ese miedo la adhesión profunda a la *sharía*? Por supuesto que no. Solo alguien que carece de antemano de un sentimiento de identidad medianamente estable puede adoptar de inmediato la que se le propone desde el exterior, algo que también sucede a menudo en las sectas. La búsqueda de respuestas se vuelve urgente para llenar un vacío que ni siquiera puede identificarse, pero que pulsa, molesta y pugna por llenarse, como ocurre también en algunos pacientes que se masturban de forma compulsiva cuando apenas intuyen ese vacío, recurriendo a un autoerotismo que no está movido por el deseo ni apenas produce placer, sino solo descarga, igual que en los atracones de las pacientes con bulimia.

Pero volvamos al fanatismo. Las hermanas Nancy y Maya Yamout han entrevistado a más de ciento cincuenta presos yihadistas en las cárceles libanesas y afirman lo siguiente:

Todos los presos con los que hablamos, sin excepción, han tenido una infancia con un padre o bien ausente o bien maltratador. Crecen con esa marca, que los hace vulnerables al extremismo. [32]

Pensamos que, en países con un patriarcado tan fuerte como los musulmanes, la ausencia de un modelo masculino puede dejar un vacío que facilite la identificación adhesiva con el imán o el familiar que los introduce en el extremismo. No obstante, las razones manifestadas son también otras, como las Yamout exponen aquí:

> Hay quien se une a la yihad para vengar a un familiar asesinado. Los mueve el dolor y el resentimiento. A otros el dinero y lo que consideran privilegios en estas organizaciones, como la violación de mujeres. Después están los extremistas religiosos que creen firmemente en la idea del *shahid* (mártir). Y aproximadamente un 30 % son psicópatas, imposibles de rehabilitar. Disfrutan matando.[33]

Pero, a pesar de tomar en cuenta estas observaciones, pensemos que la falta de dinero o la adquisición de privilegios no son suficientes para explicar la participación en la guerra santa o el suicidio, y que a esas razones habría que sumarles esa vulnerabilidad previa. Rutger Bregman señala precisamente que es esa fragilidad, así como una profunda necesidad de reconocimiento y pertenencia, lo que mueve a los yihadistas, y no la maldad intrínseca que podemos atribuirles.[34] Los terroristas sui-

32. Zahida Membrado, «Las hermanas libanesas que dialogan con yihadistas», *El País*, 1 de agosto de 2023: <https://elpais.com/planeta-futuro/2023-08-01/las-hermanas-libanesas-que-dialogan-con-yihadistas-el-estado-islamico-les-promete-dinero-un-coche-un-arma-y-un-pasaporte.html>.

33. *Ibid.*

34. Rutger Bregman, *Dignos de ser humanos*, Anagrama, Barcelona, 2021. Trad. de Gonzalo Fernández.

cidas son muy sensibles a la autoridad y a la opinión del grupo, buscan aceptación de sus iguales y de sus líderes. La ideología desempeña un papel importante en las cúpulas de las organizaciones, pero para los militantes de a pie lo que cuenta es la amistad (muchos terroristas son reclutados entre amigos y familia, les unen lazos de parentesco, y lo que buscan es formar parte de algo que dé sentido a sus vidas).[35] Lo mismo que ya observamos entre los policías del Batallón 101.

En una entrevista a Ángela Rodicio a propósito de su libro *Las novias de la yihad*, el periodista le preguntaba lo siguiente:

> ALEJANDRO ÁVILA: Según un estudio del Instituto Elcano, la crisis de identidad es solo uno de los motivos para radicalizarse.
>
> ÁNGELA RODICIO: La crisis de identidad es una de las razones, pero las otras son el desarraigo o la radicalización exprés por internet, un proceso profesional de captación a través de la red oscura y el Califato digital.[36]

Rodicio destaca la mímesis como motor de la adhesión al grupo. Internet proporciona modelos, propone guías a los que seguir. Muchos de los documentales sobre el tema que he visionado subrayan también este aspecto.

35. Natalia Sancha ha publicado distintos artículos sobre el tema en el diario *El País*, entre ellos «El cambio radical de seis occidentales», <https://elpais.com/internacional/2021-03-25/el-cambio-radical-de-seis-occidentales-en-un-campo-para-mujeres-del-isis.html> y «Metamorfosis en los campos para las mujeres del ISIS», <https://elpais.com/internacional/2021-03-24/metamorfosis-en-los-campos-para-las-mujeres-del-isis.html>.

36. Alejandro Ávila, «Las mujeres occidentales son trofeos sexuales para el Estado Islámico»: <https://www.eldiario.es/andalucia/angela-rodicio-occidentales-sexuales-islamico_128_3710109.html>.

En la búsqueda de identidad, reconocimiento y pertenencia, insiste la ópera prima de Dina Amer *Te pareces a mí* (2021), que cuenta la historia real de Hasna Aït Boulahcen, una joven francesa de origen árabe que es captada por su primo, líder de un comando del Estado Islámico, y muere en circunstancias confusas la noche del atentado de la sala Bataclan. Su familia es disfuncional, con una madre agresiva que no puede ejercer su función, por lo que los hermanos son separados y educados en familias de acogida. Hasna es quien más sufre esta circunstancia, que la lleva a una deriva destructiva, a prostituirse y a depositar sus esperanzas en encontrar una familia de pertenencia. El paraíso prometido por la religión que le presenta su primo, ya radicalizado y miembro del Daesh, es sinónimo para ella de esa nueva familia idealizada.

Carola García-Calvo insiste en el carácter identitario de la conversión de las mujeres;[37] según lo que se desprende de un estudio realizado por el programa de Terrorismo Global del Instituto Elcano, aunque predomina la diversidad, existen algunas variables comunes entre las mujeres investigadas, como su juventud o la soltería: «Se trata de mujeres muy jóvenes. Si la edad media de los hombres que se suman a las filas de ISIS es de treinta y tres años, en las mujeres es siete años menor».

El ISIS prefiere captar mujeres jóvenes, vulnerables, cuya identidad está en proceso de formación. Ellas superan en nivel de estudios a los hombres, que carecen de educación reglada, y se les vende la idea de casarse en territorio yihadista con un muyahidín, considerado como un héroe atractivo

---

37. Carola García-Calvo, «No hay vida sin yihad y no hay yihad sin hégira»: <https://www.realinstitutoelcano.org/analisis/no-hay-vida-sin-yihad-y-no-hay-yihad-sin-hegira-la-movilizacion-yihadista-de-mujeres-en-espana-2014-2016/>.

y luchador, afirma García-Calvo. Y añade como un dato común a mujeres y hombres:

> Con la radicalización, hombres y mujeres tratan de definir una identidad nueva, tras la crisis por la pérdida de un ser querido, episodios dolorosos o la falta de un horizonte vital. Se trata de mujeres que terminaron por justificar moral y utilitariamente el uso de la violencia para la consecución de un objetivo con el que están absolutamente de acuerdo.[38]

El psicólogo Ángel Gómez ha trabajado largos años sobre los procesos de radicalización violenta. En una entrevista publicada en el diario *El País* habla de su modelo de la *fusión de la identidad*, que mide la conexión visceral de un individuo con un grupo como predictor de los comportamientos extremos, y explica esta fusión por el hecho de haber compartido con los miembros del colectivo experiencias negativas intensas.

> Hay un nivel superior de conexión personal con el grupo que es el de su fusión: las personas fusionadas están dispuestas a hacer cosas por el colectivo que conlleven comportamientos extremos, hasta la muerte.[39]

En contra de lo que podría pensarse, los comportamientos extremos no están ligados a desequilibrios mentales, sino a fuertes lazos familiares, o al hecho de compartir firmes

38. Carola García-Calvo, «En seguridad y prevención del terrorismo yihadista»: <https://www.fundea.org/ar/node/1829>.

39. Ángel Gómez, «¿Por qué y quiénes están dispuestos a morir?», *El País*, 10 de mayo de 2021: <https://elpais.com/espana/2021-05-10/por-que-y-quienes-estan-dispuestos-a-morir.html>.

ideales religiosos o políticos. Según Gómez, algunos indicadores que identifican la predisposición al comportamiento extremo serían «sentir que las decisiones personales benefician al grupo», considerarse «invulnerables», encontrarse en una situación de estrés o compartir valores irrenunciables o sagrados con los otros miembros del grupo. No es la percepción de la fuerza física, sino de la espiritual (la fuerza interior), lo que predice la disposición a morir en el conflicto, señala. En un trabajo colectivo publicado en 2022, los investigadores se preguntan lo siguiente:

> La historia ha demostrado que los individuos pueden llevar a cabo acciones extremas en favor de su grupo que parecen irracionales y van en contra de los instintos básicos de supervivencia humana. Pero ¿por qué algunos individuos están dispuestos a realizar tales acciones en favor de su grupo y otros no? ¿Cuáles son las dinámicas psicológicas que pueden explicar estos comportamientos? La fusión de identidades, conceptualizada como un sentimiento visceral de unidad con un grupo, se utiliza habitualmente para explicar las orientaciones progrupo extremas. [40]

La obra de Primo Levi apunta también a la importancia de la presión del sistema para arrastrar hacia la crueldad a los alemanes, e insiste en una concepción heroica de la historia, según la cual un personaje poderoso y demoníaco como Hitler puede arrastrar tras de sí a un pueblo, convertido en rebaño. La fuerza colectiva se basa en «el espíritu gregario, el consentimiento, el hecho de decir siempre "sí"».[41]

40. Anders Hustad Varmann *et. al.*, «How identity fusion predicts extreme pro-group orientations. A meta-analysis», *European Review of Social Psychology*, 29 de marzo de 2023. La traducción es mía.
41. *Ibid.*, pág. 83.

Tenemos entonces suficientes elementos teóricos para explicarnos la adhesión a un grupo, a un líder o a una idea, y el vaciamiento progresivo de un mundo interior ya desprovisto previamente de subjetividad, así como la consecuente dejación de la responsabilidad moral, lo que a la larga supone una reducción de la capacidad reflexiva, sustituida por una identidad mimética, adhesiva y prestada, que sirve de guía y sostén. Así pues, las motivaciones de los soldados nazis en Polonia, de los yihadistas y de los adeptos a las sectas, de los que hablaremos luego, coinciden: el cálido sentimiento de camaradería, la adhesión al líder, la fusión de identidades.

Sin embargo, frente a esta sumisión a la autoridad, frente a esta falta de resistencia a la presión grupal ya descrita, se encuentran también hombres y mujeres que no renuncian a su subjetividad, sino que se oponen a la presión social y ejercen su libre albedrío arriesgando su propia vida. Se trataría de intentar comprender entonces cómo eran esos doce hombres de entre quinientos que renunciaron a participar en las matanzas del Batallón 101, cómo son los hombres y las mujeres que se resisten a la corriente *mainstream* y se mantienen firmes en sus convicciones. Aunque, en ocasiones, en el martirio podamos observar la misma adhesión masiva a una idea, en este caso opuesta a la hegemónica.

¿QUIÉNES SON LOS SUJETOS VERTEBRADOS CAPACES DE OPONERSE A LA PRESIÓN GRUPAL?

> ... en condiciones de terror la mayoría de la gente cumplirá, pero algunos no lo harán.
>
> HANNAH ARENDT,
> *Eichmann en Jerusalén* (1963)

En 2019, en su película *Vida oculta* (Estados Unidos-Alemania), el director Terrence Malick llevó al cine un episodio de la vida del objetor de conciencia austríaco Franz Jägerstätter, cuando en 1943 se negó a ingresar en las tropas nazis y fue condenado a muerte y ejecutado. Su tenaz defensa de la objeción de conciencia, que le prohibía hacer el juramento exigido a Hitler, es un ejemplo de subjetividad coherente y firme, que no se doblega, sino que se confirma a sí misma, incluso contra la opinión condescendiente con el poder de la Iglesia católica a la que pertenece.

También durante los pogromos y los años de la guerra hubo quienes ocultaron o ayudaron a los judíos arriesgando su vida para seguir lo que les dictaba su conciencia.[1] Los analistas están de acuerdo en calificar de excepcionales a estos hombres y mujeres justos,[2] lo que nos hace pensar que la construcción de una subjetividad autónoma por la que apuesto aquí no es una empresa corriente, como sí lo es la adhesión mimética a una identidad, que sería la tendencia más univer-

---

1. Jan T. Gross, *Vecinos. El exterminio de la comunidad judía de Jedwabne*, Crítica, Barcelona, 2016. Trad. de Teófilo de Lozoya.

2. Gabriele Nissim, *La bondad insensata. El secreto de los justos*, Siruela, Madrid, 2013. Trad. de Juan Antonio Méndez.

sal en el ser humano. Las religiones, los mitos, las ideologías y las modas no hacen sino explotar esta dificultad de los hombres y las mujeres para dotarse de una subjetividad creativa. Construir un deseo, al margen del deseo mimético y de los mediadores que señalan lo que debemos o no desear, es una ardua tarea. A don Quijote, como vimos, la revelación que le hizo rechazar a Amadís de Gaula como modelo y reconocerse como Alonso Quijano solo le llegó en su lecho de muerte.

Pero analicemos un poco más despacio a qué nos estamos refiriendo. Detengámonos brevemente en uno de estos hombres contracorriente, Claude R. Eatherly, el piloto que lanzó la bomba de Hiroshima, siguiendo la correspondencia que se estableció entre él y uno de los filósofos que más luchó por la desnuclearización, nuestro querido Günther Anders.

Eatherly pilotaba el avión de reconocimiento climático que debía informar sobre si las condiciones atmosféricas eran favorables para el lanzamiento de la bomba atómica sobre la ciudad japonesa de Hiroshima el 6 de agosto de 1945; fue él quien dijo «Go ahead» (adelante), al *Enola Gay*, el avión que lanzó la bomba, pilotado por el comandante Paul Tibbets. Al regreso de su gesta, Eatherly fue considerado un ídolo en Estados Unidos, donde se le agasajó junto con su compañero como héroe de guerra. Sin embargo, Eatherly no podía sustraerse de la culpa por haber contribuido a lanzar, obviamente siguiendo órdenes, una bomba que mató a cien mil civiles inocentes. Atormentado por la responsabilidad que le sobrevino después, rechazó los honores que recibía con gusto Paul Tibbets, quien nunca se arrepintió de sus actos, y buscó ser castigado por la justicia cometiendo pequeños hurtos (enviaba el dinero robado a Hiroshima) y castigándose a sí mismo con dos intentos de suicidio. Pero la sociedad norteamericana y la Armada estadounidense empezaron a considerar que había enloquecido y lo internaron en Waco, el psiquiátrico para soldados dañados por la guerra, del que ya no lo dejaron salir a pesar de los testimonios que confirmaban que no sufría enfermedad mental alguna. En 1959, Günther Anders inició una correspondencia con él que ha sido publicada, y que constituye un testimonio de la entereza de un hombre contracorriente, que buscaba infructuosamente un castigo social que le permitiera expiar la culpa de haber matado a ciudadanos inocentes. Para Anders, el piloto de Hiroshima es un ejemplo consolador que le devuelve la esperanza en el ser humano:

> Para nosotros, el que usted «no haya podido superar» lo sucedido es consolador. [...] ha logrado mantener viva su conciencia, a pesar de haber sido una simple pieza del aparato técnico y de haber cumplido perfectamente su función. Y el que usted haya podido hacerlo demuestra que todos podemos hacerlo, que cada uno de nosotros también ha de ser capaz de hacerlo. Y saberlo –y este saber se lo debemos a usted– es para nosotros consolador.[3]

Anders acuña el concepto de *inocentemente culpable* para expresar la condición de quienes se ven inmersos en la maquinaria tecnológica y cometen de forma involuntaria acciones cuyos efectos son incapaces de prever. Claude Eatherly sería un claro ejemplo de esta condición nueva, derivada de la tecnificación de la existencia y que no ha hecho sino incrementarse exponencialmente desde entonces.

Mantener viva la conciencia contra la corriente mayoritaria del olvido e, incluso, contra las leyes cómplices con lo inhumano es lo que hacen hoy en día Helena Maleno y Óscar

---

3. Günther Anders, *El piloto de Hiroshima. Más allá de los límites de la conciencia*, Booket, Barcelona, 2003, pág. 35. Trad. de Vicente Gómez Ibáñez.

Camps, cuyas conductas ejemplares denuncian, a poco que queramos verlo, la involuntaria complicidad de todos nosotros. La primera se dedica a defender los derechos humanos de los inmigrantes que cruzan el Mediterráneo en patera: en concreto, avisa a los guardacostas de la presencia de las embarcaciones de inmigrantes en peligro para que puedan socorrerlos. Maleno ha sido injustamente acusada por ello de colaborar con el tráfico de personas, mientras que ella responsabiliza a los gobiernos de las muertes en las fronteras y del delito de omisión del deber de socorro. La organización que ha creado, Caminando Fronteras, mantiene disponible un teléfono de alertas las veinticuatro horas del día, siete días a la semana, para que todas las personas que estén en riesgo, tanto en el mar como en la frontera, puedan solicitar ayuda. Caminando Fronteras avisa a los servicios de rescate de Argelia, Marruecos, Mauritania y España de la posición de la embarcación en peligro y se coordina con ellos para encontrarlas y socorrer a sus ocupantes.

Por su parte, Óscar Camps es el fundador de Proactiva Opens Arms, una ONG que rescata inmigrantes en peligro de naufragio en el mar Egeo y en el Mediterráneo, amparándose en el artículo 98 de la Convención de las Naciones Unidas sobre el Derecho del Mar, que exige que el capitán de cualquier buque preste auxilio de forma inmediata a toda persona que se encuentre en peligro de desaparecer en el mar, si con ello no pone en grave peligro su propio buque, a los pasajeros o a su tripulación. Sin embargo, el gobierno italiano de la ultraderechista Giorgia Meloni ha aprobado una ley que limita las operaciones de rescate de migrantes, lo que dificulta a las organizaciones humanitarias sus operaciones de salvamento. El Open Arms ha sido bloqueado y multado en varias ocasiones.

La activista medioambiental Greta Thunberg es también un ejemplo de la heroicidad de una joven que se autoriza a luchar a favor de un mundo más sostenible e intenta que los gobiernos y la población tomen conciencia de la necesidad urgente de cambiar nuestros modelos de producción y nuestros estilos de vida. Arriesgar su libertad por la transparencia de las democracias y el derecho a la información ha sido la tarea de Julian Assange, que agonizaba encerrado en una cárcel británica. Assange ha estado perseguido por la justicia y recluido 1.901 días, desde 2010 hasta que el 24 de junio de 2024 fue liberado gracias a un acuerdo con el gobierno de Estados Unidos y pudo regresar a su país, Australia.

Todos ellos, desde Eatherly hasta Thunberg, han desarrollado una subjetividad propia, deconstruyendo el mensaje hegemónico, afirmándose en sus opiniones y actuando en consecuencia. Una empresa nada fácil. Pero ¿en qué se sostienen para actuar así?

Clément Rosset, en su libro *Lejos de mí*, advierte de lo inútil que supone emprender la búsqueda de la identidad personal, ya que quien cree conocerse a sí mismo se ignora, al no tener nada sólido a lo que hincarle el diente. La empresa se convierte, pues, en un fracaso. Para Rosset:

> El paliativo más común para esa falta de ser de la identidad personal es la adquisición de una identidad prestada. Solo la imitación de otro permite que mi personalidad se constituya; es por otro lado la mejor forma de que funcionen las cosas y la más normal –al menos según la psicología y el psicoanálisis– en los albores de la vida de la infancia.[4]

Siguiendo a Girard en cuanto a la imitación y al carácter mimético del deseo, la falta de autonomía de este deseo reviste para Rosset una falta de autonomía a secas:

4. Clément Rosset, *Lejos de mí. Estudio sobre la identidad*, Marbot, Barcelona, 1992, pág. 41. Trad. de Lucas Vermal.

...si el yo es incapaz de desear por sí mismo, es simplemente porque no hay yo, es decir, un ser libre en cuanto a sus elecciones, decisiones y deseos.[5]

Como vengo diciendo, la falta de originalidad y la ausencia de identidad personal describen a cualquier ser humano desde la cuna; la identidad se toma prestada de otro, el modelo o tutor, y solo progresivamente se adquiere una subjetividad menos imitativa. La identidad es para Rosset siempre identidad social, y es una deficiencia de esta lo que perturba la identidad personal, es decir, la crisis de identidad social produce crisis en la identidad personal, si es que podemos seguir manteniendo la diferencia entre ambas. El trabajador en paro cae en un limbo identitario, se deprime, pierde los ejes que vertebraban su identidad social, y su identidad personal naufraga con ella. Construir una identidad narrativa propia no es un trabajo fácil. Y, sin embargo, estos hombres y mujeres vertebrados lo hacen.

En un extenso artículo publicado a principios de 2021, me ocupé del caso de la princesa Marie Bonaparte y su empeño en acercar el clítoris a la vagina recurriendo a la cirugía, para poder experimentar así orgasmos vaginales, dado que Sigmund Freud, su adorado maestro, consideraba que eran ese tipo de orgasmos, y no los clitoridianos, los que debían experimentar las mujeres que habían alcanzado la madurez genital que corresponde al último escalón en el desarrollo de la libido.[6] Marie Bonaparte estudió la anatomía de las mujeres que alcanzaban el orgasmo durante la penetración y observó que solo aquellas cuyo clítoris estaba separado menos de

5. *Ibid.*, pág. 45.
6. Lola López Mondéjar, «El patriarcado inconsciente de Freud y la plasticidad de las mujeres», *Aperturas Psicoanalíticas*, núm. 66 (2021), artículo e3: <http://aperturas.org/articulo.php?articulo=0001137>.

dos centímetros y medio de la vagina, lo lograban, por lo que determinó que esa distancia era el factor determinante para gozar de los famosos orgasmos vaginales freudianos. No le importó a Marie Bonaparte, una mujer poderosa e inteligente, la evidencia de que Freud no tuviera clítoris ni vagina para tomar sus palabras al pie de la letra y someterse a dos intervenciones quirúrgicas para acercar su clítoris a su vagina y alcanzar esos ansiados orgasmos maduros que él postulaba como el culmen de la feminidad. Pero no lo consiguió con la cirugía, y fue el propio Freud quien la disuadió de iniciar una tercera intervención con el mismo propósito. Además de ejemplificar el privilegio epistémico de la masculinidad, el episodio me sirvió para ilustrar la negación de la experiencia propia (sexual, corporal) de la princesa a favor de una teoría ajena, es decir, su plasticidad cognitiva y corporal, capaz de someterla a un orden simbólico que pasa por encima de la propia experiencia de su cuerpo sensorial.

Tuve un paciente adolescente que, ante cualquiera de mis preguntas, interrogaba a su madre, que lo acompañaba en la primera entrevista, con un «¿Me gusta?». Y la madre, curiosamente, le contestaba, confirmando o negando un saber que solo podía estar, en sentido estricto, en el interior del adolescente o, en algún caso, en las sensaciones transmitidas por sus papilas gustativas, en un curioso ejemplo performativo de la importancia que para el débil yo en formación tiene la opinión del otro más significativo.

Ni Marie Bonaparte ni mi paciente escuchaban su cuerpo y lo legitimaban como autor, como autoridad capaz de decidir si el orgasmo clitoridiano que experimentaba la primera la satisfacía, en contra de la opinión de Freud, o el pescado le gusta más o menos que la carne al adolescente inseguro. Pero Marie Bonaparte tuvo, como don Quijote, una revelación, y elaboró una tipología de mujeres que integraban mejor su experiencia que la rígida identificación freudiana entre mujer madura y orgasmo vaginal, pero sin separarse del todo de su maestro. La historia de mi paciente sería larga de contar.

Un caso extremo en cuanto a la enorme plasticidad del ser humano lo constituyen los niños ferales. En el libro *La niña salvaje*, Marie-Catherine H. Hecquert recoge los documentos que se conservan en relación con la azarosa vida de una niña que en el siglo XVIII atravesó distintos continentes y entornos culturales:[7] fue un bebé y una niña socializada en la tribu amerindia meskwaki, en Canadá; una niña esclava en la sociedad francesa; una niña púber, aislada junto a otra compañera con la que no podía comunicarse en ninguna lengua, que deambuló libremente durante diez años por los bosques del país galo; y una adolescente y adulta integrada en la sociedad francesa, que pudo sobrevivir en ella y utilizar con rigor el idioma francés.

Marie-Angélique (1712-1775) fue una niña normal, bípeda, durante sus primeros años de vida, pero para adaptarse al bosque adquirió las costumbres de los animales y corría a cuatro *patas*. Comía la carne cruda de las piezas que cazaba corriendo a gran velocidad detrás de sus presas; gritaba y parecía de piel negra debido a la suciedad que se acumuló sobre su cuerpo durante esos años de vida salvaje. Sin embargo, encontrada y reeducada en las costumbres de la época, consiguió convertirse en una joven urbana que vivió en París y, según se cree por las sillas que encontraron en el inventario de su casa, pudo vivir de su habilidad para contar su experiencia a los curiosos que se interesaron por ella.

En el interesante estudio que realiza Jesús García Rodríguez sobre Marie-Angélique, y que acompaña el libro citado, este afirma:

7. Marie-Catherine H. Hecquer, *La niña salvaje*, Pepitas de Calabaza, Logroño, 2021. Edición y traducción de Jesús García Rodríguez.

No se puede decir en modo alguno que exista una única naturaleza humana, más allá de la composición genética que nos es dada con el nacimiento; existen infinitas (o finitas incontables) formas de ser un ser humano, tantas como individuos existen y han existido.

[...] El ser humano se adapta a las circunstancias a las que se vea abocado en cada momento sin un *a priori* reconocible más allá de las capacidades genéticas que su cerebro y sus órganos de percepción y de acción le otorgan; si nace en un contexto civilizado se civilizará; y si nace en un contexto salvaje no civilizado, se «asalvajará».[8]

Fue mucho el interés por los niños ferales durante la Ilustración, profundamente preocupada por definir la naturaleza humana, pero esta naturaleza no es un *a priori* ni un estadio primero al que regresarían los niños salvajes separados de la llamada *civilización*, sino que lo que se destaca en nuestra condición humana es, precisamente, y en esto consistió nuestra principal ventaja evolutiva, la capacidad de adaptación a todos los entornos, nuestra capacidad de aprendizaje y de imitación, es decir, nuestra extraordinaria plasticidad.

El descubrimiento de las llamadas *neuronas espejo*, que se activan al observar cómo otro realiza una acción como si la estuviese realizando el propio sujeto, han sentado las bases del aprendizaje humano y de la imitación, la empatía y la simpatía, así como de nuestra conducta social.[9]

Ahora bien, como ya he dicho, a partir de la Ilustración, los hombres y las mujeres modernos se socializaban en un

8. *Ibid.*, págs. 126 y 93.
9. Giacomo Rizzolatti y Corrado Sinigaglia, *Las neuronas espejo. Los mecanismos de la empatía emocional*, Paidós, Barcelona, 2006. Trad. de Bernardo Moreno Carrillo.

entorno cultural en el que predominaban los ideales ilustrados: «Sapere aude», decía Kant; el saber nos hará libres, la ciencia y el progreso permitirían al hombre elevarse por encima de su infancia –y la infancia de la humanidad– y construir su propio destino. Se empujaba a los individuos de la modernidad a hacer uso de sus facultades, en especial de la razón, para construir una identidad sólida; se les instruía en un mundo interior que la novela y la lectura silenciosa habían expandido, se les orientaba hacia una interioridad que ya Montaigne, Rousseau o madame de Sévigné habían mostrado con entusiasmo. El vacío, el folio en blanco se escribía con estas y otras prescripciones e ideales. El diario íntimo, la correspondencia escrita y la comunicación del ejercicio reflexivo eran una apuesta permanente para las clases ilustradas y, progresivamente, fueron extendiéndose a la burguesía y al proletariado, que aspiraron a educar a sus hijos en la universidad, fuente de prestigio y vehículo de ascensión social. La experiencia interior se ampliaba; Schopenhauer, Kierkegaard, Nietzsche y Freud poblaban de conceptos el territorio ignoto del inconsciente de los hombres y de las mujeres. Hasta llegar al momento actual.

Durante los años sesenta, en pleno auge de una revolución sexual que el feminismo abrazó sin interrogarla a fondo, se produjo otro proceso interesante para comprobar la rapidez con la que cambia la conciencia moral de los individuos, condicionados siempre por los mensajes a los que se adhieren.

La *intelligentsia* francesa, en la que podemos incluir figuras como Jean-Paul Sartre, Simone de Beauvoir, Jack Lang o Daniel Cohn-Bendit –Dani el Rojo–, y otros líderes de Mayo del 68, aprobaba la pederastia porque consideraba que la sexualidad del niño era un ejercicio de su libertad y creía en un consentimiento simétrico que hoy ponemos en cuestión. Amparados bajo la ideología de la revolución sexual y el rechazo de los valores familiares convencionales, aquellos intelectuales apoyaron con una carta pública a unos pederastas que consideraban injustamente condenados. La cuestión comenzó a debatirse mientras estaba en marcha una reforma del código penal francés en el Parlamento, y en 1977 intelectuales como Foucault, Danet y Hocquenghem firmaron una petición dirigida al mismo en la que defendían la despenalización de toda relación consensuada entre adultos y menores de quince años, siendo esta la edad del consentimiento en Francia. Los firmantes son algunos de los intelectuales que formaron a mi generación: Jean-Paul Sartre, Roland Barthes, Simone de Beauvoir, Gilles y Fanny Deleuze, Philippe Sollers, Jack Lang, Louis Aragon, André Glucksmann y muchos otros, desde Félix Guattari hasta Patrice Chéreau y Daniel Guérin; todos pidieron que se absolviera a tres hombres condenados por pederastia, alegando que los menores no habían sido víctimas de las más mínima violencia, sino que, por el contrario, habían dado su consentimiento.

Para Michel Foucault, acusado en 2021 de pederastia por el escritor Guy Sorman,[10] todas las minorías reprimidas tenían que ser liberadas de su opresión, y una de ellas era la de los pederastas.[11] En la página web de France Culture podemos escuchar íntegramente la emisión del programa *Dialogues*, emitido el 4 de abril de 1977;[12] allí Foucault dialoga con otros dos firmantes del citado manifiesto, Guy Hocquenghem y el jurista Jean Danet, para descriminalizar la pederastia con menores de quince años. Los tres defendieron du-

10. Óscar Caballero, «Polémica por acusaciones de pederastia contra Foucault», *La Vanguardia*, 4 de abril de 2021: <https://www.lavan guardia.com/cultura/20210404/6625755/acusaciones-pederastia-fou cault-sorman.html>.

11. Moghaddam y Kervasdoué, *op. cit.*

12. <https://www.radiofrance.fr/franceculture/quand-des-intellec tuels-francais-defendaient-la-pedophilie-2026242>.

rante una hora y cuarto la misma tesis: era un error encarcelar a los pederastas porque los niños de los que habían abusado habían consentido.

Aún más. En junio de 1978 el filósofo René Schérer, en defensa de la supuesta libertad del niño, oprimido por los poderes conservadores, afirmó lo siguiente:

> La aventura pedófila revela la insoportable confiscación del ser y del sentido practicada con respecto al niño por los roles constreñidos y los poderes conjurados.[13]

Argumento parecido se esgrime hoy para denunciar que quienes defienden la abolición de la prostitución hablan en nombre de las prostitutas y usurpan su derecho a opinar por sí mismas, atribuyendo una libertad –a niños entonces, a las prostitutas hoy–, que está lejos de poder ejercerse dadas las profundas condiciones de desigualdad y de sometimiento al poder que sufren unos y otras.

La recepción de *Lolita*, la célebre novela de Nabokov, en Francia y en Europa, a partir de los años sesenta, se hizo también bajo este prisma hegemónico de la libertad, y la mayoría de los críticos no observaron tampoco el rapto y la violación sistemática de la niña púber a manos de Humbert Humbert, por lo que la novela fue considerada por gran parte de los comentaristas como una bella historia de amor, en contra de la propia opinión del autor, que siempre defendió que se trataba del rapto y el abuso de una niña.[14]

En su novela *El consentimiento*, la editora Vanessa Springora relata que a los catorce años fue seducida por el escritor

13. *Ibid.* La traducción es mía.

14. Véase al respecto el programa de Bernard Pivot, *Apostrophe*, en el que entrevista a Vladimir Nabokov: <https://www.youtube.com/watch?v=a0MHIBoWOQg>.

Gabriel Matzneff –pederasta confeso y uno de los promotores del manifiesto a favor de la despenalización de la pederastia–,[15] de treinta y seis, y que mantuvo con él una relación *consentida*, relación que, pese a ser enormemente asimétrica, contó con el beneplácito de su propia madre y de la élite intelectual francesa, incluido Emil Cioran, que la interpretaron como una historia de amor, hasta el punto de que, cuando Springora le comunicó a su madre que había dejado a Matzneff, ella le contestó con expresión triste: «Pobrecillo. ¿Estás segura? ¡Te adora!».[16]

Han pasado más de sesenta años desde la publicación de *Lolita*, casi cuarenta desde el *affaire* de Springora, y el avance del feminismo ha puesto en evidencia el dolor que se esconde en los matrimonios infantiles, en las relaciones asimétricas (aunque sean aparentemente consentidas) y en el abuso sexual infantil. El «régimen de verdad» está cambiando. El concepto de *consentimiento viciado* arroja luz sobre la asimetría y, precisamente, sobre la facilidad con la que un adulto puede convencer a un niño de que actúa bajo su propia voluntad, algo que ha transformado enormemente la percepción de estas relaciones entre niñas o adolescentes y hombres adultos que eran frecuentes hace apenas unas décadas. Recordemos el matrimonio de Antonio Machado, de treinta y cuatro años, con Leonor Izquierdo, de quince, o de Edgar Allan Poe, de veintisiete, con su prima Virginia Clemm, de trece. Si bien el matrimonio infantil sigue siendo habitual en algunos países musulmanes, la lucha contra estas alianzas que

15. Vanessa Springora, *El consentimiento*, Lumen, Barcelona, 2020. Trad. de Noemí Sobregués Arias. También puede consultarse la reseña «Una sociedad cómplice ante la pederastia», donde ahondo en este aspecto: <https://www.infolibre.es/cultura/los-diablos-azules/sociedad-complice-pederastia_1_1189645.html>.
16. Springora, *op. cit.*, pág. 140.

violentan la sexualidad y la vida de las niñas se extiende por el mundo. Los ideales han cambiado.

La denuncia de la novela de Springora condenó a Matzneff al ostracismo, pues se inscribe en un imaginario opuesto al que imperaba cuando sucedieron los hechos. Los libros del autor, que defienden abiertamente la pederastia y el turismo sexual,[17] han sido retirados de las librerías, así como los honores que recibió del Estado francés, incluida una paga mensual para escribir –¡*Oh, là, là,* estos privilegiados franceses!–. Honores dirigidos al hombre cuyos alardes pedófilos y pederastas eran bien conocidos por todos e hicieron las delicias del mismísimo Bernard Pivot en su famoso programa literario *Apostrophe,* en una emisión de 1990 en el que los contertulios le rieron las gracias a Matzneff respecto a su afición, salvo la escritora canadiense Denise Bombardier, que se enfrentó con coraje al consenso y dio otro ejemplo de mujer vertebrada.[18]

A partir del escándalo Matzneff-Springora, Francia revisó algunos de sus mitos intelectuales, mitos que también me formaron a mí, como la psicoanalista de niños Françoise Dolto, cuyos textos fueron examinados a la luz de la nueva moral por Sophie Robert, quien recogió algunas afirmaciones de Dolto que hoy discutiríamos ampliamente:

> Los niños tienen deseos hacia los adultos, por eso atrapan a los adultos. Es todo lo que pueden pensar, provocar al adulto.[19]

17. En mi novela *Cada noche, cada noche* denuncio con nombre y apellido a Gabriel Matzneff, anticipándome en unos años a la condena colectiva que produjo la denuncia de Springora en 2020.

18. <https://www.youtube.com/watch?v=H0LQiv7x4xs>.

19. «Françoise Dolto et la pédophilie, une condamnation post mortem?», *Les baobabs,* 16 de enero de 2020: <https://blog.francetvinfo.fr/lesbaobabs/2020/01/16/1412.html>. Sophie Robert extrae esta cita

El psicoanálisis, con su reconocimiento explícito de la sexualidad infantil, colaboró con estos malentendidos, que hoy podemos aclarar a partir de observaciones más ajustadas, como las que nos ofrece el psicoanalista Sándor Ferenczi. Veamos cómo explica ese aparente deseo infantil.

En su artículo «Confusión de lenguas entre el adulto y el niño», Sándor Ferenczi, felizmente reivindicado cada vez más en el psicoanálisis contemporáneo, dio las claves para comprender el desajuste entre el lenguaje del niño y del adulto.[20] Ferenczi[21] afirmaba que, allí donde el niño espera recibir ternura y reconocimiento, el adulto sexualiza la relación que este le propone e interpreta como seducción su acercamiento. Los depredadores sexuales como Matzneff buscan niños con grandes déficits de reconocimiento, hijas e hijos de familias desestructuradas que sufren profundas necesidades de afecto. Esta circunstancia se observa con claridad en la excelente miniserie británica *La infamia*, basada en casos reales y dirigida en 2017 por Philippa Lowthorpe. *La infamia* nos narra lo acontecido en una pequeña localidad inglesa, Rochdale, a tres chicas jóvenes que sufrieron abusos sexuales y fueron prostituidas por hombres británicos de origen pakistaní, y del posterior fracaso de las autoridades locales para hacer algo al respecto. Vemos que se trata de niños, niñas y púberes que contemplan al adulto con admiración y les complace la atención que les presta, una atención de la que ca-

---

del libro de Françoise Dolto y Andrée Ruffo titulado *L'enfant, le juge et la psychanalyste*, Gallimard, París, 1999, pág. 84. La traducción es mía.

20. Sándor Ferenczi, «Confusión de lenguas entre los adultos y el niño. El lenguaje de la ternura y de la pasión», *Psicoanálisis* (tomo IV), Espasa-Calpe, Madrid, 1984. Trad. de Francisco Javier Aguirre.

21. Para adentrarse en su obra, recomiendo los libros del también psicoanalista José Jiménez Avello: *Para leer a Ferenczi* (Biblioteca Nueva, Madrid, 1998) y *La isla de sueños de Sándor Ferenzci* (Biblioteca Nueva, Madrid, 2006).

recen en sus hogares, mientras él abusa de esa necesidad de compañía, reconocimiento y ternura para su satisfacción narcisista y sexual.

Los lectores que conozcan la famosa novela de Marguerite Duras *El amante* (1984) o, sobre todo, *El amante de la China del Norte* (1991) pueden objetar que, en esta historia autobiográfica, la adolescente disfrutaba sexualmente y buscaba el placer que su amante le proporcionaba. Y llevarán razón. Pero las cosas no son tan sencillas. La autora escribió la segunda novela en 1990, al enterarse de la muerte de Than, el amante chino que protagonizó la primera, y allí habla, sí, de una historia de amor:

> Supe que él había muerto hacía años. Era en mayo del 90; hace, pues, un año ahora.
>
> [...]
>
> Abandoné el trabajo que estaba haciendo. Escribí la historia del amante de la China del Norte y de la niña: ella todavía no estaba allí, en *El amante*. Faltaba el tiempo alrededor de ellos. Escribí este libro en la enloquecida felicidad de escribirlo. Permanecí un año en esta novela, encerrada en todo aquel año del amor entre el chino y la niña.[22]

Sin embargo, en *Un dique contra el Pacífico* (1950), escrito cuarenta años antes, Duras recupera los inicios de esa misma historia insistiendo en la falta de dinero de su familia, motivo por el que acepta la corte que le hace el amante chino, casi empujada por una madre agobiada por las deudas que necesita la supuesta protección del hombre que se ha enamorado de su hija. No se habla del amor de la niña

---

22. Marguerite Duras, *El amante de la China del Norte*, RBA, Barcelona, 1992, pág. 9. Trad. de Beatriz de Moura.

hacia el hombre en esta primera aproximación, sino de un pragmatismo casi obsceno; sacarle dinero era el objetivo de una niña púber cuyos sentimientos quedan ocultos en la novela.

En *El amante* y *El amante de la China del Norte,* por el contrario, el tono erótico es muy acentuado, la autora de setenta y siete años romantiza la experiencia de la niña que fue y la erotiza, dotándola de una sensualidad que explota con la pericia del hombre y la curiosidad y el despertar sexual de la adolescente. He tenido pacientes que han sufrido abusos de sus padres y hermanos y es evidente que el placer sexual de estas niñas dañadas, precozmente erotizadas, acompaña a menudo el abuso; el cuerpo responde autónomamente a las caricias y confunde para siempre su sexualidad. Pero este placer involuntario no exculpa al agresor. Las consecuencias de estas relaciones incestuosas o abusivas son devastadoras y marcan para el resto de su vida a las víctimas, que aprenden, bien a erotizar todas las relaciones humanas, en un pansexualismo tan nefasto como el que las inició, bien a inhibir su sexualidad y a vivirla con culpa.

Marguerite Duras pudo romantizar su experiencia, pero la verdad de cómo esa niña vivió aquellos encuentros quedará siempre sin descubrir; la verdad, decía Cioran, no hay cosa que más se contradiga con el tiempo. Además, pensemos que se trataba de unos años en los que la diferencia de edad de la pareja hombre-mujer no estaba sancionada; el contexto sanciona o bendice, crea e interpreta la realidad.

Vemos, pues, cómo la conciencia, la moralidad, los valores que nos rigen cambian de forma rápida en apenas unas décadas. Y pueden hacerlo en lo colectivo y en lo particular; la plasticidad de nuestras convicciones, que se amoldan al pensamiento hegemónico, que justifican nuestros actos con racionalizaciones enjundiosas y bienintencionadas, es extraordinaria. Un soldado del Batallón 101 justificaba su elección de matar únicamente a los niños, mientras que su compañero asesinaba a las madres, porque serían incapaces de sobrevivir solos tras la muerte de sus progenitoras. Sin comentarios.

Pero saltemos a otro universo bien distinto al de la Francia burguesa y capitalista para continuar mostrando los cambios que la mentalidad de los ciudadanos sufre en poco tiempo cuando la sociedad se transforma. El escenario es ahora el de la destrucción de la Unión Soviética, la Perestroika y el inicio del capitalismo en Rusia.

En su excelente libro, *El fin del «Homo sovieticus»*, la premio Nobel Svetlana Aleksiévich cuenta las rápidas transformaciones de la mentalidad de sus connacionales que trajo consigo primero el comunismo y, sobre todo, el capitalismo posterior, y afirma:

> Nunca fuimos conscientes de la esclavitud en que vivíamos; aquella esclavitud nos complacía. [...] Ahora una echa la vista atrás y se pregunta si de veras aquellas personas éramos nosotros. ¿Así era yo?, ¿en serio?[23]

Aquí lo vemos de nuevo: «Aquella esclavitud nos complacía». Pero ¿de qué nos hablan estas profundas mutaciones? A nuestro juicio, por supuesto, de la enorme plasticidad del ser humano, de la constante transformación de su pensamiento y de sus convicciones, de su disposición a cambiar sus leyes morales y las acciones regidas por estas de acuerdo con el contexto social en el que se desenvuelven. Nos hablan de la importancia del aprendizaje mimético como garante de la necesaria identidad, del sentimiento de pertenencia y de vínculo, del reconocimiento como motor de la adherencia a las propuestas del exterior.

23. Svetlana Aleksiévich, *El fin del «Homo sovieticus»*, Acantilado, Barcelona, 2015, pág. 11. Trad. de Jorge Ferrer Díaz.

Pasolini ya lo advirtió cuando en Italia se introdujo la televisión en todos los hogares a finales de los años sesenta y comienzos de los setenta: fue una auténtica mutación antropológica que transformó tanto a los ciudadanos individuales como a las familias italianas, seducidos por las pantallas de unos televisores cuya publicidad les incitaba al consumo; unas pantallas que, a su juicio, convirtieron la heterogeneidad de sus conciudadanos en una masa de consumidores iguales.[24]

La influencia y el poder de los medios de comunicación, de la televisión en concreto, se mostró sobradamente con la elección de uno de sus magnates como presidente de Italia, Silvio Berlusconi, en tres periodos legislativos distintos (1994-1995, 2001-2006 y 2008-2011). Desde aquella elección de Berlusconi, la llegada al poder de líderes de la comunicación ha ido en aumento. En Ucrania, su actual presidente, Volodimir Zelenski, era actor y productor de cine y televisión; Javier Milei, presidente argentino desde las elecciones de agosto de 2023, consiguió previamente notoriedad en programas televisivos de debate; además del omnipresente Trump, quien participaba en un *reality show* de la NBC, donde logró fama en Estados Unidos antes de presentarse como candidato a la presidencia del país. El liderazgo televisivo no exige, salvo excepciones, grandes dosis de inteligencia, sino que se basa en la movilización de los afectos y de la irracionalidad, en la ausencia de pensamiento, en la habilidad para crear rápidos y eficaces *storytelling*.

Cito a Milton Mayer en este punto, enormemente esclarecedor:

A medida que el énfasis nazi en las virtudes no intelectuales (patriotismo, lealtad, deber, pureza, trabajo, senci-

24. Pier Paolo Pasolini, *Escritos corsarios*, Ediciones del Oriente y del Mediterráneo, Barcelona, 2009. Trad. de Juan Antonio Vivanco Gefaell.

llez, «sangre», «pueblo») iba calando en Alemania, incrementando la autoestima del «hombre corriente», la profesión académica se vio desplazada desde el mismo centro de la sociedad a su periferia.[25]

¿No es lo mismo que está pasando en nuestros días con las humanidades? Primero se destruye la autoridad académica y científica, se igualan las opiniones, luego el campo se convierte en caldo de cultivo para los populistas que explotan los sentimientos más simples.

Hoy asistimos al descrédito de la autoridad científica y académica, acentuado por los efectos de las redes sociales, que enaltecen la opinión de los hombres y las mujeres corrientes, quienes cada vez más se autorizan a dar la suya sin que se base en conocimiento alguno, sino en los prejuicios, en la irracionalidad, en los eslóganes de cualquier índole. En la región en la que vivo, en las elecciones generales de 2019, el 28 % de los votantes dio su voto a Vox, por lo que es fácil encontrarse por la calle con frases como esta que paso a comentar: dos varones de unos cincuenta años pasean en bicicleta y hablan en voz alta para poder escucharse el uno al otro. «Si te haces maricón, te dan una paga, ¡no te jode!»

Todos sabemos que esto es una grosera mentira, una afirmación infundada, pero sirve para mostrar en una sola frase el desprecio por los homosexuales y descalificar al gobierno, y transmitida por las redes puede producir efectos homófobos. Mucho más graves fueron los tuits de los dirigentes de Vox tras los atentados en Estocolmo y Bélgica, posteriores a la invasión de Israel de la Franja de Gaza en respuesta al ataque terrorista de Hamás en territorios israelíes el

25. Milton Mayer, *Creían que eran libres. Los alemanes: 1933-1945*, Gatopardo, Barcelona, 2022, pág. 131. Trad. de María Antonia de Miquel.

7 de octubre de 2023. Este fue el tuit que escribió Santiago Abascal:

> Hay que abatirles, sí, a todos los desalmados que traen odio, dolor y muerte. Y a ser posible hay que abatirles antes de [que] maten a un solo inocente. En Barcelona, en Bruselas o en Israel. Pero antes hay que impedirles entrar, y hay que hacer responsables a quienes les han abierto las puertas.

Ley del talión, venganza, polarización, combatir con odio y muerte —«abatirles»— a quienes actúan movidos también por el odio. La complejidad del mundo invita a eludir la confusión y la incertidumbre que esa misma complejidad genera refugiándose en eslóganes simplistas, en el maniqueísmo de los nuestros son los buenos y los otros los malos, porque pensar, soportar la angustia de dudar y no saber, cansa. De modo que delegar nuestra disminuida capacidad de pensamiento en otros proporciona un auténtico relax, tal y como hacen los yihadistas y, como vamos a ver a continuación, los adeptos a las sectas.

Es difícil, pues, conservar la columna vertebral, aunque todavía no estamos en condiciones de adentrarnos aquí en describir cómo se logra. Pero lo prometido es deuda, y volveremos más adelante a ello.

> Un día, su amigo James Williams –otro estratega de Google– se dirigió a una audiencia de cientos de destacados diseñadores tecnológicos y les hizo una sencilla pregunta: «¿Cuántos de vosotros queréis vivir en el mundo que estáis diseñando?». Se hizo el silencio en la sala. La gente miró a su alrededor, nadie levantó la mano.
>
> TRISTAN HARRIS,
> «65 segundos de capacidad de atención:
> ¿podemos recuperarla?» (2022)[1]

A pesar de los esfuerzos de las neurociencias por hacerse con la última palabra para definir la naturaleza humana, esa invariable intangible es escurridiza y frágil *por naturaleza*. La realidad es que, en palabras de Jesús Conill, para comprenderla habría que priorizar el mundo de la vida, que sitúa nuestra experiencia humana en el cuerpo y en las prácticas vitales e intersubjetivas.[2]

Abandonamos los esencialismos porque aceptamos que vivimos en un mundo en constante cambio. Incluso lo que puede parecer inamovible, como nuestro querido planeta Tierra, no cesa de evolucionar e interaccionar. La hipótesis Gaia, un modelo interpretativo que debemos a James Lovelock y Lynn

---

1. Tristan Harris es exingeniero de Google y fue protagonista del documental *El dilema de las redes*. El artículo en castellano se encuentra en: <https://www.climaterra.org/post/65-segundos-de-capacidad-de-atención-podemos-recuperarla>.

2. Jesús Conill, «¿Puede mantenerse hoy el concepto de naturaleza humana?», *FronterasCTR*, 24 de octubre de 2018: <https://blogs.comillas.edu/FronterasCTR/?p=3370>.

Margulis, afirma que nuestro planeta en su totalidad actúa como un superorganismo vivo que modifica activamente su composición interna para asegurar su supervivencia. Gaia es el sistema homeostático que emerge de la interacción entre la biota y la biosfera, afirma Carlos de Castro, quien sostiene y amplía la hipótesis de Lovelock y Margulis hacia una Gaia orgánica.[3] La naturaleza, opina, está animada por el propósito de perpetuarse.

En la misma línea de una transformación mutua, Antonio Campillo escribe:

> La vida no aparece y se desarrolla en un planeta óptimo para ella, como creían los físicos, químicos y geólogos, sino que ha sido la propia evolución de los seres vivos la que ha ido transformando los espacios físicos, químicos y geológicos de la Tierra.[4]

La vida que se ha desarrollado en la Tierra, continúa, ha enfriado hasta cien grados la temperatura que, por su proximidad al Sol, tendría el planeta si esta no se hubiese dado. Lo mismo ocurre con nuestro cerebro y con nosotros: la interacción con el entorno lo transforma y nos transforma sin cesar, y esto de manera profunda y constante, por lo que, más que de seres naturales, hemos de hablar de seres biopsicosociales, producto de complejas relaciones entre estos tres ámbitos de la existencia: el cuerpo biológico, el entorno social y la biografía, que juntos construyen nuestro psiquismo, del que, sin olvidar las determinaciones de nuestro inconsciente, se deriva nuestra conducta. Como señala Eric Kandel, todos los proce-

3. Carlos de Castro, *Reencontrando a Gaia. A hombros de James Lovelock y Lynn Margulis*, Ediciones del Genal, Málaga, 2019.

4. Antonio Campillo, *Grecia y nosotros. La herencia griega en la era global*, Abada Editores, Madrid, 2023, pág. 224.

sos mentales son fisiológicos –sinapsis, conexión entre neuronas–, por lo que la perspectiva dualista cerebro-mente/procesos sociales habría de abandonarse a favor de la importancia determinante de las condiciones sociales sobre nuestro cerebro.[5] En este sentido, Kandel estudió la privación sensorial de los bebés en los primeros meses de vida y confirmó las hipótesis de Spitz sobre sus consecuencias en el adulto, dado que modifica la corteza cerebral. La mente sería entonces un conjunto de funciones llevadas a cabo por un cerebro modificado por el ambiente. La palabra, continúa el premio Nobel de Medicina, quien defiende el psicoanálisis como una certera aproximación a la complejidad de lo humano, actúa en el cerebro estableciendo nuevas sinapsis, el aumento de la neuroplasticidad, cambios metabólicos y arborización dendrítica, por lo que las modificaciones que produce son duraderas.

Un ejemplo de esa plasticidad del psiquismo humano, de la ductilidad para adaptarnos a cualquier circunstancia, máxime cuando de ello depende nuestra subsistencia física o psíquica, de la oquedad que nos constituye y la necesidad de llenarla con certezas, lo encontramos en el estudio de las sectas.

Para muchos especialistas, las sectas son un laboratorio que permite entender la fragilidad humana; una fragilidad que para nosotros está en el origen de la imperiosa búsqueda de identidad que precisan quienes se acercan a ellas. Los especialistas coinciden en que, cuando hay una inseguridad personal, se busca urgentemente una seguridad artificial, como vimos antes aquí.

En una entrevista sobre el tema, el psicoanalista Miguel

5. Eric Kandel, *Psiquiatría, psicoanálisis y la nueva biología de la mente*, Ars Médica, Barcelona, 2007. Trad. de Xavier Urra Nuin y Elisabet Carreras i Goicoechea.

Perlado habla de la transformación de las sectas que propugnaban una espiritualidad oriental y el acercamiento a religiones nuevas, surgidas de un híbrido de otras, y que tuvieron su esplendor en los años ochenta, la *new age*, a las sectas actuales, que prometen el crecimiento espiritual y el cuidado de sí mismo.[6] Mientras que en los años sesenta y setenta se estimulaban los valores sociales, interrogando el lugar que ocupamos en el mundo y la manera de transformarlo, las sectas actuales buscan exclusivamente la mejor versión de uno mismo, en un culto individualista y narcisista que acaba con los vínculos interpersonales. Como cabía esperar, el dinero digital ha creado también otro tipo de sectas, las criptosectas, que prometen hacerte millonario a golpe de clic. Pensamiento mágico en estado puro.

El perfil de los adeptos es el de jóvenes y adolescentes en épocas de crisis, idealistas, en construcción de su identidad, sin un propósito claro en la vida o sumidos en un duelo, que hallan en el gurú la guía que creen necesitar para encontrarse a sí mismos.

> En cuanto a los rasgos de personalidad que pueden hacer a una persona más susceptible a la influencia sectaria podemos destacar: rasgos de dependencia, inseguridad, credulidad, idealismo, ingenuidad y atracción hacia estados de trance (por ejemplo, a través de experiencias con sustancias alucinógenas).[7]

Pertenecer a una secta te ofrece una identidad plena, sin resquicios, de forma que, cuando se abandona, los exmiem-

6. Entrevista a Miguel Perlado, especialista en sectas: <https://www.youtube.com/watch?v=9Sy139C48oY>. Véase también Miguel Perlado, *¡Captados!*, Ariel, Barcelona, 2020.

7. *Ibid.*, pág. 75.

bros tienen que volver a crearse, a construirse por fuera del lavado de cerebro que la secta les ha realizado y salir de la identidad adhesiva y prestada que los ha sostenido, así como perder los lazos afectivos con el gurú y con el grupo. Un dramático y doloroso renacimiento que, con frecuencia, deposita al adepto en un nuevo grupo coercitivo poco después. Las sectas son sistemas de manipulación, control y coacción de la personalidad de los discípulos con el objetivo de obtener poder y dinero para el líder o la organización, cuyas necesidades económicas y psíquicas intentan ser satisfechas a través de aquellos.

La secta intenta ocupar el espacio total de la mente del adepto para alejarlo de lo que pensaba que era y llevarlo hacia lo que ella espera de él. Los especialistas insisten en el sentimiento de vergüenza y de culpa que experimentan quienes pueden abandonarlas, y la mayor dificultad que implica recuperar a los niños que ya han nacido dentro del grupo y no conocen otra realidad que esa.

El control del sexo, auténtico biopoder, que diría Foucault, está en la base de la doctrina de las sectas: pansexualismo y libertad sexual, entre los miembros o con el gurú, o bien control estricto de la sexualidad.

Los perfiles de los candidatos con más posibilidades de adherirse a una secta serían los siguientes:

- Jóvenes idealistas, universitarios, con inteligencia por encima de la media, con tendencias algo obsesivas, perseverantes y con un componente de insatisfacción que los lleva a buscar algo diferente. Son los productivos, no unos locos, los que más interesan a las sectas.
- Personas de entre treinta y cuarenta años con antecedentes de alguna adicción a tóxicos o dependencias afectivas o emocionales, y aquellos que sufren la crisis de la mitad de la vida y que buscan nuevos caminos.

- Los que están continuamente buscando: hoy con un chamán, mañana con una terapia revolucionaria, y pasado orando en el monte.[8]

La serie estadounidense *El juramento* (*The Vow*, 2020), dirigida por Karim Amer y Jehane Noujaim, explora el universo del grupo de superación personal NXIVM y su líder Keith Raniere, denunciado por tráfico sexual y sentenciado en 2020 a ciento veinte años de cárcel. El documental muestra el testimonio de distintos adeptos y exmiembros que entraron en el programa de éxito ejecutivo diseñado por Raniere buscando su propósito en la vida. Se trataba de personas exigentes con su trayectoria personal que querían conseguir más éxito y que encontraron en las enseñanzas del gurú un camino a seguir.

Uno de los protagonistas, Mark Vicente, cineasta australiano que perteneció al grupo dirigente durante doce años hasta que lo abandonó convencido por su mujer del engaño en el que ambos se encontraban, confiesa respecto a Keith Raniere: «Anhelaba ser como él. Me conocía más que nadie en el mundo»; o afirma: «¡La autoestima era esto!», cuando se siente reconocido y amado por el líder, que lo acepta como un igual. Barry Meier, el periodista del *New York Times* que investigó y publicó la historia que le proporcionaron los exmiembros, afirma en el documental que la lección más importante que puede sacarse de este triste episodio es la siguiente:

lo extraordinariamente vulnerables que somos las personas. Aunque por fuera sean personas brillantes, capaces e inteligentes, exitosas, siguen siendo muy vulnerables en muchos

8. Ana Soteras, «Jóvenes preparados y con tendencia obsesiva», EFE Salud, 23 de enero de 2017: <https://www.efesalud.com/jovenes-preparados-tendencia-obsesiva-perfil-interesa-las-sectas/>.

aspectos. Y esa vulnerabilidad está ahí para que alguien llegue y la explote.

Lo que resulta evidente para el espectador es que las personas que se acercan a las sectas son exigentes con su vida, la cual no les satisface plenamente, y andan en busca de algo que no saben bien qué es; poseen grandes dosis de capacidad de idealización e intensos deseos inconscientes de fusión con otras personas o grupos, en quienes delegan la autoridad para dirigir su vida y depositan su confianza. La búsqueda de identidad –saber quiénes son– es una constante en los testimonios recogidos en el documental. Como afirma Miguel Perlado, todos tenemos rasgos que nos harían susceptibles de ingresar en una secta porque buscamos atajos para no pensar, formas simples de resolver los problemas; porque todos, podríamos añadir, regresamos a posiciones infantiles y utilizamos inconscientemente mecanismos de escisión, negación y pensamiento mágico en los momentos de más angustia e incertidumbre, y es ahí cuando podríamos recurrir a un líder o a un gurú que se propone como guía.

La inteligencia, aunque pudiera parecer lo contrario, no es un elemento protector. Para José Miguel Cuevas, psicólogo social especialista en adicciones, los grupos sectarios producen los mismos efectos de dependencia en los adeptos que una relación tóxica, y estos se mueven por la necesidad imperiosa de creer en algo. En los grupos sectarios gnósticos, como sucede también en los Testigos de Jehová, se denigra y se sanciona abiertamente el pensamiento crítico y el conocimiento, dado que la única verdad se encuentra supuestamente en ellos. Preguntado sobre cuál es el beneficio de permanecer en un sistema semejante, Miqueas Henares, que nació en un grupo de Testigos de Jehová en el que continúa toda su familia, y donde permaneció hasta los treinta y seis años, no duda al responder: «La ventaja es que no tienes que pensar tu vida. Te lo planifican todo, no te queda tiempo para nada más».[9]

Perlado prefiere hablar, acertadamente a mi entender, de *funcionamiento sectario* y no de *sectas*, pues el primero permite observar de forma transversal la dinámica que se instala en quienes se incorporan a ellas y exportar el concepto a distintos espacios sociales que difunden este tipo de dinámica.[10]

De lo que se desprende hasta aquí podemos considerar que el funcionamiento sectario es una forma del no-pensar que se promueve en el capitalismo de la atención, y voy a intentar mostrarlo a través de distintos fenómenos.

En la infoesfera proliferan los grupos cuyo aislamiento autorreferencial tiene muchas similitudes con el que se produce en las sectas. Algunos ejemplos de este repliegue vinculado con el sesgo de confirmación que afecta a los jóvenes usuarios de las redes sociales los aporta el informe *Jóvenes en la manosfera*, que estudia las comunidades de jóvenes MGTOW (Men Going Their Own Way, «Hombres que siguen su propio camino», grupo antifeminista y misógino que propugna la separación entre hombres y mujeres), los activistas de los derechos de los hombres, los incels (célibes involuntarios), los gurús de la seducción y los youtubers misóginos; grupos todos ellos entre los que el estudio encuentra un denominador común que los atraviesa: su marcado antifeminismo. Destaco algunos comentarios de especial relevancia de este trabajo:

9. Miqueas Henares, «Mi experiencia como testigo de Jehová», comunicación y debate posterior en el IX Encuentro Nacional sobre Sectas y Abuso Psicológico, organizado por la AIIAP, Alicante, 1 y 2 de marzo de 2024.

10. Miguel Perlado, *Estudios clínicos sobre sectas*, AIIAP, Barcelona, 2005.

Es esta capacidad organizativa de la manosfera lo que consideramos una de sus características cruciales, y guarda una relación directa con el significado que estos espacios digitales tienen para los hombres, especialmente jóvenes que ven su rol social en un momento de inestabilidad y confusión. Acudir a la manosfera puede resultar ser, para muchos, un espacio seguro donde buscar información y producir sentido acerca de ellos mismos y su identidad como hombres. Además, la manosfera está compuesta por una multitud de diferentes subculturas masculinas, lo que se traduce en una diversidad de espacios nichos con cabida para, potencialmente, todos. Entender la manosfera como un espacio de restauración y (re)construcción de identidad masculina nos permite identificar los valores y discursos que estructuran las diferentes comunidades masculinistas digitales.[11]

Como bien observan los autores, la manosfera ha de entenderse como un espacio de restauración y reconstrucción de la identidad masculina, adecuado para jóvenes que precisan, precipitada, urgentemente, dotarse de una frente a la fragilización que la identidad masculina sufre en estas últimas décadas.

Surgen así formas nuevas de masculinidad que sustituyen al macho alfa, como el macho beta o el macho sigma. Hemos de pensar que el 60 % de los jóvenes norteamericanos de entre dieciocho y veintinueve años están solteros y

11. Elisa García-Mingo y Silvia Díaz Fernández, *Jóvenes en la manosfera. Influencia de la misoginia digital en la percepción que tienen los hombres jóvenes de la violencia sexual*, Centro Reina Sofía sobre Adolescencia y Juventud, Madrid, 2022, pág. 14: <chrome-extension://efaidnbmn nnibpcajpcglclefindmkaj/https://www.adolescenciayjuventud.org/wp-content/uploads/2021/02/Jovenes_en_la_Manosfera_Centro-Reina-Sofia _FAD.pdf>.

sufren miedo al rechazo: son, pues, unos excelentes candidatos para obedecer las consignas de los hombres que les garantizan el éxito con las mujeres de una u otra manera. En España el porcentaje de solteros y solteras supone el 36 % de la población, unos catorce millones y medio de personas.

El tratamiento de Ken, el personaje masculino central en la exitosa película *Barbie* (Estados Unidos, 2023), dirigida por Greta Gerwig, es un ejemplo irónico de la consideración que para muchas mujeres de hoy merecen los hombres. Destronados, infantilizados, representados como poco inteligentes, sin un lugar claro en la sociedad, el film refleja una realidad que los jóvenes varones sufren, la llamada *crisis de la masculinidad*, frente al ascenso y el empoderamiento de las mujeres. No es de extrañar que se unan reactivamente en foros para reforzarse entre ellos y encontrar una identidad masculina que rechace esta representación que los denigra, hasta llegar a la misoginia más fanática. No es de extrañar, digo, porque esta defensa tribal les evita reflexionar sobre sí mismos e intentar transformar los efectos de una socialización patriarcal que les impide ver a las mujeres como iguales.

Por otra parte, la directora de cine e investigadora Gala Hernández López ha estudiado la masculinidad en su último proyecto, centrado en el mundo de las criptomonedas, y ha encontrado paralelismos iconográficos y doctrinales entre este entorno económico sectario y la religión.[12] Los jóvenes humillados y empobrecidos por el sistema neoliberal buscan la salvación a través del dinero, convertido en un ídolo, un dios que los salvará de la pobreza económica y afectiva. Las

12. Alexis Magnaval, «Gala Hernández López, des enquêtes féministes et techno-critiques», France Culture, 13 de octubre de 2023: <https://www.radiofrance.fr/franceculture/gala-hernandez-lopez-des-enquetes-feministes-et-techno-critiques-5926977>.

llamadas *sectas comerciales* prometen satisfacer tres anhelos de los jóvenes actuales: riqueza, fama y compañía.

Existen pues semejanzas más que significativas entre los distintos grupos que propicia la infoesfera y los mecanismos del funcionamiento sectario: se estimula la fusión de identidad de la que hablamos anteriormente, lo que conduce a dinámicas regresivas de retorno a defensas primitivas (identificaciones adhesivas, disociación y bloqueos cognitivos).

Los grupos digitales dotan a sus miembros, como las sectas a los adeptos, de una identidad imaginaria, e introducen los mensajes de la realidad virtual en el interior del individuo, que se identifica con ellos sin construir una subjetividad propia. Se produce así una fusión de identidad entre el individuo y el grupo sectario o virtual a través de su relación con el líder y con los mantras y eslóganes propuestos como doctrina, unos y otros promueven una identidad adhesiva y el predominio del pensamiento concreto. Las tribus virtuales otorgan, pues, reconocimiento y pertenencia; afecto si perteneces al grupo, desafecto si te alejas de él. En los grupos sectarios y digitales existe, pues, una diferencia radical entre el adentro y el afuera. El mundo del adentro les aleja de la realidad, que queda disminuida, en una distribución escindida del mundo, como sucede en los cuentos infantiles: el adentro es el lugar de la bondad y de la protección, el afuera el del peligro.

Infoesfera y sectas proporcionan una particular escala de valores a sus adeptos y crean esferas aisladas que no comparten los valores de la sociedad en su conjunto.

Pero el capitalismo de la información no necesita castigos ni amenazas para el control de nuestra voluntad mediante técnicas no coercitivas, sino que enmascara ese control hasta que lo percibimos como un ejercicio de nuestra libertad, al que nos sometemos voluntariamente. En este sentido, el paralelismo de las tribus digitales con la religión es fácil de establecer.

Como señala Byung-Chul Han con relación a las redes
sociales:

> Los influencers son venerados como modelos a seguir.
> Ello dota a su imagen de una dimensión religiosa. Los in-
> fluencers, como inductores o motivadores, se muestran
> como salvadores. Los seguidores, como discípulos, partici-
> pan de sus vidas al comprar los productos que los influen-
> cers dicen consumir en su vida cotidiana escenificada. De
> ese modo, los seguidores participan en una eucaristía digi-
> tal. Los medios de comunicación social son como una Igle-
> sia: el like es el amén. Compartir es la comunión. El con-
> sumo es la redención [...], los influencers hacen que los
> productos de consumo parezcan utensilios de autorrealiza-
> ción.[13]

Los influencers son los nuevos gurús de nuestra sociedad
digitalizada, los mediadores de un deseo mimético que se
quiere permanente, lejos de la revelación emancipadora que
iluminó a don Quijote en su lecho de muerte.

13. Byung-Chul Han, *Infocracia. La digitalización y la crisis de la
democracia*, Taurus, Barcelona, 2022, pág. 19. Trad. de Joaquín Chamorro
Mielke.

¿QUÉ SOSTIENE A LOS VERTEBRADOS?

> Los hombres más similares, más habituales, han tenido y tienen siempre ventaja; los más selectos, más sutiles, más raros, más difíciles de comprender, esos fácilmente permanecen solos en su aislamiento, sucumben a los accidentes y se propagan raras veces.
>
> FRIEDRICH NIETZSCHE,
> *Más allá del bien y del mal* (1886)

Siempre habrá excepciones que no sucumben a la sumisión a la autoridad, como también hemos observado al hablar de los héroes y de los justos. Quienes se multiplican con mayor facilidad son los hombres y mujeres huecos, normópatas, adaptados a los requerimientos del sistema, que dimiten de la tarea de crear una subjetividad propia y que construyen su identidad, más imaginaria que simbólica, reproduciendo los modelos propuestos a partir de un deseo mimético cuyos mediadores son hoy las redes sociales.

Cuando Hannah Arendt asistió como testigo en Jerusalén al juicio contra uno de los máximos responsables nazis, no observó en Adolf Eichmann, teniente coronel de las SS, a alguien demoníaco o monstruoso, sino a alguien aquejado de una preocupante normalidad.[1] Le pareció que la única característica digna de mención que podría explicar su comportamiento era una ausencia de pensamiento, es decir, su capacidad para seguir sin reflexionar los dictados del poder.

En su libro sobre la *bondad insensata*, un término utili-

---

1. Hannah Arendt, *Eichmann en Jerusalén. Un estudio sobre la banalidad del mal*, Lumen, Barcelona, 2003. Trad. de Carlos Ribalta.

zado por Vasili Grossman para referirse al ejercicio de esa cualidad, sin testigos ni grandes teorías, de un hombre para con otro hombre, Gabriele Nissim rescata las reflexiones de Hannah Arendt sobre lo que llama *el secreto de los justos* y afirma lo siguiente:

> La gente corriente, por oportunismo, por no contravenir leyes ni órdenes y, naturalmente, por miedo, prefiere eliminar las cuestiones morales y, frente al mal, mirar para otro lado. Es entonces cuando Hannah Arendt se pregunta si el ejercicio del pensamiento puede ser la clave para sustraerse al conformismo de un régimen totalitario.[2]

Y Arendt responde que sí a esa pregunta. Las condiciones que ayudan a los individuos a no doblegarse a las leyes injustas y que Nissim recoge de la filósofa serían algunas de las que hemos estado viendo hasta aquí como propias de la subjetividad y de la identidad narrativa: la soledad y la facultad de establecer un diálogo con el propio yo, la capacidad para juzgar poniéndose en el lugar del otro (empatía) y la imaginación. Así como otras que no hemos destacado hasta ahora y que la filósofa señala, como la capacidad de sentir vergüenza por las propias injusticias —esto es, mantener un ideal del yo activo, una autoconciencia vertebrada—, la voluntad para resistir y la disposición a perdonar. Actuar en consecuencia respecto a nuestras ideas, en un ejercicio de la voluntad que venza el conformismo y el miedo, es otro secreto de los justos que no renuncian a su criterio para cederlo al poder, arriesgando incluso su bienestar.

La predisposición a vivir consigo mismo, ese diálogo silencioso que se ejerce en soledad, es, según Arendt, una brú-

---

2. Gabriele Nissim, *La bondad insensata. El secreto de los justos*, Siruela, Madrid, 2013, pág. 83. Trad. de Juan Antonio Méndez.

jula para guiar nuestra conducta, si bien los hombres prefieren mentirse a sí mismos para vivir más tranquilos, como afirmaba Kant. Hoy, sin embargo, nos alejamos a pasos agigantados de la defensa contra el mal que es la soledad y la reflexión.

Hemos hablado anteriormente de la Función Autor, esa capacidad del ser humano de separarse de lo dado, de las identificaciones prestadas que nos construyen originalmente, para crear una subjetividad propia que las interrogue mediante el ejercicio de un creciente pensamiento crítico y la producción de una identidad narrativa, y no solo imaginaria, que pueda dar cuenta de la historia personal dotándola de un sentido. Resistir a la homogenización desubjetivante a la que se nos impulsa implica construir una vida singular que no se somete plenamente al pensamiento hegemónico y a los roles prestablecidos por ese mismo pensamiento, sino que se dota a sí misma de argumentos para seguir un itinerario propio e inscribirse de forma singular en el mundo. Una subjetividad en relación, que reconoce al otro como un sujeto igual, portador de deseos y necesidades como los propios, o bien distintos a los propios. Es decir, sujeta a la fricción y a los roces que esta le impone, considerados como obstáculos pero también como oportunidades de aprendizaje. El contacto con los otros nos transforma, aporta a la representación de nosotros mismos aspectos que no habíamos considerado, nos interroga y nos enriquece. A pesar de las dificultades que produce, nos hace seres narrativos en busca de sentido y nos aleja del bla-bla-bla insustancial de las meras informaciones entrecruzadas. La Función Autor, la capacidad de autorizarnos a interrogar las identificaciones dadas y separarnos o no de ellas, es lo que caracteriza a los vertebrados que reflexionan para crear su subjetividad, como les sucede a los hombres y las mujeres citados anteriormente.

No en vano, para desprogramar a los adeptos a las sectas, los profesionales se esfuerzan en que aprendan a pensar por sí mismos, que salgan del pensamiento concreto para abrir su mente en otras direcciones, que vuelvan al viejo ideal kantiano del *sapere aude*.

Sin embargo, el solipsismo virtual nos dirige hacia el funcionamiento sectario, nos deshumaniza. Interroguemos ahora esta afirmación.

¿MENOS HUMANOS?

> A las mermas que tiene que esperar sin más
> [el *Human Engineer*] de las *forces majeures*: desam-
> paro, enfermedad, vejez y muerte, añade de mane-
> ra masoquista otra: la que se produce a través de la
> *autocosificación*. Se podría imaginar un informe
> teológico sobre este fenómeno escrito en el año
> 2000 de esta manera: «Como no existía el demo-
> nio o el dios marcionita, que condenara a los
> hombres a una existencia de aparato o que lo con-
> virtiera en un aparato, el hombre inventó ese dios;
> incluso se atrevió a desempeñar él mismo el papel de
> ese dios adicional; pero desempeñó ese papel ex-
> clusivamente con el fin de infligirse los males, que
> no podía hacer venir de otros dioses. Se convirtió
> a sí mismo en señor solo para poder convertirse en
> esclavo de una manera nueva».
>
> GÜNTHER ANDERS,
> La obsolescencia del hombre, vol. I (1956)

Somos *tabula rasa*, folio en blanco a la espera de un *co-
piado*, como el que hacíamos de niños en las cartillas de or-
tografía, siguiendo los renglones y el ejemplo de un *modelo*;
seres de historia y experiencia en los que las historias y las
experiencias de quienes nos precedieron marcaron disposi-
ciones que podrán o no desarrollarse en cada uno de nosotros de acuerdo con el aprendizaje y la cultura. ¿Qué hay de
nuevo ahora para que nos detengamos en esta plasticidad
adaptativa y en este vacío que nos constituyen? La autocosificación a la que se refiere Günther Anders como servi-
dumbre voluntaria a la que nos conduce la socialización digital.

«No soy un robot» es la afirmación que nos obligan a hacer ciertas aplicaciones antes de utilizarlas. ¿Lo somos?, ¿estamos hoy más alterdirigidos por el asalto de la digitalización?, ¿prestamos nuestra voluntad a algoritmos ajenos, creados por desconocidos?, ¿hemos perdido capacidad para pensar, para conversar? La digitalización nos ha transformado en objetos, en productores de datos. La tecnología, erigida en dios adicional, Günther Anders *dixit*, nos convierte en esclavos.

En febrero de 2022 tuve que viajar a Bilbao para impartir una conferencia en unas jornadas sobre identidad a las que me acompañó mi pareja. Al sacar los billetes por internet tuve una confusión provocada por el sistema digital de Vueling y, como febrero tenía ese año la misma distribución de días de la semana que marzo, saqué la vuelta para el día deseado, pero un mes después.

Por supuesto, llegamos al aeropuerto para tomar el vuelo de regreso el 12 de febrero, pero la máquina de la entrada de facturación no leía el billete de nuestro móvil. Cuando pedimos ayuda al encargado, este nos señaló el error. Corrimos a solucionarlo, pero en el aeropuerto de Bilbao, como en el de Alicante, Vueling no tiene oficinas, una carencia que al parecer está prohibida por la ley. Nos dirigimos a las encargadas de facturar de la compañía, pero ellas no podían emitir nuevos billetes, por lo que nos enviaron a las oficinas de Iberia, con la advertencia de que llamáramos a la puerta antes de entrar, porque esa oficina era de uso exclusivo del personal, no teníamos *derecho* a entrar en ella. La empleada de Iberia que nos atendió en la puerta nos informó de que no quedaban billetes para ese día, por lo que le propusimos sacar uno para el siguiente. Ambos costaban trescientos diez euros y no había rebaja si hacíamos un cambio de reserva, cosa inexplicable, puesto que nuestro billete era para un mes después a causa del error que causó ese desaguisado; pero, aun así, no la había.

En conclusión, sin poder hablar en persona con nadie de Vueling, solo con un *chatbot* y empleadas de otra compañía, todas ellas con prisa, incómodas con nuestra demanda porque hacían un trabajo que en realidad era un favor que no les correspondía hacer, como nos repitieron varias veces, sacamos los nuevos billetes con nuestro ordenador, pues aunque Bilbao estaba tan preciosa que daban ganas de quedarse a vivir allí, teníamos nuestras obligaciones.

Al final de toda la operación habíamos pagado dos billetes de regreso que no utilizamos, y que por supuesto alguien pudo sacar para el mes de marzo una vez anulados, y dos billetes nuevos. Y todo lo que nosotros perdimos lo ganó Vueling por una configuración de su página que estaba causando confusiones a otros muchos viajeros, según afirmaron las empleadas de facturación y leímos días después en la prensa, donde se publicaron sus quejas.

La sensación de indefensión, de que no nos asistía ninguno de nuestros derechos como ciudadanos y como consumidores, fue considerable. Aunque también lo fue nuestra rápida aceptación para sobrellevar esa pérdida y sus inconvenientes, así como intentar borrar el agravio y la irritación consecuentes, para que ese contratiempo no nos amargase el resto del viaje y porque teníamos otras muchas cosas que hacer al volver a casa. Actuamos espontáneamente según el pensamiento positivo: borrando la frustración, lo que contribuye a que el número de reclamaciones disminuya. Queremos olvidar, no ahondar en el malestar, disminuir el daño.

Como afirma en una conferencia Antonio Diéguez, llamar a Movistar y que te responda una máquina deshumaniza. Pero nos acostumbramos pronto a esa deshumanización.

La relación con una máquina deshumaniza, sí, pero ¿en qué consiste entonces nuestra naturaleza humana?

Los humanos actuales pertenecemos a la especie *Homo sapiens*. Al principio, entre nuestros antepasados de las sociedades de cazadores-recolectores no existía una conciencia de la individualidad como la que poseemos ahora; la identidad era grupal, cada individuo se definía por su pertenencia al grupo, lo que sigue siendo norma en las sociedades de cazadores-recolectores actuales y en algunos entornos rurales muy tradicionales. Todos los miembros del grupo se rigen por la costumbre, por lo que hay que hacer, y para transgredirla se requiere una identidad individualizada, al margen de él, que puede acarrear la exclusión y la marginalidad. Los homosexuales que huyen de sus pueblos en busca de un entorno más amable con su diferencia, inasumible en una sociedad heteronormativa rígida, saben bien del sufrimiento que comporta alejarse de la norma. A día de hoy, en más de setenta países del mundo, mostrar una sexualidad no normativa es un delito. En otros países, aunque no sea ilegal, formar parte de la comunidad LGTBI+ puede resultar peligroso. Por eso, ser lesbiana, gay, trans o bisexual, o bien seropositivo, puede ser motivo de solicitud de asilo político. El famoso dicho «Pueblo pequeño, infierno grande» expresa muy a las claras el horror que puede suponer la presión social para quienes no se rigen por las normas comunes establecidas. Las mujeres insumisas con los roles de género patriarcales han sufrido también la sanción de distintas formas, desde el insulto o el rechazo hasta la hoguera.

Fue solo poco a poco, con la división de funciones y la estratificación de las sociedades, que comenzó a fraguarse el sentimiento de poseer una identidad personal por fuera de la colectiva, al tiempo que, con la agricultura, la acumulación de bienes y el sedentarismo, se iniciaba el camino para la desigualdad. Primero fueron unos pocos –aristocracia, realeza, líderes– quienes adquirieron conciencia de su individualidad, luego se fue extendiendo en distinto grado hacia la población general masculina y solo a algunas mujeres, y finalmente al conjunto de ellas, que habían sido desposeídas de instrucción y recluidas en sus casas, homogenizándolas; hasta finales del siglo XIX las mujeres no pudieron matricularse en las universidades: por ejemplo, fue en 1891 cuando logró hacerlo Marie Curie.

Se dice que con la aparición de la escritura y la lectura silenciosa se creó la conciencia de poseer un mundo interior propio, la autoconciencia que caracteriza al hombre y la mujer ilustrados, aquellos que se hacen preguntas.

Así pues, la concepción de nosotros mismos como personas que tienen una mente singular y la utilizan para pensar es una conquista de la historia que tiene mucho que ver con la democratización de la escritura, la imprenta y la lectura silenciosa, aunque en el siglo IV a. C. ya había un egipcio melancólico con un intenso mundo interior, un nihilista *avant la lettre* que se quejaba de su melancolía, la enfermedad de la reflexión.[1]

Lo que quiero decir es que el sujeto, tal y como lo entendemos hoy, es una construcción, una invención moderna, como lo es la identidad personal. Pero, más allá de esta identidad construida, ¿existe algo que podamos llamar *naturaleza humana*?

El polémico Steven Pinker, en su famoso libro *La tabla rasa*, defiende la existencia de una naturaleza humana transcultural, oponiéndose a la corriente hegemónica de la sociología, la filosofía y la psicología posmodernas, que la niegan y consideran al ser humano una *tabula rasa*, solo condicionado por lo que en ella escriba su entorno.[2] A juicio de Pinker, afirmar que somos una *tabula rasa* en la que se inscriben las condiciones de cada cultura es una posición políticamente bienintencionada pero que niega las evidencias, a su entender demostradas, de que existen diferencias como las que él

---

1. Jean Clair, *Melancolie. Genie et folie en Occident*, Gallimard, París, 2005.

2. Steven Pinker, *La tabla rasa. La negación moderna de la naturaleza humana*, Paidós, Barcelona, 2002. Trad. de Roc Filella Escolà.

constata –por ejemplo, entre hombres y mujeres–. A su juicio quienes niegan las diferencias innatas lo hacen para evitar el peligro de que estas justifiquen posibles desigualdades.

Pinker opina que el 50 % de las características comportamentales de los seres humanos depende de los genes, lo que explica que gemelos univitelinos criados en contextos familiares muy distintos y alejados entre sí compartan algunos rasgos de conducta. Sin embargo, lo inscrito en los genes es disposicional, puede expresarse o no de acuerdo con múltiples factores ambientales, lo que también hace que hijos de la misma familia educados juntos lleguen a ser, en ocasiones, muy diferentes entre sí.

En cualquier caso, en su libro Pinker recoge la lista de los universales humanos de Donald E. Brown, el primero de los cuales es el siguiente:[3] *abstracción en el habla y en el pensamiento*. Bien fruto de la naturaleza o de la cultura, o de ambas, sería esta característica humana, la *abstracción en el habla y en el pensamiento*, la que está en riesgo cuando se produce la mutación hacia la condición digital, mimética y escasamente autorreflexiva en la que hoy nos socializamos.

En su libro, *Cuerpos inadecuados*, Antonio Diéguez dedica dos extensos capítulos a desmontar los presupuestos de Habermas y Fukuyama, quienes, para defender los límites al transhumanismo, apelan al concepto de *naturaleza humana*;[4] un concepto esencialista y problemático cuyo uso carecería de la suficiente capacidad normativa para limitar las manipulaciones tecnológicas a las que nos enfrentamos en un futuro próximo. Diéguez, sumándose a las objeciones críticas de otros especialistas, afirma que las definiciones del ser humano como

3. En el siguiente enlace se encuentra la lista completa: <https://luis tarrafeta.com/creacion/lista-de-universales-humanos-de-donald-e-brown/>.

4. Antonio Diéguez, *Cuerpos inadecuados. El desafío transhumanista a la filosofía*, Herder, Barcelona, 2021.

animal racional, incluso como animal que usa en exclusiva el lenguaje, son inapropiadas por extensibles a otras especies animales; ser racional no sirve, pues, para definir nuestra naturaleza, por lo que apelar a esta para resolver el problema de los límites de la intervención biotecnológica en el ser humano no sería útil. Lo mismo sucede, a juicio del autor, con el concepto de *dignidad humana* de Kant, un concepto difuso que resulta también problemático y que prefiere sustituir por el de respeto a la autonomía de los individuos, a su capacidad de decisión y al deber de no causarles daños injustificados. Es decir, Diéguez apuesta por una ética que limite el mejoramiento humano, la biotecnología, la inteligencia y las plataformas digitales sin recurrir a una teoría de la naturaleza o la dignidad humana, tan ambiguas como difíciles de definir, y prefiere apelar a otras nociones más explícitas, como la de autonomía o el derecho a la no instrumentalización del individuo.

Pero quizás sea el momento de regresar al concepto de *dignidad*, de revitalizarlo y hacerlo extensible a otros seres vivos del planeta, si no queremos que la indignidad, esto es, el daño a la integridad física y psíquica, la humillación y el deshonor que crecen en el mundo se multipliquen con el uso no regularizado de las tecnologías digitales.[5] A este respecto, compartimos la opinión de Cynthia Fleury cuando afirma:

> Es porque no se cuestionan suficientemente los presupuestos de la dignidad por lo que la indignidad prolifera al tiempo que se hace invisible.[6]

En cualquier caso, el tema es controvertido, y si lo traemos aquí es para mostrar, precisamente, la dificultad de defi-

5. Recordemos el descenso de los delitos contra el honor que señalaba Nils Christie como efecto de la pérdida del sentimiento del honor mismo.
6. Cynthia Fleury, *La Clinique de la dignité*, Seuil, París, 2023, pág. 41. La traducción es mía.

nir nuestra naturaleza en términos filosóficos e instrumentales, es decir, de manera que sirvan de sostén para implementar derechos que permitan preservarla, pues no hay nada inmutable en nosotros.

A pesar de lo que ha pensado la metafísica durante siglos, no existe una esencia invariable que nos haga humanos, afirma también Joan-Carles Mèlich.[7] Si partimos de nuestro cuerpo, incluso la dotación genética que lo sostiene está modificada por los ambientes en los que vivimos. El genoma humano es intrínsecamente evolutivo y está sometido a mutaciones constantes.[8] Los humanos nos hemos transformado cultural y genéticamente durante el curso de nuestra historia; la *naturaleza humana* es algo que está en plena metamorfosis debido a la microevolución, a cambios en poblaciones pequeñas; una microevolución en la que

el cambio genético de una generación a la siguiente en respuesta a la selección natural puede llevar a cambios en los fenotipos de los organismos involucrados en tan solo pocos años o décadas.[9]

Los gorriones de Estados Unidos han sufrido modificaciones de su tamaño para adaptarse mejor a las distintas temperaturas del enorme territorio norteamericano, frío en el norte y más cálido en el sur.

Entre los seres humanos, incluso esos cambios en alimen-

7. Joan-Carles Mèlich, *La fragilidad del mundo. Ensayo sobre un tiempo precario*, Tusquets, Barcelona, 2021.

8. «Declaración Universal sobre el Genoma Humano y los Derechos Humanos», Unesco, 1997.

9. Guillermo Ramírez Cattaneo, «El "futuro de la naturaleza humana" según Habermas. Reflexiones respecto a su fundamentación para una ética de la especie», *Praxis Filosófica*, núm. 41 (julio-diciembre de 2015), pág. 174.

tación, condiciones de vida y educación pueden no ser homogéneos ni afectar al conjunto de la humanidad, sino a grupos distintos, lo que constituye también un problema sociopolítico al posibilitar ventajas competitivas de unas poblaciones con respecto a otras. Nuestra especie no deja de evolucionar. Un ejemplo sería la tribu de los bajau, los llamados *nómadas del mar*, que con su milenario estilo de vida, dependiente de las aguas que bañan Filipinas, Malasia e Indonesia, donde practican la pesca en apnea, han desarrollado una mutación genética que les permite permanecer hasta trece minutos sumergidos bajo el agua. ¿Qué nos hace humanos, pues?

Desde que era muy joven me interesé por esta pregunta, que también había inquietado enormemente a los intelectuales y científicos durante los siglos XVIII y XIX, quienes para responderla no dudaron en diseñar crueles experimentos con niños. Con objeto de descubrir cuál era el lenguaje original de la humanidad, les privaban de una inmersión en el lenguaje humano durante la crianza, con el propósito de que aquel apareciera espontáneamente.[10] Por supuesto, como es de suponer con los conocimientos actuales, no llegaron a ninguna conclusión sobre cuál era ese lenguaje original, pero de dichos experimentos se desprendieron interesantes observaciones.

El más conocido se llevó a cabo con recién nacidos por deseo del rey de Prusia Federico II el Grande. El monarca mandó construir un orfanato cuya norma principal era cubrir todas las necesidades físicas de los bebés (aseo, alimentación, cuidados médicos...) excepto una: quedaba terminantemente prohibido proveer de caricias, cariño y amor a los infantes. La

10. Juan José Sánchez-Oro, «Experimentos con niños. En busca de la lengua original», *Año Cero*, 3 de febrero de 2022: <https://www.espa ciomisterio.com/enigmas-y-anomalia/experimentos-con-ninos-en-busca-lengua-original_55102>.

mayor parte de los bebés internados falleció al poco tiempo, y no parece que fuese a causa de una epidemia, como se dijo entonces, puesto que las condiciones higiénicas eran óptimas, sino por algo que René Spitz descubrió hacia 1945 que era común en muchos de los orfanatos que investigó: la *depresión anaclítica* de los bebés que habían sido desprovistos de la figura de apego durante menos de cinco meses y el *hospitalismo*, raquitismo e involución, una enfermedad que se produce cuando estos no han sido criados en condiciones que permitan el apego a una figura humana de cuidados. La depresión anaclítica sería reversible, siempre que se restituya o se inicie una crianza con afecto, mientras que el hospitalismo tiene consecuencias irreversibles.

Ambos síndromes muestran la extrema dependencia de los otros que tiene el recién nacido para convertirse en un ser humano saludable. Su humanidad específica, estrictamente biológica, la que le permitiría en la edad adulta poder reproducirse entre otros seres humanos, no puede arrebatársela ningún experimento como no sea con la vida misma, pero lo que entendemos por ser *humano*, definido por Aristóteles como animal político y animal hablante,[11] puede alterarse si no se dan las condiciones adecuadas, como sucede con los niños salvajes; ya conocemos el caso de Marie-Angélique.

Todos hemos oído hablar también de Victor de l'Aveyron, el niño lobo que inspiró a Truffaut su famosa película *El pequeño salvaje* (Francia, 1970), basada en la biografía que escribió sobre él Jean Itard.[12] Todos nos hemos conmovido con la historia de Kaspar Hauser (1812-1833), el llamado *niño de Europa*, que creció en cautiverio y sin apenas contacto humano, y cuyo

11. Aristóteles, *Política*, CEPC, Madrid, 1983. Trad. de Julián Marías y María Araújo.

12. Jean Itard, *Victor de l'Aveyron*, Alianza, Madrid, 1982. Traducción y comentarios de Rafael Sánchez Ferlosio.

mentor fue el jurista y filósofo Anselm von Feuerbach, padre del también filósofo Ludwig Feuerbach.[13] Von Feuerbach, su protector, escribió sobre Kaspar una biografía en la que afirmaba que las condiciones de crianza que se le habían proporcionado eran constitutivas de un delito contra el alma del hombre, «el secuestro del alma», pues le habían privado del afecto y la crianza «humanas». Jurista como era, reclamó que se legislase específicamente sobre ese secuestro del alma, que a su juicio debería tener más peso en nuestras leyes que cualquier otro crimen. Qué bien nos hubiera ido de ser incluido ese delito en el derecho internacional.

Cabe preguntarse entonces: ¿secuestran nuestra alma los algoritmos oscuros de internet? Lo que nos muestran las historias de los niños salvajes, incluso la de Marcos Rodríguez, el niño lobo de Sierra Morena,[14] es la enorme plasticidad de nuestra especie, una capacidad de adaptación al medio para sobrevivir que constituye una auténtica ventaja evolutiva: somos la especie que más aprende de los demás y del entorno, que es lo que nos interesa hoy aquí; y los niños de tres años ya superan a nuestros primos los simios en aprendizaje social.

Las únicas invariantes que hemos encontrado a lo largo de la historia sobre nuestra condición humana serían dos: que solo se accede a ella cuando la cría genéticamente humana es criada entre humanos, y que su especificidad consiste, tal y como la concebimos desde san Agustín hasta hoy, en nuestra capacidad para hacernos preguntas, esto es, somos seres provistos de autoconciencia, capaces virtualmente de efectuar ese pliegue reflexivo que nos permite pensar sobre

13. Anselm von Feuerbach, *Gaspar Hauser. Un delito contra el alma del hombre*, Asociación Española de Neurosiquiatría, Madrid, 1997. Trad. de Guillermina Sabadell Zarandona.

14. <https://www.clarin.com/internacional/nino-vendido-padre-criado-12-anos-manada-lobos_0_dwFUUa3RyL.html>.

nosotros mismos. El filósofo alemán Markus Gabriel, conocido representante de la corriente denominada *nuevo realismo*, define con esta bella frase a los humanos: «Somos los animales que no quieren serlo».[15] Una metáfora que bien puede resumir nuestra constante, y hoy diría que hasta suicida, huida del mundo natural.

Pero aún hay más misterio respecto a qué constituye nuestra humanidad. Ni siquiera hoy se ponen los especialistas de acuerdo en si fue Hobbes, con su pesimista afirmación «el hombre es un lobo para el hombre», o Rousseau, con su teoría del buen salvaje, quien llevaba razón. Todavía hoy se discute si somos originalmente buenos y colaborativos, o egoístas e insolidarios, aunque parece ser que los últimos estudios se inclinan por lo primero.

Para Michael Tomasello, los humanos nos diferenciamos de otras especies por nuestra capacidad para colaborar en actividades cuando compartimos metas, atributo al que llama *intencionalidad compartida*.[16] Los niños son cooperadores y tienen mayor inteligencia social que los simios, como ya he dicho. El blanco de nuestros ojos y las cejas nos ayudan a interpretar las emociones de nuestros interlocutores mejor que nuestros primos hermanos primates, lo que nos da ventaja para adivinar las intenciones de los otros y mejorar nuestra convivencia.

En los años más recientes del pensamiento de Occidente, no ya la naturaleza, sino la condición humana ha estado identificada por Hannah Arendt como el ejercicio de una libertad que es al mismo tiempo fuente de angustia, pues exige asumir los riesgos, los errores y la responsabilidad de

15. «La crisis del ser humano»: <https://www.youtube.com/watch?v=eSTF5s5qckA>.

16. Michael Tomasello, *¿Por qué cooperamos?*, Katz, Madrid, 2010. Trad. de Elena Marengo.

nuestra conducta.[17] Las condiciones básicas para la existencia humana, según la autora, serían: vida, mundanidad y política, y a ellas corresponden tres esferas en la *vita activa*: la *labor*, como el cuidado del propio cuerpo viviente, la actividad más sometida a las necesidades diarias de subsistencia; el *trabajo*, como la producción de un mundo artificial de objetos que sobreviven a sus creadores; y la *acción*, esfera pública donde tiene lugar la interacción entre los seres humanos. La acción es el espacio del discurso y sería la esfera propiamente humana, pues es donde aflora lo irrepetible de cada uno, afirma la filósofa.

En su libro *El concepto de amor en Arendt*, Antonio Campillo nos cuenta que era intención de la filósofa titular *Amor Mundi* al ensayo que en 1958 apareció como *La condición humana*, si bien finalmente no añadió la esfera del amor, la familia y la amistad, como tenía previsto, a las esferas que describe como parte de la *vita activa*. Campillo invita a pensar en su ensayo que

> la experiencia del amor es el hilo conductor que entreteje su vida y su obra [la de Hannah Arendt; más aún, es] la fuente secreta de la que mana todo su pensamiento filosófico y político.[18]

Si contemplamos el lazo amoroso como sinónimo de apego, la centralidad del amor en Arendt coincide ampliamente con los descubrimientos de Spitz y con las teorías actuales del apego, como algo imprescindible para construir una vida habitable.

---

17. Hannah Arendt, *La condición humana*, Paidós, Barcelona, 1993. Trad. de Ramón Gil Novales.

18. Antonio Campillo, *El concepto de amor en Arendt*, Abada, Madrid, 2019, pág. 13.

Por su parte, para Robert Antelme, lo que nos hace humanos es *la capacidad de conmovernos*, que estuvo tan amenazada en los campos de exterminio. Cuando los presos veían partir un nuevo convoy hacia los crematorios se conmovían.

Pero eso quería decir que todavía podíamos conmovernos; no estábamos muertos.

Aún éramos capaces de sentirnos tristes al dejar a unos compañeros, aún no estábamos endurecidos, aún éramos humanos.[19]

Esta capacidad de conmovernos con el sufrimiento del otro está cerca de la llamada *empatía* (*empathy*), sobre la que se ha escrito mucho, pero quizás sea Martha Nussbaum quien más ha insistido en su relación con el comportamiento moral y humano. La empatía implica algo moralmente valioso en sí mismo: el reconocimiento del otro como centro de experiencia. Podemos definirla como la capacidad de imaginar la situación del otro desde la perspectiva de ese otro. La empatía no es un mero contagio emocional (Bregman opina que en parte sí, como veremos), sino que requiere que nos introduzcamos en el problema o en la dificultad que expresa el semejante, lo que necesita tanto una distinción entre el yo/nosotros y el otro/ellos como un desplazamiento imaginativo.

Los psicoanalistas usamos un término, *mentalización*, que debemos a Peter Fonagy, que incluye la capacidad para empatizar, pero también para interpretar la conducta propia y la del otro, de acuerdo con lo que sabemos de nosotros mismos y de los intercambios recíprocos.

19. Robert Antelme, *La especie humana*, Arena Libros, Madrid, 2001, pág. 21. Trad. de Trinidad Richelet.

El concepto mentalización se refiere a una actividad mental, predominantemente preconsciente, muchas veces intuitiva y emocional, que permite la comprensión del comportamiento propio y ajeno en términos de estados y procesos mentales.

En un sentido más amplio, alude a una capacidad esencial para la regulación emocional y el establecimiento de relaciones interpersonales satisfactorias.

También podemos definirla diciendo que este constructo se refiere a una serie variada de operaciones psicológicas que tienen como elemento común focalizar en los estados mentales. Estas operaciones incluyen una serie de capacidades representacionales y de habilidades inferenciales, las cuales forman un mecanismo interpretativo especializado, dedicado a la tarea de explicar y predecir el comportamiento propio y ajeno mediante el expediente de inferir y atribuir al sujeto de la acción determinados estados mentales intencionales que den cuenta de su conducta.[20]

El historiador y ensayista Rutger Bregman, sin embargo, prefiere hablar de *compasión* en lugar de empatía, dado que esta, al basarse en una identificación profunda con el otro, desgasta, mientras que la compasión, que mantiene la distancia entre el observador y el observado, permite la acción consoladora. Además, según recoge el autor de otros estudios previos, sentimos empatía solo con los que están cerca, y esta identificación con los *nuestros* puede alejarnos de los extraños, hasta llegar a provocar xenofobia.

20. Gustavo Lanza Castelli, «La mentalización, su arquitectura, funciones y aplicaciones prácticas», *Aperturas Psicoanalíticas*, núm. 39 (2011): <http://www.aperturas.org/articulo.php?articulo=722>.

Lo que está claro, en cualquier caso, es que para hacer de este mundo un sitio mejor no basta con un poco de empatía. Es más, la empatía puede ser un obstáculo para la reconciliación, porque, cuanto más nos identificamos con las víctimas, más tendemos a generalizar sobre sus enemigos.[21]

Un ejemplo de lo anterior lo tenemos en el legítimo dolor que para los israelíes ha supuesto el terrible atentado de Hamás del 7 de octubre de 2023, y el escaso dolor que para los dirigentes israelíes y parte de los ciudadanos de su Estado produce la desproporcionada venganza que han perpetrado contra todo el pueblo palestino a continuación. Un dolor que sí han podido sentir, por suerte y para esperanza del mundo entero, colectivos de judíos no sionistas de distintas partes del mundo y del mismo Israel.

Una súbita división entre amigos y enemigos es lo que observó Rebecca Solnit que se produjo durante y después de las inundaciones de Nueva Orleans. En su libro *Un paraíso en el infierno*, nos cuenta qué sucedió tras el huracán Katrina, que asoló Nueva Orleans el 31 de agosto de 2005, y la pésima gestión de la inundación de la ciudad tras la ruptura de la presa después de la terrible tormenta.[22]

La gestión del Katrina fue un ejemplo de súbito cambio de mentalidad colectiva muy interesante; tanto las élites como los medios de comunicación contribuyeron a demonizar a la población afroamericana, hasta el punto de que los más ricos se organizaron en patrullas que disparaban a matar

21. Rutger Bregman, *Dignos de ser humanos. Una nueva perspectiva de la humanidad*, Anagrama, Barcelona, 2021, pág. 253. Trad. de Gonzalo Fernández.

22. Rebecca Solnit, *Un paraíso en el infierno. Las extraordinarias comunidades que surgen en el desastre*, Capitán Swing, Madrid, 2020. Trad. de David Muñoz.

292

a la menor suposición de peligro, asesinando a ciudadanos negros, en alguna ocasión hasta disparándoles por la espalda. Escribe Solnit:

> En un barrio donde convivía gente de diversas razas, todos los negros se habían convertido, de repente, en intrusos. Los miembros de las patrullas estaban convencidos de que los saqueadores arrasarían su pintoresco distrito si no hacían algo para evitarlo y afirmaron que todos a los que dispararon eran saqueadores, a pesar de que nadie perdió ni una manguera del jardín ni una maceta de la entrada.[23]

Es interesante resaltar el carácter súbito con el que se produjo la separación entre grupos raciales que antes convivían en paz, un fenómeno que bien podemos intentar explicar desde el psicoanálisis. Cuando el peligro amenaza a una comunidad se produce una especie de regresión colectiva a uno de los estados más primitivos del psiquismo. Lo llamamos así, *primitivo*, porque es la forma de funcionar que aparece en los primeros momentos de la vida del infante; una posición que, como ya dijimos, la psicoanalista Melanie Klein llamó *esquizoparanoide*, que consiste en la división radical y divalente de la realidad en buenos y malos. Mediante esa separación tranquilizadora, el psiquismo infantil se identifica con lo bueno, que le pertenece e incorpora como propio, y expulsa lo malo fuera de sí, colocándolo en un objeto exterior. Se trata, como podemos observar, de un mecanismo muy arcaico, utilizado también en los cuentos infantiles: una forma original de nuestro aparato psíquico que sirve para organizar el caos del mundo, protegiendo al niño o la niña con esa simple y consoladora ordenación del miedo que ese caos les produce. Al separar radicalmente la madre buena de la

23. *Ibid.*, pág. 272.

madrastra, los elfos de los orcos, las hadas de las brujas, los nuestros de los otros, simplificamos la complejidad de la realidad y calmamos nuestra angustia. Pero las cosas, lo sabemos, no son tan simples y, poco a poco, la madurez biológica y el aprendizaje social posibilitan la integración de los aspectos positivos y negativos en una misma persona, en la misma experiencia, y se entra en lo que Klein llamó *posición depresiva*, más evolucionada y realista, que reduce considerablemente la omnipotencia de la posición anterior y nos permite sostener la ambivalencia.

Cuando alcanzamos esta integración, dañar vengativamente a quien nos causa dolor comporta también perder las experiencias buenas que nos proporcionó, por lo que tendemos a conservarlo y a reducir la agresividad hacia él, que consideramos en sus aspectos positivos y negativos. Pensemos en las discusiones de pareja, sin ir más lejos; si nos dejásemos llevar por entero por la rabia que puede producirnos una frustración destruiríamos el lazo que mantenemos con el otro, por lo que en el fragor de la batalla conservamos una parte del afecto que también sentimos hacia esa persona, lo que nos invita a moderarnos. Cuando la representación del objeto como malo se impone constantemente, la separación se hace necesaria.

En el orden social, ante una situación traumática o estresante, el predominio de los objetos buenos que facilitaban la convivencia desaparece, y surgen y se subrayan los prejuicios, los objetos malos, la consideración del otro como enemigo, del otro como diferencia radical, construyendo así un chivo expiatorio en el que proyectar las supuestas causas que dieron origen al malestar. Lo mismo sucede entre las familias a la hora de repartir las herencias si la distribución no responde a lo esperado por alguno de sus miembros; el hermano favorecido se convierte en enemigo, y el afecto que se le profesaba, en rivalidad y odio. La posición depresiva, integradora, que admitiría las ambivalencias sin regresar a la disociación, no se produce, y la escisión maniqueísta, divalente, se impone, trayendo a la memoria antiguos agravios, y afrentas que antes se pasaron por alto recuperan su apasionado vigor. Alterando el hilo de la memoria, esta se adhiere solo a lo que nos perjudicó y se desprende de las buenas experiencias compartidas con el hermano favorecido, convertido ahora en enemigo, a veces de un día para otro.

Como señala Solnit, el relato dominante del sálvese quien pueda, que arrasa con lo social y hace que nuestra actuación se guíe exclusivamente por los intereses privados, contribuye a la fácil regresión a la que aludimos.

Nuestra dinámica subjetiva siempre está pronta a regresar a posiciones donde reina la escisión, porque son consoladoras y simples, y en esta labilidad se apoyan los populismos para designar un enemigo: los inmigrantes, los judíos, los palestinos... Es evidente que, en este tipo de regresión, el pensamiento disminuye y el relato se adhiere a la escisión, eludiendo los aspectos más ambivalentes de los otros y de nuestra propia experiencia con ellos. El argumento racional cede a la emotividad, y esta elude la complejidad para afirmarse en una fragmentación simplista de las cosas.

El problema reside en que nuestro psiquismo conserva durante toda la vida estos mecanismos de defensa infantiles, acompañados de un consolador pensamiento mágico, a los que podemos volver para calmarnos cuando sufrimos una frustración; una condición de nuestra *naturaleza* explorada ampliamente por el psicoanálisis. Volvamos a esa incógnita.

La ensayista chilena Adriana Valdés afirma que somos una especie depredadora; hasta el siglo XX lo humano era aquello que deja huellas que permanecen en el tiempo, aquello capaz de trascender el mero ciclo de la reproducción; esto es, el lenguaje. A través del lenguaje hacemos historia, creamos ficciones y mitos, inventamos mentiras y nos diversificamos, afirma. Pero, con el predominio de la imagen, la mente ha cambiado y, como hemos insistido hasta aquí, las pantallas han sustituido a la realidad hasta casi suprimirla, favoreciendo el registro imaginario en detrimento de lo simbólico, esto es, reduciendo el relato que recoge lo común, lo colectivo, los valores universales, para dejarnos ensimismados en nuestro propio narcisismo individual o grupal, fragmentado.

Pero Valdés no lamenta esta sustitución del lenguaje por la imagen, sino que ve en ella posibilidades inexploradas que podrían aparecer en el humano distinto que creará, sin lugar a dudas, el uso continuado de la tecnología. Seremos otros, pero siempre humanos.

Una tarde, sobre las cuatro, leo mientras espero que me llamen en la consulta de ginecología. Se trata de una moderna consulta privada, decorada con gusto. A los pocos minutos entra en la sala una chica de unos veinte años, vestida con un pantalón corto de gimnasia y un top; en los elásticos que ciñen su cuerpo ambas prendas se lee la marca del conjunto gris perla: Calvin Klein. La joven apenas responde a mi saludo. Se sienta, pone delante de su rostro su móvil y se hace fotos en diferentes posiciones mientras yo apenas puedo continuar leyendo mi libro, fascinada por el espectáculo que me ofrece. Siento que estoy presenciando una intimidad ajena y retiro mi mirada, avergonzada. Pero obviamente ella no lo percibe así porque no parece importarle tener espectadores; todo lo contrario, los busca fuera de allí. Yo no existo, puesto que no tengo un smartphone en las manos para poder mirar sus fotografías. Mueve sus labios hipertrofiados a base de ácido hialurónico o lo que sea, y se fotografía ajena a todo lo demás hasta que la llaman. ¿Cómo será esa chica *por dentro*?, me pregunto siempre que me enfrento a la opacidad del otro; ¿tiene interioridad?

El cerebro es plasticidad e interacción, y su complejidad se debe al carácter múltiple y diverso de nuestras relaciones sociales, de ahí que la influencia de las redes en los niños y adolescentes sea tanta. ¿Estamos dañando el cerebro de nuestros jóvenes con la sobrexposición a las pantallas adictivas? Las evidencias se suman.

Regresemos al punto de partida. Así pues, de todos los rasgos que parecerían caracterizarnos como especie, el aprendizaje social,[24] la extraordinaria disposición para aprender del ser humano, su plasticidad y su capacidad de adaptación al medio constituyen las ventajas evolutivas que nos han permitido sobrevivir. Nuestra neotenia, nuestra vulnerabilidad al nacer, una desventaja que nos fragiliza durante los primeros años de vida, se convierte en una enorme superioridad adaptativa, pues el hecho de nacer extremadamente dependientes de otros, con el proceso de mielinización por establecer, más vulnerables con respecto a cómo llegan al mundo las crías de otras especies, nos proporciona al mismo tiempo una increíble plasticidad, al incrementar considerablemente nuestra capacidad de aprendizaje.

Paul Ricoeur, en el libro ya citado *Sí mismo como otro*, insiste en esta necesaria comunidad humana para crear nuestra identidad personal y la de grupo.

> En efecto, gran parte de la identidad de una persona, de una comunidad, está hecha de estas identificaciones —con valores, normas, ideales, modelos, héroes—, en los que la persona, la comunidad, se reconocen.[25]

A raíz de lo que hemos ido viendo hasta aquí podríamos preguntarnos si la identidad se construye solo en *gran parte* mediante identificaciones con los modelos que proporciona

24. Bregman, *op. cit.*

25. Paul Ricoeur, *Sí mismo como otro*, Siglo XXI, Madrid, 1998, pág. 116. Trad. de Agustín Neira Calvo.

la comunidad, como afirma Ricoeur, o es toda ella la que depende de la comunidad humana. Somos seres eminentemente sociales, y es aquí donde radican la ventaja y el peligro.

La camaradería que tanto entusiasmó a Sebastian Haffner en aquel campamento de entrenamiento donde convertían a los jóvenes abogados recién licenciados en eficientes nazis exime de asumir responsabilidades por uno mismo e impulsa a imitar lo que hacen los demás sin reflexionar, pues, inmersos en ese sentimiento de fusión, el nivel intelectual y el pensamiento crítico se reducen a la cota más baja, como hemos señalado. Pensemos en los asaltantes del Capitolio de Estados Unidos en 2021, en lo que parecía una regresión a la masa festiva, primitiva y salvaje; una exaltación de la camaradería que se repitió en el asalto al Congreso de Brasil en enero de 2023 por los partidarios de Bolsonaro. A juzgar por las imágenes, y la negación del riesgo que asumían, parece que todos los participantes se creían invencibles, a pesar de que el espectador de ambos asaltos no dudaba ni un momento de que el final no sería favorable para ellos, y que estarían sujetos a la sanción social y legal, como de hecho sucedió después.

Recordemos que Haffner aludía a un tipo de identidad relacional donde la individualidad no existe, sino que la identidad se sostiene en la pertenencia al grupo y convierte esa desaparición del sí mismo en el conjunto en una aspiración gozosa del ser humano. Haffner, insistimos, señala la alegría, la exaltación y la felicidad que llegaron a producirle la camaradería que disfrutó en aquel campamento de instrucción nazi de su juventud como la base de la transformación de sus compañeros. La camaradería y la masa, la fusión de identidades como fuentes de omnipotencia.

Gayle Rubin llamó *homosocialidad* a esta camaradería masculina glorificada como parte de la virilidad, y no olvidemos que cuando la desarrollaban las mujeres contra el mandato patriarcal de su aislamiento doméstico se la ridiculizó y, en determinados momentos de la historia, se la llegó a considerar brujería.

Si el nivel de adiestramiento artesano que describe Haffner, junto con la eficaz propaganda de Goebbels, fue capaz de convertir a los alemanes en otros en unos pocos años, qué no estará sucediendo en estos momentos con el advenimiento del capitalismo de la atención y de la vigilancia de la era digital, y con la omnipresencia de las pantallas en nuestras vidas.

En síntesis: no poseemos una naturaleza humana, estrictamente hablando, carecemos de instintos que marquen nuestra conducta como sucede con los animales, no somos naturaleza sino historia, pero creo que sí podemos describir las condiciones que nos hacen ser los humanos que hoy somos; condiciones cuya privación nos pondría en riesgo de disminuir nuestra humanidad tal y como la conocemos. Estas serían, en primer lugar, el aprendizaje social en un entorno humano, es decir, nuestra socialización en una comunidad humana presencial que nos transmita el lenguaje, así como la consiguiente posibilidad de narrarnos y darle sentido al mundo (identidad personal y narrativa); la adquisición y el desarrollo de una imaginación creativa que nos singulariza; nuestra capacidad de proyectarnos hacia el futuro y de crear soluciones nuevas para hacer frente a esa representación del tiempo que anticipamos; la empatía y la compasión, es decir, la facultad para ponernos en el lugar del otro y conmovernos con el dolor ajeno; y la capacidad para actuar individual y colectivamente.

Lo que vamos a ver a continuación es que estas condiciones y facultades de lo humano están en peligro en nuestras sociedades desde la industrialización y, especialmente, desde la era digital que dio comienzo en el siglo XXI.

Juan Luis Suárez afirma que la condición humana es ya *condición digital*, y analiza cómo la digitalización del mundo está cambiando la forma de concebir nuestras relaciones.[26] Caracterizada por la hegemonía de lo social sobre lo privado, los jóvenes han avanzado más que los adultos en su condición digital, construyen su identidad a partir de las experiencias virtuales, y se desenvuelven mejor en el mundo de las pantallas que en el físico, en el que las relaciones humanas les provocan más angustia.

Suárez opina que la cultura digital impide a los jóvenes socializados en ella *acceder al yo*, imaginando este *yo* como un ente previo que se ve afectado por los efectos nocivos de la sobrexposición a las pantallas.[27] En este sentido, el autor parece incurrir en un sustancialismo que no compartimos, común también a muchos de los eslóganes de los libros de autoayuda, que prometen el reencuentro con un sí mismo perdido, que no sabemos muy bien cómo identificar. Escondido en el centro de nuestro ser, se encuentra el *auténtico yo*, convertido por efecto de las circunstancias sociales en *otro*, parecen suponer. Solo hay que levantar el velo y descubrirlo. Pero no, el yo, depósito de las identificaciones, es una construcción del psiquismo que se crea en contacto con la realidad y cambia a medida que esta se transforma. No existe, como he intentado mostrar hasta aquí, un yo previo sobre el que se escribe la biografía, sino que es esa misma experiencia biográfica quien lo escribe y lo constituye. La digitalidad no impediría, por tanto, acceder al yo, sino que lo construye de una determinada manera: sin profundidad, predominantemente imaginario, ilusoriamente omnipotente e individualista. El mundo digital genera un yo en el que la imaginación y la empatía están disminuidas,

26. Juan Luis Suárez, *La condición digital*, Trotta, Madrid, 2023.
27. Juan Luis Suárez y Ángela Ndalianis, «Humanismo digital», Fundación Ramón Areces: <https://www.youtube.com/watch?v=dXv_RvvLCYM>.

pues la sociedad digital modifica profundamente el entorno en el que se realiza hoy el aprendizaje social que nos dota de humanidad.

Observarán los lectores que no nos detenemos en los beneficios que las redes sociales nos aportan porque son evidentes. Quizás los más visibles son el acceso inmediato a gran cantidad de información, el contacto con personas lejanas, las comunidades digitales creativas que observamos, por ejemplo, durante la pandemia (músicos y cineastas crearon obras en la distancia), las crecientes posibilidades para la investigación de todo tipo y la aparición de formas estéticas nuevas. Hemos optado por subrayar los efectos indeseables que las redes producen en nuestro psiquismo precisamente por la atracción que sus ventajas conllevan.

Recordemos los temores de Soshana Zuboff sobre nuestra facilidad para cerrar los ojos sobre los efectos nocivos de las redes y resignarnos voluntariamente a su uso.

He dicho que nuestra enorme capacidad de aprendizaje social está en el centro de lo que nos distingue como especie; pues bien, el actual aprendizaje social se realiza para muchos nativos digitales a través de las máquinas. La familia humana ha dejado de ser el principal agente de socialización para declinar esa función y derivarla en las pantallas. Éric Sadin caracteriza a nuestra época por un flujo invariablemente expansivo de datos generados por todas partes.[28] Un entorno global que consiste en la duplicación continua de cada elemento físico u orgánico del mundo en bits explotables para funcionalidades de todo tipo; una proliferación de datos que se circunscribe bajo el término *big data*, que supera nuestros poderes de representación.

Propugnado por el tecnocapitalismo, esta producción de

---

28. Éric Sadin, *La vie algorithmique. Critique de la raison numérique*, L'Echappée, París, 2021.

datos avanza con un crecimiento exponencial que excede nuestra capacidad de comprender, algo en lo que ya insistía Franco Berardi.

Frente a esta ingente producción de información, el individuo se siente impotente, aquejado de una indefensión aprendida que le impide pasar a la acción, máxime al tratarse de una individualidad desconectada del entorno social y poseída por el precepto neoliberal de que todo depende de uno mismo. La indefensión produce a su vez pasividad, y recordemos que la acción era una de las condiciones que nos hacía humanos, según Arendt.

En este mismo sentido, para Berardi, la sobrestimulación a la que sometemos a nuestro cerebro en la economía de la atención dispersa y con el ejercicio de la multitarea produce como defensa un trauma cognitivo y una erosión de la sensibilidad.[29] La información que recibimos de la infosfera es tanta que desborda la plasticidad de nuestro cerebro, que se insensibiliza como forma de afrontarla. Cada día se publican miles de noticias en los principales diarios del mundo; en término medio, una persona tiene abiertas 3,2 pestañas en su ordenador y 9 apps en su smartphone.[30] Las empresas tecnológicas han entrado en una carrera en la que compiten por captar la atención de los ciudadanos, hasta el punto de que el psicólogo Herbert A. Simon afirma que lo que consume la información es, precisamente, la atención de sus destinatarios. Capturar la atención humana se ha convertido en un gran negocio, pero el secuestro de esta por las pantallas proporciona a cada individuo un input de datos im-

29. Franco «Bifo» Berardi, *La fábrica de la infelicidad*, Traficantes de Sueños, Madrid, 2003. Trad. de Manuel Aguilar Hendrickson y Patricia Amigot Leatxe.

30. Datos recogidos en la exposición de la Fundación Telefónica *Fake News, la fábrica de mentiras*, Madrid, octubre de 2023.

posibles de procesar, que produce un trauma cognitivo y afectivo.

Tal y como afirma António Damásio, todo traumatismo cerebral implica un deterioro de los afectos, de lo que él llama el *cerebro emocional*:

> Aprendemos, conjuntamente y de forma automática, de los hechos y de la señal emocional que aparece al mismo tiempo y que termina provocando un sentimiento que proviene de esa emoción.[31]

Sin embargo, el aprendizaje a través de máquinas borra la señal emocional que acompaña a los hechos y dificulta la inscripción del significado de la experiencia. Por eso, el cerebro emocional está siendo profundamente afectado por el capitalismo financiarizado y el mercado de la atención, produciendo un empobrecimiento de la vida emocional o afectiva; *una erosión de la sensibilidad*, como la llama Berardi, que lleva al filósofo Slavoj Žižek a calificar de *sujeto autista* al poseído por esta desafección, y a Michel Onfray a hablar, sumándose a otros sociólogos, filósofos y psicoanalistas, de que el problema de la sociedad actual es el narcisismo solipsista.

El psicoanalista argentino Yago Franco ha llamado a la disminución del tiempo disponible para la afectividad causado por el exceso de información *el gran accidente afectivo*, esto es, la desaparición del afecto que ha provocado la aceleración de flujos de información y sensaciones continuas.[32] Berardi

---

31. «António Damásio: el origen de los sentimientos», *Executive Excellence*, núm. 85 (octubre de 2011): <https://www.eexcellence.es/entre vistas/con-talento/executive-excellence-138>.

32. Yago Franco, *Paradigma borderline. De la afánisis al ataque de pánico*, Lugar, Buenos Aires, 2017.

cita a Claudine Haroche, quien señalaba que los medios de comunicación masiva alientan una cultura de las sensaciones mediante la estimulación continua, dificultando la percepción y la capacidad de atención, produciendo un estar conectado sin tener contacto y diluyendo la capacidad de significación. Este déficit de atención generalizado impide la fijación del estímulo significativo en el psiquismo; estímulo que no se cualifica ni se simboliza, y produce el déficit de transmisión de la experiencia al que aludía Walter Benjamin, y la consecuente imposibilidad de pensarnos y narrarnos, de elaborar un relato de nuestro proyecto identificatorio, de darle un sentido a nuestra vida.

Estamos continuamente conectados, sí, pero en una desconexión radical, y nos protegemos de la sobrexposición con un empobrecimiento afectivo que nos muestra una nueva relación íntima entre lo político, lo social y lo somático de la que hemos intentado dar cuenta aquí desde distintas disciplinas.

Todo lo anterior nos acerca al riesgo de descender en otra de las condiciones que nos hacen humanos: la vida con y entre los otros, así como el desarrollo de la empatía.

Porque la empatía no es un rasgo que poseamos de una vez por todas, sino que se construye a través de ese mismo aprendizaje social que hoy se ve alterado por el uso adictivo de las pantallas. Aprendemos empatía del entorno que nos rodea y podemos perderla si este cambia. Y además la perdemos muy rápidamente, como nos ha enseñado la historia de Jedwabne, a la que ya nos hemos referido.[33]

En los años noventa, Donna Haraway introdujo en su famosa obra *Manifiesto cíborg* el concepto *homólogo*, el ideal transhumanista de ampliar las fronteras de lo humano do-

---

33. Jan T. Gross, *Vecinos. El exterminio de la comunidad judía de Jedwabne*, Crítica, Barcelona, 2016. Trad. de Teófilo de Lozoya.

tándonos de capacidades nuevas por medio de la tecnología.[34] El mejoramiento de lo humano es el objetivo de las corrientes menos radicales de la filosofía transhumanista, pero hoy podemos afirmar que su optimismo choca con la realidad de una mutación más pesimista, que amenaza lo que considerábamos las bases de nuestra condición humana, la disminución de la capacidad de lenguaje que sufre la generación post alfa.

Como ya he dicho, siguiendo a Berardi, los nativos digitales aprenden más palabras de las máquinas que de las figuras de apego, con el empobrecimiento consecuente de la significación emocional del lenguaje; emplean menos vocabulario y tienen dificultad para comprender frases con subordinadas o cuya extensión exceda las quince palabras; su atención se reduce progresivamente, por lo que disminuye al unísono su capacidad para comprender argumentos complejos. Además, los vínculos se han fragilizado; el individualismo y el solipsismo aumentan entre los nativos digitales, así como la dificultad para soportar la fricción, el encuentro con los otros, lo que les lleva a refugiarse en el mundo digital. Por otra parte, el descuido de la naturaleza que nos sirve de sostén y nos da la vida, el negacionismo y la indiferencia de nuestros gobiernos y nuestras poblaciones, se imponen, ignorando la necesidad urgente de respuesta que exige el deterioro medioambiental y el inminente riesgo de colapso de nuestros sistemas naturales.

Es decir, las capacidades supuestamente aumentadas en

---

34. Los creadores en 1960 del concepto, Manfred E. Clynes y Nathan S. Kline, lo definieron así: «Un cíborg es esencialmente un sistema hombre-máquina en el cual los mecanismos de control de la porción humana son modificados externamente por medicamentos o dispositivos de regulación para que el ser pueda vivir en un entorno diferente al normal» (<https://es.wikipedia.org/wiki/C%C3%Adborg>).

los individuos producidos por el capitalismo digital, esa futura especie enriquecida de la promesa transhumanista, se oponen a la idea de lo humano que nos definía hasta ahora, si bien apuntan una vez más a nuestra celebrada plasticidad. Los cíborgs cognitivo-afectivos ya están aquí, y no precisamente mejorados.

Éric Sadin compara los lenguajes de la inteligencia artificial, el famoso ChatGPT, industrializados y estandarizados, con nuestro lenguaje humano, en constante tensión entre un vasto léxico hecho de palabras y de reglas gramaticales.[35] Nuestra capacidad de generar oraciones mediante la exploración de ese inmenso océano fraseológico que tenemos a nuestra disposición, para ajustar lo que queremos decir en cada momento a un contexto específico, se aleja del lenguaje estereotipado de las máquinas. En nuestro lenguaje humano, cada frase elegida excede toda esquematización previsible, y esta pura indeterminación se vincula al instante en curso, algo que está ausente en el lenguaje de la inteligencia artificial, resultado de parámetros que no responden sino a leyes probabilísticas bien definidas. Sadin advierte del riesgo de que:

> Un lenguaje industrializado y normalizado que sustituya al nuestro y nos guíe continuamente se convertirá en un habitus. Sobre todo entre las generaciones más jóvenes, que pronto encontrarán estos usos tan fáciles y tan evidentes.[36]

Tal y como afirmaba Emily M. Bender en 2021, corremos el riesgo de convertirnos en auténticos *loros estocásticos*

---

35. Éric Sadin, *La vie spectrale. Pensé l'ère du métavers et des IA génératives*, Grasset, París, 2023.
36. *Ibid.*, pág. 215. La traducción es mía.

que imitan el lenguaje de los grandes modelos lingüísticos (LLM, sigla en inglés de Large Language Model), como el del ChatGPT, hablando sin entender lo que se dice.[37] Los grandes modelos lingüísticos son sistemas que unen las secuencias de las formas lingüísticas que han recogido de las inmensas fuentes de datos que se les proporciona previa y gratuitamente, unas fuentes que les han servido de entrenamiento. Sus respuestas se forman de acuerdo con la información probabilística de cómo se combinan esas secuencias del lenguaje humano, pero sin ninguna referencia a su significado.

Le pregunto al ChatGPT qué opina al respecto:

> Hola, necesito saber si opinas de ti mismo que eres un loro estocástico.

Como inteligencia artificial, no poseo una opinión consciente de mí mismo ni una percepción de mi identidad. Sin embargo, puedo entender la analogía que haces al referirte a mí como un «loro estocástico». La palabra «estocástico» se refiere a procesos aleatorios o probabilísticos. En cierta medida, mi generación de respuestas se basa en modelos probabilísticos y algoritmos de aprendizaje automático que pueden producir resultados que parecen aleatorios desde una perspectiva humana. Sin embargo, estos procesos están fundamentados en datos y patrones, y buscan generar respuestas relevantes y coherentes con el contexto proporcionado.

---

37. Emily M. Bender *et. al.*, «On the dangers of stochastic parrots: can language models be too big?», *FAccT '21: Proceedings of the 2021 ACM Conference on Fairness, Accountability, and Transparency*, marzo de 2021, págs. 610-623: <https://doi.org/10.1145/3442188.3445922>.

Hemos de aceptar que reconoce sus límites: «No poseo una opinión consciente de mí mismo ni una noción de identidad». Continúo:

Sí, Arkoudas, en particular, junto con otros investigadores, ha trabajado en el campo de la inteligencia artificial y la teoría de la computación. En sus trabajos, exploran conceptos relacionados con la cognición y la racionalidad en sistemas artificiales, incluidos modelos que pueden mostrar comportamientos estocásticos o aleatorios controlados.

En particular, algunos de sus trabajos se centran en la intersección entre la teoría de la computación y la filosofía de la mente, examinando cómo los sistemas computacionales pueden reflejar aspectos de la cognición humana, incluida la toma de decisiones bajo incertidumbre. Si bien no tengo acceso directo a su trabajo específico en este momento, puedo proporcionar información general sobre los temas que suele abordar.

Contradiciendo su opinión anterior, al analizar las respuestas del ChatGPT, Konstantine Arkoudas piensa que este es mucho más que un loro estocástico, ya que puede generar contenido proposicional novedoso, responder a preguntas y a escenarios arbitrarios de forma coherente e informativa, y hacerlo de maneras sorprendentemente creativas, acercándose a producir un comportamiento a menudo inteligente, opina.[38] Sin embargo, el ChatGPT no capta la ironía, fracasa en el razonamiento matemático y en la lógica en general, y sus fallos conceptuales y lógicos le hacen incurrir

38. Konstantine Arkoudas, «ChatGPT is no stochastic parrot. But it also claims that 1 is greater than 1», *Medium*, 15 de enero de 2023.

308

en graves errores, por lo que espera que se perfeccione con el tiempo.

En cualquier caso, loros estocásticos o no, los riesgos que comportan estos modelos tienen que ver, entre otros, con la repetición de los sesgos que contenían los datos proporcionados, pero también, como apuntan Sadin y Berardi, el que deriva de que moldeen nuestra capacidad lingüística de acuerdo con su mismo funcionamiento, dado que el poder hipnótico de las tecnologías digitales, dirigidas por empresas escasamente reguladas que persiguen exclusivamente su beneficio económico, tiene como propósito dominar y absorber nuestro cuerpo y nuestro espíritu, atrofiando nuestras capacidades sensibles en su propio favor. Así de optimista se muestra en sus últimos trabajos el filósofo francés.

LA RUPTURA DE LO COMÚN: EL OLVIDO DE LO HUMANO UNIVERSAL

> La emancipación y secularización de la Edad Moderna, que comenzó con un desvío, no necesariamente de Dios, sino de un dios que era el Padre de los hombres en el cielo, ¿ha de terminar con un repudio todavía más ominoso de una Tierra que fue la Madre de todas las criaturas vivientes bajo el firmamento?
>
> HANNAH ARENDT,
> *La condición humana* (1958)

Como si se tratase de una exposición a un entorno traumático, el espacio digital produce, como lo hace el trauma, la fragmentación del mundo de la vida. El interés de las redes sociales por construir comunidades cerradas da lugar a las llamadas *cámaras de eco*, es decir, burbujas digitales donde los usuarios consumen solo contenidos que confirman sus creencias y sus prejuicios. A su vez, los algoritmos que filtran la información de acuerdo con las preferencias mostradas anteriormente por el usuario generan el llamado *filtro burbuja*. Unos y otros propician la polarización del pensamiento, la adhesión fanática a las ideas propias y del grupo de adscripción, así como el odio al contrario. Recordemos los peligros que Rutger Bregman señalaba en relación con la empatía: fusión de la identidad con el grupo de afines, odio hacia quienes permanecen fuera.

Francis Fukuyama, en su ensayo *Identidad*, subrayaba cómo, a mediados de la segunda mitad del siglo XX, la política mundial cambió hacia demandas de carácter identitario, sustituyendo la noción amplia de lo que todos somos, ciudadanos del mundo, por ideas como nación, religión, raza, etnia o clase.[1]

En este sentido, Mark Lilla ha señalado que las políticas de identidad apoyadas en el género, la etnia, la cultura, el territorio y otros rasgos han llevado a una fragmentación del discurso de la izquierda, a la pérdida de un marco de referencia general y, con ello, a la incapacidad de las políticas progresistas para dirigirse a una mayoría de la sociedad y, en consecuencia, a poder representarla.[2] Cito:

> El proyecto de esta deriva identitaria de la derecha se sustenta en una fragmentación de lo social que busca romper solidaridades nacionales (en el proyecto europeo), de género y de clase. Y es ahí, frente a esa concepción excluyente, antiigualitaria y reaccionaria de la identidad, donde se debe encontrar una política progresista que reivindique los valores sobre los que hemos construido nuestra sociedad actual: solidaridad, igualdad y libertad.[3]

Élisabeth Roudinesco se acerca a la misma idea en su último libro, *El yo soberano*, donde reivindica un universalismo que corrija los errores de la Ilustración y eluda la sectorización de las identidades segmentarias, que quedarían incluidas en él. [4]

1. Francis Fukuyama, *Identidad. La demanda de dignidad y las políticas de resentimiento*, Deusto, Barcelona, 2018. Trad. de Antonio García Maldonado.

2. Mark Lilla, *The Once and Future Liberal. After Identity Politics*, Harper Collins, Nueva York, 2017.

3. «Las derivas identitarias» (editorial), *Temas para el Debate*, núm. 296 (julio de 2019): <http://www.fundacionsistema.com/wp-content/uploads/2019/07/Editorial_T297-298.pdf>.

4. Élisabeth Roudinesco, *El yo soberano*, Debate, Barcelona, 2023. Trad. de Juan Vivanco.

Apuntándonos a esta deseada universalización, podríamos decir que la precarización de las condiciones de trabajo no solo afecta al sector concreto sobre el que se aplica, sino que olvida las necesidades humanas universales de descanso, techo y trascendencia; que los derechos humanos están en claro retroceso, y que la esclavitud, que sigue aún vigente de forma clandestina en demasiados países de Asia y África, ha regresado a los países occidentales en forma de contratos basura y falsos autónomos, como sucede en empresas como Delivery o Glovo, contra las cuales no dejan de presentarse demandas millonarias, efectuadas por sus empleados en protesta contra sus *inhumanas* condiciones de trabajo.

La lucha para conseguir unas condiciones de trabajo globales y *humanas* ha disminuido debido al individualismo y a la deriva identitaria empujada por el neoliberalismo, mientras que el umbral de la compasión desciende en todo el planeta porque la exposición al dolor ajeno nos inmuniza, y la solidaridad de clase no se activa al fragmentarse las reivindicaciones en colectivos cada vez más pequeños. El cuerpo, sostén material de la identidad, es hoy un lugar semificticio que supuestamente podemos modificar a nuestro antojo, y cuya integridad y dignidad se ve ensombrecida por prácticas como las que se observan en la pornografía más violenta, o en la gestación subrogada, que lo utiliza como un recipiente, cosificándolo y alejándolo de la subjetividad del individuo que sostiene. Entonces ¿qué mutación antropológica, qué deshumanización nos aqueja?

Primero fue la Gran Aceleración,[5] el incremento del consumo que se vivió de forma progresiva y acelerada desde me-

5. «Desde mediados del siglo XX, todos los indicadores sobre consumo de recursos, utilización de energía, crecimiento demográfico o deterioro de la biosfera comenzaron a dispararse. Las curvas de numerosos parámetros cambiaron de una forma lineal a un crecimiento exponencial. Los com-

diados del siglo XX, tras la Segunda Guerra Mundial, y que transformó nuestra identidad en la de meros consumidores. Pero si el proceso empezó entonces, el crecimiento de la deshumanización que le siguió es tan exponencial como lo es la producción de datos.

Señala Eudald Carbonell que mientras la difusión del descubrimiento del fuego necesitó unos trescientos mil años para extenderse, y el género *Homo* en su conjunto tardó en utilizarlo setecientos mil, al desarrollo de la telefonía móvil y su universalización en todo el planeta solo les separó una treintena de años.[6]

En palabras de Andy Clark y David Chalmers, creadores del concepto de *mente extendida*,[7] todos somos *natural born cyborgs*, híbridos humano-tecnológicos cuyas mentes están capacitadas para combinar estrategias neuronales, corporales y tecnológicas con objeto de resolver problemas.[8] Nuestros teléfonos móviles y nuestros ordenadores portátiles son ya parte de nuestro cuerpo, perderlos nos provoca un dolor semejante al de una mutilación, pues con ellos desaparece parte de nuestra memoria y de nuestra identidad, lo que nos produce angustia.

---

bustibles fósiles, según se queman, producen CO_2 y, desde que se lleva midiendo este gas, a finales de los cincuenta, ha ido aumentando año tras año. La temperatura, que está vinculada a las concentraciones de CO_2, también ha ido incrementándose, y los últimos cuatro años son los más cálidos desde que se tienen registros.» Entrevista a Luis Valdés Santurio, «Antropoceno: la gran aceleración», *El Mundo*, 2 de octubre de 2019: <https://www.elmundo.es/baleares/2019/10/02/5d94763bfdddff2b518b465b.html>.

6. Eudald Carbonell, *El porvenir de la humanidad. Decálogo para la supervivencia de nuestra especie*, RBA, Barcelona, 2022.

7. Andy Clark y David Chalmers, *La mente extendida*, KRK, Oviedo, 2008. Trad. de Ángel García Rodríguez y Francisco Calvo Garzón.

8. Andy Clark, «Natural born cyborgs?», *Edge*, 28 de diciembre de 2000: <https://www.edge.org/conversation/andy_clark-natural-born-cyborgs>.

La condición digital que nos afecta, tanto a nativos como a inmigrantes digitales, está transformándonos en profundidad, y no precisamente en la dirección prevista. Cabe entonces preguntarnos: ¿cómo construir sobre este fondo de incertidumbre planetaria, cuando el futuro se nos usurpa, un tiempo en el que «pasado, presente y futuro sean como las cuentas de un collar engarzado por el deseo», como decía Freud? ¿Cómo seguir siendo seres capaces de hilar una narración que tenga sentido en un tiempo profundamente fragmentado?

ÉTICA DE LOS LÍMITES Y DE LA SENSIBILIDAD: PONER EN EL CENTRO LA VULNERABILIDAD DE LO HUMANO

> ¿Qué es el sentimiento de indignidad? Es un sentimiento de integridad física y psicológica violada, como si se humillara y deshonrara lo irreductible que hay en uno mismo, y de que las instituciones que nos rodean están haciendo precisamente lo contrario de lo que se supone que deben hacer: mientras deberían perpetuar las condiciones que favorecen el desarrollo de los individuos, están destruyendo escrupulosamente los resortes íntimos de la singularidad.[1]
>
> CYNTHIA FLEURY,
> *La Clinique de la dignité* (2023)

Tanto la revolución industrial, que dio origen a la Gran Aceleración y a un capitalismo extractivista que asesina la naturaleza, la revolución verde (capitalismo verde), que pretende transitar hacia la sostenibilidad, como la revolución digital y tecnológica que nos afecta se han realizado y se están realizando con absoluta improvisación, sin tomar en cuenta los factores materiales y personales que es preciso respetar para no dañar nuestra frágil condición humana. Una vez más, estamos dejando que la voracidad capitalista de las grandes empresas de comunicación se imponga a los Estados, que siempre le van a la zaga, sin tener en cuenta los límites de nuestra especie ni los del planeta.

Es decir, asistimos de nuevo al desarrollo de un sistema cuyos peligros nos acechan desde todos los ámbitos de la

---

1. La traducción es mía.

vida sin una regulación legal que nos proteja. Así lo afirmaban en 2020 algunos de los especialistas convocados en el número monográfico de la *Revista de Occidente* dedicado a la condición digital: estamos en la etapa salvaje de la digitalización, en la fase desregularizada.[2] Sin embargo, tres años después, el 8 de diciembre de 2023, la Unión Europea aprobó la primera ley que regula la inteligencia artificial y dio un importante paso en esa dirección.

Juan Luis Suárez se interroga sobre cómo evaluar y conservar la condición humana en sistemas artificialmente complejos («artificialmente», puesto que en sus inicios los han diseñado seres humanos y no la naturaleza), y propone el desarrollo urgente de una ética de los límites digitales que respete lo que él llama *prejuicio humano*, esto es, la premisa de la importancia de los seres humanos frente a las máquinas y la digitalización; una ética que defienda una práctica del humanismo, al que llama *humanismo digital*, basada en la afirmación del valor único del ser humano por el solo hecho de serlo.[3] Un valor de lo humano por sí mismo que habremos de articular respetuosamente en el mundo natural del que formamos parte y del que dependemos, al que hemos de dotar también del respeto y la consideración que merece lo vivo. Por su parte, Markus Gabriel opina que hemos de volver a los conceptos de *libertad* y *dignidad humana* para corregir los excesos de la deriva del capitalismo más avanzado. Y reivindica nuestro carácter de *seres espirituales*, consideración indispensable para acceder a la comprensión de nosotros mismos como dotados de una conciencia inmaterial que las ciencias naturales no alcanzan a explicar de forma suficiente, pues, a pesar del indudable anclaje de la mente en la evolución natu-

2. «La condición digital», *Revista de Occidente*, núm. 472 (septiembre de 2020).
3. Juan Luis Suárez, *La condición digital*, Trotta, Madrid, 2023.

ral y en el organismo biológico, no somos solo nuestro cerebro. Gabriel nos insta a volver a una Nueva Ilustración que corrija los errores de la primera y se base en valores universales y transculturales, y no en particularidades identitarias.

De una forma u otra, hemos de recuperar y/o crear una ética universal de lo humano, pues, si bien la Unión Europea ha desarrollado suficiente legislación para protegernos de las consecuencias de la digitalización, con la elaboración de los neuroderechos o los derechos del cerebro, su cumplimiento es complicado y por ahora insuficiente. El desprecio hacia la Declaración Universal de los Derechos Humanos que el ascenso de la ultraderecha trae consigo hace más necesario que nunca tomarlos en cuenta, así como identificar, denunciar y sancionar sus numerosas infracciones allí donde se produzcan, pues el umbral de lo que consideramos humano está descendiendo peligrosamente en este primer cuarto del siglo XXI.

Si el dualismo hombre-naturaleza produjo la instrumentalización del entorno, tomado exclusivamente como materia para ser explotada y privándolo de derechos y consideraciones —derechos que afortunadamente hoy se están recuperando lentamente siguiendo el modelo de las culturas indígenas—,[4] el individualismo a ultranza y la ruptura de los lazos sociales han colocado a cada persona y sus deseos singulares en el cen-

4. El reconocimiento como personalidad jurídica del Mar Menor, primer ecosistema de la Unión Europea con derechos, una iniciativa popular llevada a cabo por los abogados Teresa Vicente y Eduardo Salazar, se reflejó en la ley de 23 de octubre de 2022, que se ejercita en el marco de la Ley Orgánica 3/1984, de 26 de marzo, reguladora de la iniciativa legislativa popular. Su objetivo es otorgar personalidad jurídica al ecosistema lagunar del Mar Menor para poder dotarlo, como sujeto de derecho, de una carta de derechos propios, con base en su valor ecológico intrínseco y la solidaridad intergeneracional, garantizando así su protección para las generaciones futuras.

tro de toda promesa de felicidad y a los demás en un instrumento para conseguirla. Todos somos fuente de recursos para otro, lo que conduce a la desaparición de la relación intersubjetiva humanizante.

Tanto en la esfera intersubjetiva como en la política, Berardi propone como remedio una ética de la sensibilidad:

> ¿Y de dónde viene la sensibilidad? De la percepción del cuerpo del otro como tu propio cuerpo. Del sufrimiento del otro como tu propio sufrimiento. A partir de ese sentimiento podemos actuar éticamente. No hay ética sin empatía. Solo la empatía configura una ética que no sea política y obligatoria.[5]

Una vuelta a la amistad, a la solidaridad, a la presencia y a la poesía es lo que reclama el filósofo italiano. Propuestas que están en el mismo orden que las de Martha Nussbaum, quien sigue a Winnicott en la importancia del juego presencial para desarrollar dicha empatía, cuya relación con la sensibilidad y el reconocimiento del otro ya he comentado. Nussbaum llama

> «imaginación narrativa» a la capacidad de pensar cómo sería estar en el lugar de otra persona, de interpretar con inteligencia el relato de esta persona y de entender los sentimientos, deseos y expectativas que podría tener esa persona.[6]

Empatía y compasión, fricción y contacto, retorno a la imaginación narrativa que estamos perdiendo.

5. Amador Fernández-Savater y Oier Etxeberria (coords.), *El eclipse de la atención*, Ned, Barcelona, 2023, pág. 74.

6. Martha C. Nussbaum, *Sin fines de lucro. Por qué la democracia necesita de las humanidades*, Katz, Buenos Aires, 2010, pág. 132. Trad. de María Victoria Rodil.

Como reacción al optimismo tecnológico, ella y otros pensadores han defendido la necesidad de mantener en los currículos las humanidades, disciplinas que aportan un conocimiento más integral y situado de lo humano. Nussbaum nos advierte sobre la crisis silenciosa que supone desechar los conocimientos humanísticos, necesarios para el desarrollo de un pensamiento crítico que nos permita actuar independientemente y mantener una inteligencia viva ante el poder y la autoridad.[7]

También el recientemente fallecido Nuccio Ordine insistía en la utilidad de los saberes que son considerados inútiles desde el punto de vista mercantilista y neoliberal.[8] El arte y la literatura enseñan a imaginar la situación de otros seres humanos, a generar empatía y compasión, y toda democracia cuyos ciudadanos carezcan de empatía engendrará marginación y desigualdad. Las artes y las humanidades deben desarrollarse junto al conocimiento técnico si no queremos ver peligrar nuestras democracias, insisten unos y otros. En este mismo sentido, Yves Citton apuesta por destacar el valor de la literatura como una especie de ejercicio de la atención, una capacidad que considera en vías de desaparecer.[9] El problema del descenso de la atención ya fue señalado por Voltaire, añade Citton, pero las fechas más importantes para el desarrollo de la economía de la atención serían 1830-1833, cuando se produce el avance de la publicidad tal y como hoy la conocemos, y de las relaciones públicas a continuación. Para Citton, el problema no sería tanto dispersar nuestra atención como homogenizarla a favor del beneficio de las empresas financieras:

7. Nussbaum, *op. cit.*

8. Nuccio Ordine, *La utilidad de lo inútil*, Acantilado, Barcelona, 2013. Trad. de Jordi Bayod Brau.

9. Fernández-Savater y Etxeberria (coords.), *op. cit.*

...el capitalismo de hoy en su forma financiera, neoliberal, es el alineamiento de todas nuestras atenciones en torno a una única prioridad, un único criterio, que sería, en último término, la maximización del beneficio financiero, la acumulación de capital.[10]

La llamada a un pensamiento reflexivo y crítico es una constante entre quienes analizan el presente y alertan sobre los peligros del futuro. Es el caso del paleontólogo y antropólogo Eudald Carbonell, quien apuesta por una especie humana que adquiera un mayor conocimiento sobre sí misma, una autoconciencia reflexiva que la aleje de la improvisación para poder diseñar el futuro de la humanidad que desea como especie. Los humanos, opina, avanzaremos con rapidez hacia la deshumanización si no adquirimos conciencia de nuestra deriva y modificamos el rumbo al que nos lleva la globalización y el aceleracionismo tecnológico. El decálogo que propone para conseguirlo es una guía llena de buenas intenciones, opuesta a la corriente que nos acerca a creciente velocidad a ese futuro deshumanizado que pretende que detengamos con sus propuestas.

Es necesario que todos los humanos nos hagamos corresponsables y verdaderamente iguales en oportunidades de aprendizaje, de trabajo, de ejercicio social y de pensamiento colectivo.[11]

Sin embargo, este deseo, esta imperiosa necesidad que postula desde un humanismo tecnológico, es lo contrario del camino al que nos lleva la aceleración digital improvisada.

10. *Ibid.*, pág. 36.
11. Eudald Carbonell, *El porvenir de la humanidad. Decálogo para la supervivencia de nuestra especie*, RBA, Barcelona, 2022, pág. 175.

Feminizar la especie es el punto número nueve de su decálogo, un asunto sobre el que llevo insistiendo desde hace dos décadas. Es preciso que los valores tradicionalmente atribuidos a la feminidad hegemónica en los que nos socializamos las mujeres en el patriarcado (cuidado de los vínculos y de los otros, uso del diálogo frente a la confrontación, inhibición y sublimación de la agresividad) se universalicen y sean asumidos por los hombres. Sin embargo, nuestra adaptación adictiva al capitalismo digital nos dirige justamente hacia una masculinización homogenizante de la especie, hacia una universalización de los valores tradicionales de la masculinidad hegemónica porque son, de hecho, los que mejor se adaptan al sistema. Las mujeres los adoptan[12] como forma de habitar una sociedad que necesita para su buen funcionamiento de los tradicionales valores de la virilidad[13] –competitividad, agresividad, ejercicio del poder y ausencia de mentalización–, y prescinde de los que forman parte de la feminidad hegemónica, que desaparecen poco a poco al mostrarse incompatibles con las exigencias del sistema de producción actual.[14]

En definitiva, quienes piensan en nuestro futuro ven como prioridad la aplicación de la ética a la tecnología y la regulación de esta última, de manera que ese futuro no se improvise, sino que podamos dirigirlo e intervenir en él para acercarnos a la humanidad respetuosa con lo vivo que deseamos.

12. Lola López Mondéjar, «Masculinización de las mujeres/feminización de los hombres, ¿vidas cruzadas?»: <https://www.escuelapsicoana litica.com/articulos_revistas/ciclo-de-sabados-los-rostros-de-la-masculini dad-lola-lopez-mondejar/>.

13. Georges Vigarello *et al.*, *Histoire de la virilité* (vols. 1, 2 y 3), Seuil, París, 2011.

14. Lola López Mondejar, «Ser como los hombres», *El País*, 29 de abril de 2024: <https://elpais.com/opinion/2024-04-29/ser-como-los-hombres.html>.

Anticipándose a las derivas que nuestras sociedades han provocado, ya en 1878, en su obra *Humano, demasiado humano*, Nietzsche proponía superar al hombre ilustrado, al sujeto moderno. Para ello sugería retornar a la naturaleza y a la vida, que es voluntad de poder, encarnadas en nuestro propio cuerpo.[15] Es preciso abrazarse a la tierra, ser hombres y mujeres de la tierra y, por tanto, identificarnos también con nuestro propio organismo. Somos solo naturaleza y somos solo cuerpo, y hemos de volver a la naturaleza para recuperar el Todo del que formamos parte indisoluble, observaba el filósofo. Para él, el sujeto moderno, como entidad autónoma y libre, se presenta como un ente escindido que se ha separado y enfrentado a la naturaleza y al todo, donde reina la causalidad necesaria. Y dentro del mismo ser humano, la razón se ha escindido a su vez de la sensibilidad, del sentimiento de la voluntad, una división que no ha hecho sino aumentar en nuestro siglo hasta convertir el mecanismo de disociación en el más utilizado y adaptado para la supervivencia.

Para superar el dualismo hombre moderno-naturaleza, Bruno Latour propone una alternativa centrada en lo *terrestre*. «Regresar a la Tierra» como *terrestres* que reconocen su interdependencia con los demás seres humanos y su ecodependencia con los seres vivientes no humanos que habitan la biosfera, es su fértil propuesta.[16]

Se trata, pues, de volver a una fricción que reduzca nuestra omnipotencia y nuestra fantasía de invulnerabilidad y enfrentarnos a la materialidad de las cosas, a la opacidad de los

15. Antonio Pérez-Estévez, «Sujeto moderno y naturaleza en el último Nietzsche», *Utopía y Praxis Latinoamericana*, vol. 11, núm. 34 (septiembre de 2006): <http://ve.scielo.org/scielo.php?script=sci_arttext&pid=S1315-52162006000300004>.

16. Bruno Latour, *Dónde aterrizar. Cómo orientarse en política*, Taurus, Barcelona, 2019. Trad. de Pablo Cuartas.

otros, que nos imponen límites, nos generan conflictos, traumas benéficos y ricos en aprendizaje; volver a la conversación y al reconocimiento de nuestra interdependencia.

Porque mantener la distancia es uno de los aspectos que facilita el ejercicio del mal, como afirma Rutger Bregman. La distancia que produce la cosificación del otro y que hoy nos da el valor para insultar a un extraño en internet posibilitó los mayores crímenes, desde la esclavitud al Holocausto; mientras que la cercanía, el contacto y la presencia son antirracistas y favorecen la capacidad de empatía. Si bien algunos ejemplos recientes podrían hacernos dudar de esta afirmación, pues la distancia peligrosa no es la física, sino la simbólica. Construimos distancias con la fragmentación identitaria del mundo, con discursos que separan y no contemplan la universalidad de lo humano. La distancia que facilita la cosificación del otro llega al extremo con la utilización por el ejército israelí del programa de identificación de Inteligencia Artificial, Lavender, para seleccionar objetivos y abatirlos. Los objetivos marcados no son solo materiales, sino seres humanos, y el algoritmo es quien toma la decisión, sin apenas intervención humana en el proceso. El margen de error permitido supone la muerte de entre 10 a 100 personas ajenas al objetivo preciso marcado.[17]

Hoy más que nunca, frente al cambio climático y los retos urgentes a los que nos enfrentamos, necesitamos comunidades que se reconozcan interdependientes y próximas, necesitamos vecindad y colaboración.

La propuesta que Yves Citton desarrolla en su libro *Faire avec* recoge también la necesidad de enfrentarnos a los conflictos juntos, a pesar de las diferencias y los obstáculos.

17. <https://elpais.com/tecnologia/2024-04-17/lavender-la-inteligencia-artificial-de-israel-que-decide-a-quien-se-bombardea-en-gaza.html>.

Es preciso aprender a *hacer con*: a hacer juntos, incluso si no estamos de acuerdo en todo; a cohabitar con formas de vida que pueden a veces sorprendernos, molestarnos, inquietarnos; a aceptar ciertos límites que restringen la satisfacción de nuestros deseos individuales de libertad o de consumo, de forma que permitamos la coexistencia con otras especies y otras culturas en la superficie de un planeta capaz de acoger nuestras vidas complejas.[18]

Es preciso, en definitiva, volver a la fricción, difundir una pedagogía realista de los límites que enseñe a ejercitar la tolerancia y la convivencia entre culturas y seres diferentes; convivencia nunca exenta de dificultades pero imprescindible para sobrevivir en un mundo que hará crecer necesariamente nuestra dependencia mutua.

Es también hacia lo que apunta Shoshana Zuboff:

La fricción, la valentía y la fijación de un rumbo son los recursos que precisamos para iniciar la labor compartida de crear declaraciones sintéticas que reclamen el futuro como lugar humano, que exijan que el capitalismo digital funcione como una fuerza inclusiva vinculada al pueblo al que debe servir, y defiendan una división del aprendizaje social que sea fuente de una renovación democrática genuina.[19]

Me gustaría pensar que somos nosotros quienes podemos invertir el proceso de revocamiento de la soberanía que

---

18. Yves Citton, *Faire avec. Conflits, coalitions, contagions*, Trans LLL, Les Liens qui Libèrent, París, 2021, pág. 12. La traducción es mía.

19. Shoshana Zuboff, *La era del capitalismo de la vigilancia. La lucha por un futuro humano frente a las nuevas fronteras de poder*, Paidós, Barcelona, 2022, pág. 692. Trad. de Albino Santos Mosquera.

las grandes corporaciones del capitalismo de la vigilancia han emprendido, identificando primero el fenómeno que aceptamos tan fácilmente, la digitalización y la peligrosa polarización que trae consigo, actuando colectivamente después para luchar por «un futuro humano floreciente como meta fundamental de nuestra civilización informacional. Si queremos que el futuro digital sea verdaderamente nuestro hogar, debemos ser nosotros quienes hagamos que lo sea».[20] Me gustaría y, aunque me venza el pesimismo, tenemos que actuar como si fuera posible.

Necesitamos que se cumplan los neuroderechos, que se establezcan dietas digitales y espacios libres de digitalización, porque no hay algoritmos neutros;[21] todos multiplican los sesgos de las experiencias y los datos que se extraen de la realidad, y reproducen así el racismo, el sexismo y la violencia previos. Necesitamos volver a aprender a hablar, dialogar, narrarnos, salir de la polarización amigo-enemigo, admitir nuestras diferencias y cohabitar con ellas en un ejercicio continuo de tolerancia. Necesitamos practicar esa bella *diplomacia de las interdependencias* entre especies, de la que nos habla Baptiste Morizot,[22] que garantice el cuidado de lo vivo y de las relaciones entre todos los seres del planeta.

Estas son las propuestas para poner lo humano en el centro de la vida, para dejar de aproximarnos a los robots. Porque, aunque a menudo no lo parezca, ni ustedes ni yo lo somos... todavía.

---

20. *Ibid.*, pág. 38.

21. Melanie Milette, «Utopía de la tecnología salvadora en tiempos de pandemia», *Revista de Occidente*, núm. 472 (septiembre de 2020), págs. 37-47.

22. Baptiste Morizot, *Maneras de estar vivo. La crisis ecológica y global y las políticas de lo salvaje*, Errata Naturae, Madrid, 2021. Trad. de Silvia Moreno Parrado.

¿DESNIVEL U ORGULLO PROMETEICO?

> PROMETEO: Sí. Hice que los mortales dejaran de
> pensar en la muerte antes de tiempo.
> CORIFEO: ¿Qué solución hallaste a este mal?
> PROMETEO: Albergué en ellos esperanzas ciegas.
> CORIFEO: Gran favor otorgaste a los mortales.
>
> ESQUILO,
> *Prometeo encadenado* (siglo V a. C.)

No soy una mujer mitómana en ninguno de los aspectos de mi vida. Me identifico más con la tradición mediterránea de la sátira iconoclasta que con la épica idealizante centroeuropea. Ejerzo *la pensée du midi*, como calificó Albert Camus al pensamiento solar que intenta salvar la distancia entre el logos y la vida; pretendo unir razón, sentidos y corazón como buena mediterránea que soy, alejada de la racionalización del pensamiento de la medianoche centroeuropeo. En general tiendo a tener una mirada crítica sobre el mundo, que lo desencanta intelectualmente, pues concibo todas las explicaciones como parciales y encuentro objeciones a cualquier teoría, incluidas las propias. Mis hipótesis se sostienen para mí en tanto aproximaciones que sujeto a constante revisión. El pensamiento solar ilumina las objeciones, desnuda lo que el pensamiento de la medianoche idealiza y vela. Sin embargo, profeso una admiración especial por Günther Anders, uno de los autores a quienes más respeto, cuya amplia cita inserté en el pórtico de este libro. Como Pasolini, posee la cualidad del visionario y se anticipa a lo que ha de venir, mucho, mucho antes de que los signos sean evidentes para los demás. Lo dice él mismo sin falsa modestia, y en 1956 ya exponía lo que serán las tres tesis principales de su obra más conocida, *La obsolescencia del hombre*, que hemos citado aquí en más ocasiones, a saber:

> ... que no estamos a la altura de la perfección de nuestros productos; que producimos más de lo que podemos imaginar y tolerar; y que creemos que lo que podemos, también nos está permitido.[1]

Como observarán, un agudo diagnóstico que no ha hecho sino confirmarse y una definición particular del ideal prometeico que mueve nuestra sociedad autofágica.

Entonces Anders ya advertía de la pasividad que genera en el ser humano la televisión, en la «que el mundo se convierte en imagen reproducida de imágenes».[2] Sin embargo, aplaudió la capacidad del medio para generar conciencia pacifista, pues, al informar sobre la guerra de Vietnam con imágenes reales del sufrimiento causado a los civiles, contribuyó a canalizar las protestas de los estadounidenses contra ella. No obstante, insiste repetidas veces sobre el peligro de que la proliferación de las imágenes televisivas pueda llegar a entontecernos.

El mismo dualismo que advirtió Anders aqueja a la cultura digital, que favorece y priva, posibilita y daña. Aunque aquí hayamos querido subrayar sus aspectos más oscuros, la difusión de conocimientos, las enormes posibilidades de comunicación y la accesibilidad a productos culturales de distinto tipo son beneficios de la cultura digital de los que no queremos prescindir.

Pues bien, ante la fascinación que siente el ser humano por la técnica, Günther Anders acuña un concepto anticipa-

---

1. Günther Anders, *La obsolescencia del hombre* (vols. I y II), Pre-Textos, Valencia, 2010, pág. 13. Trad. de Josep Monter Pérez.
2. *Ibid.*, pág. 14.

do en páginas anteriores que me interesa volver a traer aquí, la vergüenza prometeica, la que siente el hombre ante sus aparatos, «humillantemente perfectos», señala; así como otro término esclarecedor, el *desnivel prometeico*, que define del siguiente modo:

> Llamamos desnivel prometeico al hecho de la a-sincronía del hombre con su mundo de productos, de esa separación que crece día a día.[3]

Anders concibe al ser humano como limitado en su adaptabilidad, por lo que nuestras almas quedan más atrás del nivel de nuestros productos, y encuentra que este desnivel puede comportar traumas y trastornos anímicos. Otro interesante acierto.

El *orgullo prometeico* que predominaba en el hombre del siglo XIX, que consiste en el sentimiento de deberle todo lo que se es a uno mismo, empezó a desaparecer y fue reemplazado a mediados del XX por el sentimiento de inferioridad y miseria, el desnivel prometeico, de manera que el deseo del hombre actual –pensemos que Anders escribió este texto en 1951– es ser un *self-made man*, un producto. Porque lo que este hombre considera una vergüenza es no estar cosificado, ya que, envidioso de la perfección de los productos que crea, «se avergüenza de no ser una cosa».

Observemos esta afirmación. Anders pone como ejemplo de la autocosificación el *make-up*, el maquillaje y las uñas arregladas, y al leerlo no puedo dejar de pensar en esas uñas de porcelana que hoy se superponen a las *naturales* en las manos de muchas mujeres; unas uñas naturales de las que, según Anders, nos avergonzamos por ser precisamente no manufacturadas, sobrepuestas; uñas, por cierto, cuya finalidad nunca

3. *Ibid.*, pág. 31.

comprendí. Recuerdo que hace ya algunos años, durante una larga espera en un aeropuerto de Centroamérica, aburrida de leer y de dar vueltas, cedí a la invitación de las empleadas de un centro de estética de ponerme una uña de ese tipo para convencerme de que me hiciera la manicura completa después. He olvidado el tiempo que la llevé, creo que semanas, pero al desprenderme de ella mi pobre uña natural quedó maltrecha, realmente humillada por el lustre que había lucido durante el tiempo que la cubrió la uña artificial.

Cuando Anders añade, citando a Nietzsche, que el cuerpo es algo «que debe ser superado, o más aún: ya está "superado"»,[4] pienso en la ilusión transhumanista y admiro de nuevo su genial clarividencia.

Ahora bien, dejando aparte sus incontables aciertos, ¿sigue sintiendo el ser humano del siglo XXI, inmerso en la era digital, esa vergüenza prometeica a la que alude?, ¿observan nuestros jóvenes y mudos nativos digitales ese desnivel que los humilla frente a la perfección de la máquina?

Creo que no. Al menos no he observado esa perplejidad que Anders observó en su amigo T. cuando visitó una exposición de tecnología a mediados del siglo pasado. Los jóvenes actuales ya son mutantes que han incorporado las pantallas a su cuerpo; dormimos con nuestro smartphone, nos acostamos mirándolo y nos despertamos con el mismo gesto. Ninguno de nosotros piensa que ese aparato nos humilla, sino que amplía nuestras capacidades, aunque el entretenimiento que nos proporciona, en detrimento del pensamiento y de nuestra capacidad para contarnos, nos priva de otras; aunque algunos de los ideales estéticos que nos impone nos matan de hambre o nos agotan en el gimnasio; los aparatos ya son uno con nosotros.

4. *Ibid.*, pág. 47.

La fusión hombre-máquina se ha producido sin que hayamos advertido suficientemente los riesgos de esta hibridación, somos súbditos de un dios que nos señala optimistamente el paraíso y la vida inmortal con una prometedora mano, pero que oculta en la otra el infierno que se abre al mismo tiempo bajo nuestros pies.

Sin embargo, casi al cierre de este ensayo, en noviembre de 2023, paso un fin de semana en una casa rural perdida en las montañas asturianas y leo el libro de Éric Sadin *La inteligencia artificial o el desafío del siglo*, que versa sobre el cambio de estatuto de las tecnologías digitales, encaminadas ya hacia una vía antropomórfica que busca atribuir a los procesadores cualidades humanas, especialmente la evaluación de situaciones y el poder de sacar conclusiones de ellas, con vocación de enunciar *la verdad*.[5] Estamos entrando en una era antropomórfica de la técnica, un antropomorfismo aumentado que busca modelarse sobre nuestras capacidades cognitivas para superarlas, afirma Sadin.

Pero mientras me sumerjo en un futuro distópico que ya está aquí, la borrasca Ciarán, una *bomba meteorológica* según leo en la prensa *digital*, llega a España y deja sin electricidad a varios pueblos del valle del Navia, donde me encuentro.

Escribo a la luz de las velas y a mano, escuchando el azote del viento y de la lluvia en los árboles que pueblan un paisaje tan hermoso que parece irreal, diseñado, podríamos decir paradójicamente así, por una inteligencia artificial. Desde mi ventana, la tierra que me rodea no muestra apenas huellas de la intervención humana. Por la mañana seguimos sin poder usar los electrodomésticos y Elsa, la vecina que vive sola, lo

5. Éric Sadin, *La inteligencia artificial o el desafío del siglo. Anatomía de un antihumanismo radical*, Caja Negra, Buenos Aires, 2023. Trad. de Margarita Martínez.

mismo que otros cuatro o cinco septuagenarios más en la aldea donde estamos, nos invita a su casa para que podamos preparar nuestro desayuno en su cocina de gas. El gas y la vecindad, la fisicidad y la fricción.

Se diese o no el gran apagón que anticipan ciertas teorías colapsistas, está claro que se haría más evidente que nunca que la supuesta omnipotencia que nos proporciona la tecnología se sustenta en la materialidad de las cosas. Torres eléctricas afectadas por las tormentas que dejan sin electricidad regiones enteras, cableado de fibra óptica que cruza el océano de parte a parte sufriendo los mordiscos de los tiburones, gigantescos servidores que consumen una ingente cantidad de energía y que ocupan un espacio físico cada vez más amplio, cuya inmersión bajo las aguas podría garantizar un gasto energético más estable y económico según algunos experimentos recientes, pero que hoy por hoy genera tensiones con las comunidades circundantes por su excesivo consumo de agua.[6] El mundo virtual tiene una base material bruta, a menudo demasiado ignorada, sin la cual no existiría. Una base material sujeta a las inclemencias de la naturaleza, a la disponibilidad de energía –se calcula que hoy representa el 2 % del consumo mundial– y al paso del tiempo.

Se produzca como se produzca, la crisis medioambiental que ya sufrimos nos devuelve indefectiblemente, como el pequeño apagón que nos sorprendió a comienzos de noviembre en Asturias, al mundo físico y a la fricción, a la indispensable vida en comunidad y al contacto, al reconocimiento de nuestra ecodependencia.

¿Estamos preparados?

6. Manuel G. Pascual, «La inteligencia artificial se bebe miles de millones de litros de agua», *El País*, 14 de noviembre de 2023: <https://elpais.com/tecnologia/2023-11-14/la-inteligencia-artificial-se-bebe-miles-de-millones-de-litros-de-agua.html>.

AGRADECIMIENTOS

A mis colegas Pablo J. Juan Maestre, Rossana López Sabater, Félix Crespo, Pilar Revuelta, José Jiménez Avello, María José Rodado, Carlota Ibáñez, Esteban Ferrández, Milagros Molina Navarro y Pilar Caballero, por nuestros fructíferos intercambios.

A Emiliano Bruner y Miguel Perlado, por nuestras conversaciones virtuales.

A Jesús Ortega, quien hace años me condujo hasta René Girard.

A Consuelo Ruiz Montero, Pedro Olalla y Alicia Morales, por aclararme el término *anekdiégesis*.

A Isabel Cienfuegos, por su aportación documental sobre neurología.

A Antonio Campillo, por sus comentarios sobre Hannah Arendt.

A mis hijos, Pablo y Gala Hernández López, que me nutren de lecturas que nunca hubiese encontrado sin su ayuda.

A mi sobrina Alba, por lo anterior, también.

A Patricio, por nuestros incesantes debates peripatéticos.

A los autores y las autoras con quienes dialogo, siempre.

Y a mis pacientes, que confirman o desmienten, me interrogan y me inquietan, me hacen, en definitiva, pensar.
Gracias.

ÍNDICE

Impreso en
Romanyà Valls, S. A.
Verdaguer, 1, 08786
Capellades (Barcelona)